DEVELOPMENT OF CONTEMPORARY LABOR RELATIONS IN
CHINA UNDER COLLABORATIONISM

合作主义语境下
当代中国劳资关系发展

易重华 ◉ 著

中国社会科学出版社

图书在版编目（CIP）数据

合作主义语境下当代中国劳资关系发展／易重华著．—北京：
中国社会科学出版社，2015.5
ISBN 978 - 7 - 5161 - 6389 - 4

Ⅰ.①合…　Ⅱ.①易…　Ⅲ.①劳资关系—研究—中国—现代
Ⅳ.①F249.26

中国版本图书馆 CIP 数据核字（2015）第 133345 号

出 版 人	赵剑英
责任编辑	孔继萍
责任校对	王佳玉
责任印制	何　艳

出　　版	中国社会科学出版社
社　　址	北京鼓楼西大街甲 158 号
邮　　编	100720
网　　址	http://www.csspw.cn
发 行 部	010 - 84083685
门 市 部	010 - 84029450
经　　销	新华书店及其他书店

印刷装订	北京市兴怀印刷厂
版　　次	2015 年 5 月第 1 版
印　　次	2015 年 5 月第 1 次印刷

开　　本	710×1000　1/16
印　　张	15
插　　页	2
字　　数	270 千字
定　　价	55.00 元

凡购买中国社会科学出版社图书，如有质量问题请与本社营销中心联系调换
电话:010 - 84083683

序

　　劳资关系是现代社会赖以旋转的"轴心"，而"马克思的第二个重要发现，就是彻底弄清了资本和劳动的关系"（恩格斯语）。从某种意义上讲，《资本论》所阐述的关于建立在科学的劳动价值理论基础上的剩余价值生产、流通和分配的理论，实质上就是一种劳资关系理论。

　　而从马克思《资本论》创作史的角度，马克思的政治经济学六册计划结构，即马克思从资本、土地所有制、雇佣劳动、国家、对外贸易、世界市场 6 个方面，提供了建立科学体系的框架和方法，从整体上代表了马克思经济学逻辑体系构筑的最高成就；他计划在前三册，分别以资本家、土地所有者尤其以工人阶级为主体，① 考察资产阶级经济制度。可惜以工人阶级为主体的第三册，未能付诸实施，不能如愿以偿。

　　马克思关于李嘉图定律的解答，则以一种宏大的历史叙事的社会发展视阈，从生产关系的反面即分配关系，科学地揭示了资本主义劳资关系的本质。西方经济发展理论和分配理论，是为资本主义生产方式及其劳资关系是建立在剥削基础之上这一本质作辩护的。李嘉图既是英国古典经济学的完成者，也是这一定律的完成者，他是生产力经济学家，并把分配问题作为政治经济学的主题。他倡导的李嘉图定律的实质就是：极力证明资本主义是有利于社会生产力发展和社会进步的一种生产方式，尽管它是以牺牲劳动阶级或阶层的利益为代价，并且被称为资本主义绝对合理的必然规律。其现代版是使其模型化的"库兹涅茨假说"或"倒 U 型曲线"以及皮凯蒂的 R > G 公

---

　　①　加拿大学者莱博维茨（M. A. Lebowitz）在《〈资本论〉研究对象的局限性》中指出：作为六册计划第 1 册的《资本论》是以资本和人格化资本为主体和发展主线来阐述资本的本质和衰亡的历史总趋势，但由于没有完成其续篇尤其第 3 册的《雇佣劳动》篇，因此导致关于工人作为主体的发展主线的缺位。这种观点虽然言过其实，但也不无道理。

式。① 毋庸置疑，把李嘉图定律奉为金科玉律的西方经济发展理论和分配理论，是为资本主义辩护的庸俗理论。

马克思鲜明地指出："李嘉图把资本主义生产方式看作最有利于生产、最有利于创造财富的生产方式……'人'类的才能的这种发展，虽然在开始时要靠牺牲多数的个人，甚至靠牺牲整个阶级，但最终会克服这种对抗，而同每个个人的发展相一致；因此，个性的比较高度的发展，只有以牺牲个人的历史过程为代价。至于这种感化议论的徒劳，那就不用说了，因为在人类，也像在动植物界一样，种族的利益总是要靠牺牲个体的利益来为自己开辟道路的……因此对李嘉图来说，生产力的进一步发展究竟是毁灭土地所有权还是毁灭工人，这是无关紧要的。"而"穆勒并不掩盖资本同劳动的对立。……为了使人类的（社会的）能力就在那些把工人阶级只当作基础的阶级中自由地发展，工人群众就必须是自己的需要的奴隶，而不是自己的时代主人。工人阶级必须代表不发展，好让其他阶级能够代表人类的发展。这实际上就是资产阶级社会以及过去的一切社会所赖以发展的对立，是被宣扬为必然规律的对立，也就是被宣扬为绝对合理的现状"②。

马克思没有明确地提出"李嘉图定律"这个词，但是明确无疑地揭示了它的本质。③ 历史经验证明：资本主义的发展是遵循"李嘉图定律"的，而这些为生产力和社会进步作出贡献的劳动阶级或阶层，在分配方式上却扮演了被剥削或者吃亏的角色。另外，西方发达国家也不是一成不变的。随着时代及其主题的变化，在工人运动的压力下并为了自身的经济发展而力图维护社会正常秩序和社会制度运行的稳定性，在生产方式、生产关系和思想理念等方面都进行了不同程度的调整和变革，力图把"承袭制资本主义"即"没有人情味的资本主义"（Heart - less Capitalism）转化为"有善心、有人性的资本主义"（Benevolent and Humanistic Capitalism）、"善心资本主义"（Tenderhearted Capitalism）、"亲切的资本主义"（Kindly Capitalism）或者"多样化的资本主义"（Divergent Capitalism），力图化解和缓和"李嘉图定律"所造成的恶果。这些调整、变革和新变化主要有：扩充中产阶级（这

---

① 西方学术界近年来掀起了皮凯蒂热，他的《21 世纪〈资本论〉》引用世界各国 300 年的大数据，得出了 R > G 公式，阐明资本与劳动收入的不平等。这是"李嘉图定律"的现代版。

② 《马克思恩格斯全集》第 26 卷（第 3 册），人民出版社 1972 年版，第 102—103 页。

③ 我在学术界首次提出了"李嘉图定律"、"斯密—李嘉图—穆勒定律"这个词，详见我为总译校的，美国学者亨特撰写的《经济思想史：一个批判性的视角》（上海财经大学出版社 2007 年版）的"译者序"。

种橄榄状社会结构在加强社会系统稳定性的同时，也给资本关系扩展设置了新的社会结构界限）；发展社会保障制度（这是给资本关系扩展设置了新的再分配界限）；强化对企业的微观规制和劳动立法（这是为资本关系扩展所设置的"蓝色壁垒"），其中包括"公平就业法"和"公平就业委员会"（EEOC）、企业社会责任标准（这是全球在 20 世纪末兴起"企业社会责任运动"的产物），并且许多西方国家以"中产国家"、"福利国家"、"工会国家"自居。

近一个半世纪过去了，马克思劳资关系理论即社会"轴心"的理论和实践有哪些新变化、新特征和新进展？如何认识和构建处于社会经济转型期的劳资关系和工会组织？如何借鉴西方学者的劳资关系和工会理论？这是值得研究的新课题，也是我国深化社会主义市场经济体制改革所不能回避的课题。

我的博士后研究生易重华在十多年研究的基础上，完成了题为"合作主义语境下当代中国劳资关系发展"的博士后工作报告，对这些重大的理论和实践问题进行了积极的、有益的研究和探索，得到了评委专家的一致好评。该书是她在听取各方意见后，对该工作报告再度修改完善后出版的。为此，她付出了许多的辛劳，有时为了核证一个引文一天之间辗转市内几个图书馆。得知该书即将出版，甚感欣慰，特作序以示鼓励和祝贺。

实践特色、理论特色、民族特色和时代特色，是中国特色社会主义的四大特色。当代中国的劳资关系是中国特色社会主义的组成部分。作为一位从事了二十余年中国特色社会主义理论体系教学和科研的工作者，本书作者身体力行，力求在对当代中国劳资关系研究中体现出实践性、理论性、民族性和时代性。

中国特色社会主义是中国人民根据自己的实践开创出来的，当代中国劳资关系发展首先立足于自身的实践历程和现实状况。该书详尽地考察了在半殖民半封建时期中国劳资关系的形成过程，指出中国民族资产阶级和工人阶级具有较强的合作倾向，中国共产党的领导既为反侵略反剥削反压迫的工人运动又为革命根据地的劳资合作提供了政治优势，正确处理劳资关系与中国共产党领导的革命和建设事业紧密相关；该书还详细地考察了改革开放以来劳资关系发展历程，分析了每一个发展阶段的特征，全面总结了经验和不足；作者还深入工矿企业，走进工会干部和工人群众中间，座谈交流、问卷调查，了解了劳资关系发展的实际状况，掌握了较为丰富的一手资料，为研究当代中国劳资的发展问题工作打下了坚实的实践基础。

中国特色社会主义以马克思主义作为理论指导，该书既始终坚持马克思主义剩余价值学说的立场、观点和方法。马克思、恩格斯的工会和劳资关系理论是 19 世纪 40 至 60 年代欧洲工人运动的产物，主要是对资本主义早期自由资本主义劳资关系的抽象和理论概括，恩格斯对其晚年出现的早期垄断资本主义劳资关系作了初步探讨。马克思主义剩余价值理论并不因其产生于资本主义工业化前期和自由竞争资本主义阶段而丧失其理论地位和现实意义，仍然是揭示小商品经济、资本主义商品经济和社会主义市场经济内在机理和运行规律的分析工具。当今有两种值得注意的取向：一种是西方学者抓住当代资本主义一些新特点如"股票分散化"、"经理革命"、"工人参与制"、"福利国家"等否认劳资双方的对立或对抗性；另一种是包括统治精英们提出的或者正在采用的"让国家退位"、削减社会福利，以及解散或加以收买原先保护劳动者的工会等组织等"强制治疗法"。该书坚持马克思主义剩余价值学说及其工会和劳资关系理论，对这些观点进行了旗帜鲜明的驳斥和批判，坚定地捍卫了科学社会主义的基本原则。

中国特色社会主义扎根于中华大地，与中华文化血脉相连。当代中国劳资关系同样富有中华民族的特色，研究其发展不能简单地套用其他任何一个国家的模板，这是一个常常被忽视而又值得认真研究的问题。该书分析了中华"和合"文化的思想基础——整体主义思维方式形成的原因，并在调研的基础上指出"和合"文化仍然是我国劳资双方共有的文化基因，有利于消解多元主义，发挥国家权威，构建合作主义劳资关系以符合中国国情。

该书广泛借鉴西方资本主义在处理劳资关系上所取得的积极的理论和实践成果。西方国家自第二次世界大战以来，为了维护社会正常秩序和社会制度运行的稳定性，力图跳出"李嘉图定律"怪圈和"库兹涅茨假说"阴影，因而在某些观念、生产关系和具体政策上作了局部改变、调整和变革，甚至还不惜淡化意识形态的区别，屈尊向社会主义问计。西方工会的立法和政策历经数百年的积累，已日趋完善和体系化、规范化、法制化。他们在长期的实践中逐步建立起调节劳资关系的机制、政策和手段，主要是工会立法，国际劳工标准立法，劳动法体系（其中包含协调劳资关系、规定劳工标准、保障劳动力和保护弱势劳工群体四大类），集体谈判和集体协议，工人参与管理，以及劳动争议的处理，其中包括政府、雇主和工会三方谈判机制等等。这些举措并没有从根本上改变私有制和剥削制的本质，但在客观上促进了对资本关系自身规定性及本质的自我背离、自我否定和自我扬弃的进程，的确有许多值得借鉴的地方。该书详细分析了西方国家工会运动实践、政策和理论的集大成者——合作主义的形成、机制和实现形式，阐述全面客观，紧扣时代发展的脉搏。

该书体系完整，层层推进，逻辑严谨，辩证客观，资料丰富，行文流畅，注重规范分析和实证分析相结合，所提出的构建以行业工资集体协商为重点，国家级、区域级、企业级四级工资集体协商相互衔接、配套的工资集体协商体系的建议理论依据、实践依据充分，具有较强的现实意义，是当前研究中国劳资关系的一部力作。

希望易重华以博士后出站为新的起点，在学术研究上更上一层楼。是为序。

颜鹏飞

2015 年 5 月于珞珈山

（颜鹏飞，长江大学特聘教授，武汉大学经济与管理学院二级教授，博士生导师，《经济思想史评论》主编，马克思主义理论研究和建设工程首席专家。）

目　录

第一章

引　言

一　问题提出

改革开放后，劳资关系重回中华大地，发展成为劳动关系的主体。劳资关系是一个国家工业化进程中无法回避的重要的社会关系，它直接影响社会的分配状况、稳定程度、经济发展等各个方面。我国劳资关系的总体状态是合作大于冲突，并朝着和谐的方向发展。但是，劳资合作的水平还比较低，与经济社会发展的程度、职工群众的期盼还有一定的差距。劳动报酬长期偏低，拉大了贫富差距，造成消费低迷、产能过剩，导致劳资争议案件居高不下，甚至引发群体性事件。提高劳资合作水平，是解决我国社会诸多矛盾问题、全面深化改革的关键。

工资集体协商是被中外实践广泛证明了的能够实现劳资合作、不断提高劳资合作水平的制度安排。新世纪以来，我国大力推进工资集体协商制度建设，形成了一万多个全国、省、市、区县、镇三方协商机制，企业工资集体协商从无到有地开展起来，这些都是不小的成绩，也取得了一定的成效。但是在实际工作中，工资集体协商面临着许多阻力，协商质量不高、影响力较小的问题还比较突出。究其原因，一是认识不到位，工资集体协商"无用论"、"有害论"还很有市场；二是理念不到位，不少地方政府和工会仍然沿用计划经济体制的思维方式和工作方式来推动工资集体协商；三是方法不到位，对中国劳资关系的特点研究不足，抓手不准，措施不力。

没有理论的彻底，就没有实践的彻底。工资集体协商广被推崇的魅力究竟在哪里？难道劳资对话就可以让矛盾烟消云散吗？让工资集体协商扎下根的根基在哪里？工资集体协商对我国而言是为时过早还是正当其时？我国劳资关系的历史发展脉络是什么？我国劳资关系的基本特征是什么？这个基本特征是由什么原因造成的？这些原因给推进工资集体协商工作带来了哪些优势、哪些劣势？我国应如何扬长避短地加快推进工资集体协商？这些问题亟待深入地研究和回答，否则实践难以深度推进。

　　合作主义是西方国家在长期实践的基础上，针对劳资矛盾而提出的实现劳资合作、不断提高劳资合作水平的一系列理念、机制、制度的主张。合作主义劳资关系的具体实现形式是工资集体协商制度。以合作主义观点和机制处理劳资关系问题已经成为世界各国通行的准则。在全面建成小康社会、全面深化改革的新阶段，本书以马克思主义为指导，借鉴合作主义的理念和成果，力图研究和解决我国工资集体协商制度建设中面临的重大理论问题，为经济更加发展、社会更加和谐、民生更加安康、国家更加富强尽自己的一份绵薄之力。

二　研究综述

　　掌握学术研究前沿，是开展研究工作的前提。当今中国，经济社会发展日新月异，劳资关系的发展变化也比较大，对劳资关系研究的进展也比较快。笔者选取自 2013 年以来我国劳资关系的研究成果进行综述。通过中国知网（CNKI）检索，两年多来对我国劳资关系进行研究的专著有 12 本；文章有 320 余篇，其中报纸文章 40 余篇，期刊文章 250 余篇，硕士论文 30 余篇，博士论文 1 篇。赵秀丽指出，这样的成果数量还是由于富士康"跳楼事件"引起了人们对劳资关系较大关注才出现的，与产业、融资、产权等经济学其他领域相比，"劳资关系研究成为了一个'冷门'"[1]。孙晓冬、宋磊认为，政治经济学在改革开放后摆脱了苏联的影响，推动了改革，但是随着改革的深入，最能体现政治经济学学科品质的劳资关系研究淡出了学界视野，而且在为数不多的、主动设定的研究议题中的表现也不尽如人意，他们呼唤"找回劳资关系"[2]。

　　（一）关于劳资关系的定义

　　第一种观点认为，"劳资关系是在就业组织中由雇佣行为而产生的关系"[3]。就业组织既可以是公有制企业，也可以是非公有制企业；既可以是企业，也可以是政府或其他非营利性社会组织，强萃萍认为，劳资关系"包括了所有劳动者和用人单位之间存在的劳动关系"[4]。因此，这种观点往

---

① 赵秀丽：《论企业复杂关系中劳资关系的重要性》，《税务与经济》2014 年第 6 期。

② 孙晓冬、宋磊：《找回劳资关系基于政治经济学的中国经济研究的再转型》，《社会科学战线》2013 年第 5 期。

③ 刘英为、耿帮才：《我国当代劳资关系研究》，《现代商贸工业》2013 年第 9 期。

④ 强萃萍：《社会工作视角下劳资纠纷调解机制创新研究》，硕士学位论文，西北大学，2013年。

往把"劳资关系"等同于"劳动关系"。

第二种观点认为,劳资关系"本质上是商品经济社会围绕商品生产而结成的人与人的关系"[1]。由于这种观点认为劳资关系存在于商品经济条件下一切所有制性质的企业之中,因而其中有的学者使用了"员工关系"这样一个更利于消除所有制色彩的词来代替"劳资关系"。

第三种观点认为,"劳资关系或者劳工关系、产业关系,一般是指私有制企业中劳动与资本的关系。包括劳动者个人与雇主的关系,也包括工会与雇主或者雇主团体的关系"[2]。这种观点认为,劳资关系只是存在于非公有制企业之中,而不存在于政府等非营利性组织、公有制企业;从形式上看,劳资关系不仅有个人形式,而且有组织形式。

第四种观点认为,"比较通用的劳资关系的概念是指工会化的那部分雇佣关系",至于没有加入工会的那部分员工与企业之间的关系,则不在劳资关系的覆盖范围内;而员工关系涵盖了与工会会员以及非工会会员都有关的全部雇佣关系。[3] 该观点认为劳资关系是一种组织化的关系,而其所言的"员工关系"同于上述第二种观点所界定的"劳资关系"。

第五种观点认为,"现代意义的劳资关系是劳方、资方、政府三方共同组成的社会经济利益关系"[4]。这种观点认为,在现代社会中政府已经深深地介入到劳资关系之中,劳资关系已经不是单纯的劳方和资方之间的关系。对于"资方"的界定则同于第一种观点,即一切就业组织。

第六种观点认为,"劳资关系是劳动者与劳动力使用者在生产过程中所结成的最基本的社会经济关系"[5]。也就是说,劳资关系是一种劳动能力的使用和被使用关系,既可以存在于计划经济体制之中,也可以存在于市场经济体制之中;既可以存在于经济组织之中,也可以存在于非经济组织之中;雇主既可以是组织及其代理人,也可以是家庭及其个人。

---

① 薛燕:《试析作为范畴的"劳资关系"的基本特征》,《经济视角》2013年第9期。
② 郭志栋:《毛泽东劳资关系思想及其当代价值研究》,博士学位论文,山西大学,2013年,第3页。
③ 刘昕、张兰兰:《员工关系的国际发展趋势与我国的政策选择——兼论劳资关系、劳动关系和员工关系的异同》,《中国行政管理》2013年第11期。
④ 田坤:《以农民工为劳动者的劳资关系研究》,硕士学位论文,天津商业大学,2013年,第9页。
⑤ 刘成海:《我国劳资关系演化研究》,《中国物价》2013年第5期。

以上六种观点的分歧主要有五点：一是劳资关系存在于企业这个营利性的就业组织还是存在于包含营利性和非营利性的所有就业组织？二是劳资关系存在于非公有制企业之中还是存在于包含公有制和非公有制在内的所有企业之中？三是劳资关系的形式是组织化的形式还是包含组织化和非组织化在内的所有形式？四是劳资关系存在于市场经济条件下还是存在于包含市场经济和计划经济在内的现代社会条件下？五是劳资关系是只包含劳资二者之间的关系还是包含着政府因素在内的综合社会关系？虽然不是每位学者都对劳资关系进行了明确定义，但从他们行文的具体内容来看，大多数学者持第二种观点。

笔者在劳资关系定义上持第三种观点，即劳资关系是非公有制企业的劳动关系。尽管学者们关于劳资关系的定义存在着分歧，但都格外地关注非公有制企业的劳动关系，研究对象大体相同，因而可按笔者的视角进行综述。

（二）关于改革开放后劳资关系发展阶段

一是两阶段划分法。刘成海认为，以 2006 年十六届六中全会通过《中共中央关于构建社会主义和谐社会若干重大问题的决定》为界，改革开放后我国劳资关系可分为多元化劳资关系时期（1978—2006 年）、和谐劳资关系探索时期（2006 年以来）两个阶段。[①]

二是三阶段划分法。其中主要有以下四种具体的划分方法：

蒙慧将改革开放后非公有制劳资关系发展进程划分为三个发展阶段：第一阶段（1978—1988 年），从十一届三中全会召开后至十三大召开，是劳资关系萌芽、劳资矛盾被忽视的阶段；第二阶段（1988—1991 年），召开十三大后，非公经济的劳资关系快速成长，国家出台各种规定、条例规范保护劳动者的合法权益，但是劳动者权益的保障政策受多方要素的制约并没有得到有效的实施；第三阶段（1992 年召开十四大至今），非公经济得到发展，同时劳资矛盾和冲突变得复杂和尖锐，引起了社会的关注。[②]

刘金祥、高建东在阶段的划分上与蒙慧一致，但是对每一阶段特征的概括上有所不同：萌芽阶段（1978—1988 年）；逐步规范阶段（1988—1991 年），1988 年全国人大通过宪法修正案，明确规定"保护私营经济的合法权利和利益"；在冲突中规范发展阶段（1992 年至今），1992 年 4 月国家出台

① 参见刘成海《我国劳资关系演化研究》，《中国物价》2013 年第 5 期。
② 参见蒙慧《改革开放以来非公有制企业劳资关系考察与启示》，《商业时代》2014 年第 29 期。

了《工会法》，开始着手规范劳资关系。①

陈仁涛将改革开放后劳资关系进程划分为这样三个发展阶段：第一阶段（1978—1991 年），即从十一届三中全会召开到十四大召开前夕，是劳资关系平稳、劳资矛盾初步显露阶段；第二阶段（1992—2003 年），即十四大召开后到十六大召开前，是劳资关系走向失衡、劳资矛盾不断积累阶段；第三阶段（2003 年至今），即十六大召开以来，是劳资关系严重失衡、劳资矛盾凸显以及党和政府加大劳资关系调整阶段。②

游正林与陈仁涛在阶段划分上大致相同，但对每一个阶段特征的概括上有一定差异。第一阶段（1979—1991 年），即劳资关系形成阶段；第二阶段（1992—2002 年），即劳动争议案件快速增长阶段；第三阶段（2003 年以后），即党和政府大力调控劳资关系阶段。③

三是四阶段划分法。李向民、邱立成将改革开放后劳资关系进程划分为四个阶段：第一阶段（1978—1985 年），劳资关系相对和谐；第二阶段（1986—1991 年），劳资矛盾逐渐抬头；第三阶段（1992—2001 年），劳资纠纷大幅增加；第四阶段（2002 年至今），劳资冲突局部尖锐化。④

上述观点既有共同点，也有分歧点。从共同点来看，主要表现在：一是都将国家政策的重大调整作为阶段划分的分界点，这反映出劳资关系发展与国家政策紧密相关；二是都认为改革开放后我国劳资关系经历了从无到有的过程，也经历了严重的失衡发展阶段，目前仍不够和谐。从分歧点来看，主要表现在：一是对改革开放以来我国劳资关系发展阶段的分界上；二是对当前我国劳资关系发展态势的认识上，即是向着和谐劳资关系发展还是处于劳资矛盾复杂尖锐的状况？许多学者虽然没有具体研究改革开放后我国劳资关系发展阶段问题，但普遍认为当前我国劳资关系正在向着和谐方向发展。

（三）关于当前中国劳资关系发展现状

第一，关于劳资关系的性质。彭红波指出，"在我国，工人的维权目的

---

①　参见刘金祥、高建东《劳资关系制衡机制研究》，上海人民出版社 2013 年版，第 101—102 页。

②　参见陈仁涛《我国非公有制企业劳资关系演进的历程考察及其启示》，《经济论坛》2013 年第 8 期。

③　参见游正林《地方政府对劳资关系的软性调控——基于浙江省诸暨市的调查》，社会科学文献出版社 2014 年版，第 21—33 页。

④　参见李向民、邱立成《开放条件下中国劳资关系变化与对策分析》，南开大学出版社 2013 年版，第 95—98 页。

只是争取合法的经济权益,而不是对抗政府",并认为其原因主要有两点:一是在中国共产党的领导下,工人群体的利益在体制内就能够得到满足,不需要打破整个社会的利益结构以及维护这个利益结构的政权体系;二是受到历史传统的影响,两千多年来中国政治思想、政策和抗议运动都把获得社会经济保障置于中心位置。① 孟泉观察到,在 2010 年沿海地区发生的系列罢工事件中,"工人的罢工方式都是非常克制、理性的,他们在工厂区域内散步或静坐的行为并未影响正常的社会秩序"②。其他学者虽然没有直接阐述我国劳资关系的性质,但从研究内容来看,都认为我国劳资矛盾是经济性质的矛盾,不具有政治性质。

第二,关于劳资关系失衡程度。学者们从地域、行业、不同所有制企业以及全国范围等多个角度对劳资关系进行了研究,普遍认为劳资关系在总体上是失衡的——工资待遇企业说了算,职工缺乏话语权,"资强劳弱"的状况是一个共性,只是在不同地区、不同行业、不同所有制企业中略有差异。高柱、李娜总结出"资强劳弱"的四个主要表现:一是有的企业不与职工签订劳动合同;二是有的企业即便与职工签订劳动合同,但很不规范,总是想方设法规避责任,或缺少工作时间、工作地点、休息休假等必备条款,或与劳动者签订短期的"项目聘用合同"等;三是企业不按规定给职工上保险,或者只给少数骨干上保险,或者要求职工以个人身份参保再到单位报账;四是企业工会作用发挥效果差,不能有效维护职工合法权益。③

第三,关于劳资纠纷的特点。顾潮认为,《劳动合同法》实施五六年后,劳资纠纷呈现出三个新特点:一是总量大,增长快;二是触点多,燃点低;三是外因多,处置难。④ 郭爱萍认为,当前劳资纠纷呈现出"案件数量逐年增加、案件内容日趋复杂、案件的社会影响力不断扩大等特点"⑤。高艳辉认为,当前劳资冲突主要有三个特点:一是劳动者表达的主要是利益的诉求;二是政府往往成为劳动者同时抗议的对象,呈现出对政府的"高度依赖、低度信任"的矛盾状态;三是在不少劳资冲突案件中暴力色彩较重,

---

① 参见彭红波《当前我国劳资矛盾的特征及影响因素分析》,《开发研究》2013 年第 1 期。

② 孟泉:《从劳资冲突到集体协商——通向制度化之路》,《中国工人》2013 年第 3 期。

③ 参见高柱、李娜《劳动者怕丢工作,习惯"无保障"》,《工人日报》2014 年 10 月 28 日第 5 版。

④ 参见顾潮《劳资冲突中的政府角色与政府治理》,《唯实》2013 年第 11 期。

⑤ 郭爱萍:《我国劳资关系矛盾及其症结分析》,《求实》2013 年第 12 期。

对抗性尖锐。① 2014 年 2 月 24 日，中国社会科学院法学研究所发布的《法治蓝皮书（2014）》显示，劳资纠纷成群体性事件第一诱因，百人以上群体性事件中劳资纠纷占三成。② 宁方凯则认为，尽管当前劳资纠纷总量仍居高位、案件复杂程度增强，调解难度增大，但 2010 年以来劳资纠纷案件数量以及集体争议案件数量总体上呈回落之势。③

第四，关于劳资关系发展状况。2010 年我国发生的一系列群体性劳资纠纷事件，引起了学者的高度关注。蔡禾认为，2010 年 5 月 17 日爆发的广东南海本田工人罢工事件是广大农民工利益诉求发展的一个重要且具有象征性意义的事件，标志着农民工的利益诉求从"底线型"利益诉求向"增长型"利益诉求转变，即从为达到国家法规确定的劳动权益标准而展开的利益诉求向要求自身利益的增长与企业利益增长或与社会发展保持同步的利益诉求转变。④ 常凯认为，2010 年以"海南本田事件"为代表的"停工潮"是中国劳动关系集体化转型的标志性事件，标志着劳资纠纷开始从权利争议转向利益争议。⑤ 蔡禾所言的"从'底线型'利益诉求向'增长型'利益诉求转变"与常凯所言的"从权利争议转向利益争议"在实质上是相同的，而且农民工是劳资关系中劳方的主体，因此蔡禾和常凯的观点是一致的。

第五，关于劳资合作性。大多数学者们认为，尽管劳资关系失衡且纠纷多发，但相互依存的合作关系是一个基本面。薛燕认为："依存与合作的主流和大趋势中含有矛盾与冲突乃是常态。"⑥ 胡磊认为，其主要原因是我国的根本政治制度、基本经济制度和法律制度为劳资合作奠定了坚实的基础，使我国劳动者和资本所有者具有根本利益的高度一致性和具体利益的相对差异性，在本质上是一种以公共利益为基础的相互合作和利益共享的关系。⑦

---

① 参见高艳辉《转型期劳资冲突及其化解对策研究》，硕士学位论文，湘潭大学，2013 年，第 1 页。

② 参见辛红《劳资纠纷成群体性事件第一诱因》，《法制日报》2014 年 2 月 25 日第 8 版。

③ 参见宁方凯《基于博弈论视角下的劳资关系协调性研究》，博士学位论文，山东大学，2013 年，第 3 页。

④ 参见蔡禾《从"底线型"利益到"增长型"利益——农民工利益诉求的转变与劳资关系秩序》，《哲学基础理论研究》2013 年第 5 期。

⑤ 参见常凯《劳动关系的集体化转型与政府劳工政策的完善》，《中国社会科学》2013 年第 6 期。

⑥ 薛燕：《试析作为范畴的"劳资关系"的基本特征》，《经济视角》2013 年第 9 期。

⑦ 参见胡磊《构建社会主义初级阶段和谐劳资关系的理论分析》，《辽宁行政学院学报》2013 年第 4 期。

王宏晴认为，劳资合作的原因还有乡土人情使农村中小民营企业劳资更倾向合作。①

（四）关于劳资失衡的原因

学者们认为，劳资失衡是企业、劳动者、政府、工会、经济社会发展状况等多种因素交织而成的，此外，全球化以及历史文化传统的影响也受到不少关注。

第一，从企业来看。一是发展程度较低。梁永丽认为，我国非公有制企业多是劳动密集型的小微企业，利润微薄，抗风险能力低；管理水平参差不齐，用工制度不规范；很多小微型企业没有成立工会，集体谈判不能有效开展，因而侵害职工合法权益的现象时有发生。② 二是家族企业具有一定排外性。李仲伟认为，我国 90% 的非公有制企业是家族企业，内外有别的传统家族文化使得企业"缺乏利益分享的意识"③；陈济海认为，这种文化习俗"形成家族内成员与家族外成员之间的巨大隔阂"④。三是人治色彩浓，协商意愿低。彭红波认为，"强势雇主往往缺乏法治意识和社会责任感"⑤。富士康"跳楼"事件成为学者批评的典型案例。吴江秋认为，"企业低成本战略是问题产生的根源"⑥。杨俊青认为，事件与企业"客户出价减去必要盈利"的盈利模式不无关系：企业经营好时，增加的是利润；企业经营不好时，首先减少的是工人工资，企业总是把自身的利益凌驾于职工利益之上。⑦

第二，从劳动者来看。王乐认为，"个体化"观念使"分散的个体无法将单个的利益诉求整合，以致无法形成统一的、共识性的以抗衡资方的力量"⑧。不少学者还关注到"80 后"、"90 后"新生代产业工人与父辈的差

---

① 参见王宏晴《探析乡土文化对农村中小民营企业劳资合作博弈的影响——以北京市联兴自动化成套设备厂为例》，《改革与开放》2013 年第 9 期。

② 参见梁永丽《推进合作型劳资关系的对策研究——集体谈判制度在广西的实践与发展》，《知识经济》2014 年第 1 期。

③ 李仲伟：《浅谈中小服装企业劳资管理》，《山东纺织经济》2013 年第 6 期。

④ 陈济海：《家族型企业和谐劳资关系的构建》，《湖南科技学院学报》2013 年第 12 期。

⑤ 彭红波：《当前我国劳资矛盾的特征及影响因素分析》，《开发研究》2013 年第 1 期。

⑥ 吴江秋：《现代制造企业的劳资矛盾与对策——对富士康事件的再反思》，《宜宾学院学报》2013 年第 7 期。

⑦ 参见杨俊青《民营企业劳资合作共赢的战略模型——以富士康为例》，《经济与管理研究》2013 年第 6 期。

⑧ 王乐：《当今社会劳资矛盾多发的原因分析》，《理论观察》2014 年第 10 期。

异，认为这是劳资矛盾增加的一个重要原因。贾昕昕、王德昌认为，新生代农民工文化程度提高，就业诉求增加，更希望获取与其劳动价值相匹配、能维持体面生活的薪酬水平，对过度压低农民工薪酬福利等来维持企业运行的方式提出了挑战。① 刘瑛认为，新生代产业工人有理性的一面，但"一般个性张扬，比较自我，创造性强而耐受力弱，有强烈的维权意识，但守法意识欠缺，易冲动，有冒险精神"，成为群体性劳资纠纷的主体。② 李仲伟认为，一些青年职工稍不顺心就辞职、跳槽，使不少中小企业陷入"用工荒"、"技工荒"窘境。③ 还有学者指出，员工利用《劳动合同法》"恶意诉讼或过度维权"④、有的在"黑代理"的怂恿下"钓鱼维权"⑤ 的现象增多，加重了劳资之间的不信任感和对立情绪。

第三，从政府来看。学者普遍批评政府在调节劳资关系上缺位、错位问题。顾潮认为，面对劳动关系的新情况、新特点，政府在治理劳资冲突上存在三个"不适应"：一是工作手段与工作形势不适应，柔性调处劳资冲突的制度设计不到位；二是组织体系与工作要求不适应，工作触角"下"不去；三是队伍建设与工作任务不适应。⑥ 梁永丽认为，在现实中集体谈判还存在着"政府的监督、督促不到位，指导力度不够的情况"⑦。张为杰、王询认为，政府在调节劳资关系上缺位、错位的原因主要是"地方政府竞争是劳动收入占比下降、资本深化的重要制度性因素"⑧。冯同庆则认为，当前劳资协商的主要问题不是政府直接介入不够，而是"政府没能在市场、企业、

① 参见贾昕昕、王德昌《中小企业劳资双方责权关系新解构——企业社会责任的构建和农民工权利诉求的转换》，《实践与探索》2013 年第 1 期。

② 参见刘瑛《工会视角下群体性劳资冲突的预防与处理》，《天津市工会管理干部学院学报》2013 年第 3 期。

③ 参见李仲伟《浅谈中小服装企业劳资管理》，《山东纺织经济》2013 年第 6 期。

④ 梁小惠：《论转型期的民营企业劳资关系及其法律规制——兼论 2013 新修订〈劳动合同法〉实施面临的问题和对策》，《河北师范大学学报》（哲学社会科学版）2013 年第 4 期。

⑤ 张房耿、钟荐轩：《劳动密集型企业最易引发劳资纠纷》，《中山日报》2014 年 9 月 29 日第 5 版。

⑥ 参见顾潮《劳资冲突中的政府角色与政府治理》，《唯实》2013 年第 11 期。

⑦ 梁永丽：《推进合作型劳资关系的对策研究——集体谈判制度在广西的实践与发展》，《知识经济》2014 年第 1 期。

⑧ 张为杰、王询：《中国地方政府竞争、财政分权与劳资地位不平等——基于动态面板模型的证据》，《制度经济学研究》2013 年第 12 期。

税收等方面创造环境和空间"①。

第四，从工会来看。学者普遍认为，企业工会行政依附性强，集体协商形式主义严重，未能发挥制衡作用。陈微波认为，企业工会没有实现从计划经济向市场经济的转型，仍是企业的行政机构，缺乏独立性②，不敢为职工代言。刘健西、邓翔认为，"有的企业的工会由资方操纵，工会干部多数由资方指定或由企业人事管理方面的干部兼任"，不愿为职工代言。③

第五，从经济社会环境来看。一是2008年《劳动合同法》和2013年《劳动合同法》修订，使多年压抑的劳资矛盾爆发出来。如李盛荣认为："劳动争议案件在经历了2008年、2009年《劳动合同法》施行之初的井喷式爆发后，又经过相对稳定的3年，在2013年再一次迎来爆发高峰。"④ 二是法律制度供给不足，劳资矛盾缺乏法律调节而形成争议和纠纷。如湛峤赟认为，当前劳动领域既存在无法可依问题，又存在法律条款过于原则性的问题，在工资集体协商上"缺乏法律意义的制约性和强制力"⑤；李兴认为，《劳动合同法》意义重大，但还存在一些缺失，如在离职后竞业禁止制度上过于笼统。⑥ 三是"招工难"问题引发劳资纠纷。刘春梅认为："私营企业主就采用扣发工资的办法留住劳动者。这就引发了较多的劳资纠纷。"⑦ 四是产业转型、升级、转移引发劳资纠纷。孙中伟认为，2010年之后，"欧债危机"导致欧盟市场需求下滑、国内劳动力成本上涨，沿海大批加工制造企业被迫停工、搬迁或倒闭，由此引发的劳动合同变更和经济赔偿问题成为工人维权的又一新诱因。⑧ 五是计划经济体制下农村政策的影响。李鸿、赵冰瑶认为，建筑业欠薪支付是人民公社的工分制在建筑行业中的延续，而长

① 冯同庆：《企业层面的劳资对话制度及其评估——无畏毛泽东、理想毛泽东以及后毛泽东时代的选择》，《中国工人》2013年第11期。

② 参见陈微波《基于劳资冲突治理视角的利益表达问题研究》，《求实》2013年第1期。

③ 参见刘健西、邓翔《转型期我国劳资关系失衡格局成因及对策研究》，《天府新论》2013年第5期。

④ 李盛荣：《对劳资诚信危机的感受与思考》，《法律与生活》2013年第5期（上）。

⑤ 湛峤赟：《当前市场经济条件下关于协调民营企业劳资矛盾的探究》，《商场现代化》2014年第2期。

⑥ 参见李兴《劳资双方的诚信博弈——我国离职后竞业禁止制度之完善》，《法制博览》2013年第9期（中）。

⑦ 刘春梅：《私营企业劳资冲突调节问题的实证研究》，硕士学位论文，浙江师范大学，2013年，第19页。

⑧ 参见孙中伟《应警惕产业转移引发的劳资纠纷》，《东方早报》2013年3月26日第10版。

期的城乡差别造成农民工依然保持农民主体身份，是这一传统得以延续的条件。① 六是社会反应迟钝。刘金祥、高建东认为，理论界对劳资纠纷不够重视，各种传媒的反应也不强烈，未引起全社会的高度关注。②

第六，从全球化来看。王明亮认为，全球化对发展中国家劳资关系造成了不利影响：一是增加了资本强势地位。"在全球化进程中，资本可以更为自由地跨国流动，从而获得了相对于劳工和政府来说更大的谈判优势。"③ 二是固化发展中国家企业国际代工地位，激化劳资矛盾。跨国公司的全球价值链配置，导致低端产品生产向发展中国家集中，企业生产过程技能单一，因而"缺乏长期的人力资本投资积极性，偏向于采用市场化、临时性的雇佣策略以及短期培训的人力资源管理策略，劳资双方缺乏基本的合作共赢的条件与利益契合点"④。刘凤义、尚文把跨国公司的全球价值链配置称为"模块化分工"，这种分工致使发展中国家产业升级缓慢，企业"只能以底层供应商的身份参与模块化生产网络，依靠廉价的劳动力资源，赚取微薄的收入"⑤，无力改善劳资关系。

（五）关于和谐劳资关系的定义

第一种观点侧重从劳资矛盾得以化解的最终状态的角度进行定义。李硕认为，"和谐劳资关系是相对于矛盾、冲突、对抗型的劳资关系而言，是一种具有合作性、平等性、可协调性和互利共赢性的新型劳资关系"⑥。陈济海认为，和谐劳资关系"指劳动者与雇佣劳动者（资产所有者）在有效机制的制约下化解利益矛盾，实现双方利益平衡，最终达到合作、稳定、双赢的关系"⑦。

第二种观点侧重从以合作博弈的方式化解劳资矛盾的角度进行定义。陈金玲认为，"和谐劳资关系就是不同利益主体之间通过合作博弈实现的利益

① 参见李鸿、赵冰瑶《我国建筑业劳资纠纷特征及应对措施》，《中国劳动关系学院学报》2013年第6期。

② 参见刘金祥、高建东《劳资关系制衡机制研究》，上海人民出版社2014年版，第114页。

③ 王明亮：《"小康型"社会多维网络化劳资利益协调机制研究》，《求实》2013年第6期。

④ 王明亮：《加工贸易企业劳资关系的困境及对策研究：以广东为例》，《华南理工大学学报》（社会科学版）2013年第6期。

⑤ 参见刘凤义、尚文《论模块化分工对劳资关系的影响》，《海派经济学》2013年第2期。

⑥ 李硕：《工会组织在构建私营企业和谐劳资关系中的角色定位》，《中外企业家》2013年第10期。

⑦ 陈济海：《家族型企业和谐劳资关系的构建》，《湖南科技学院学报》2013年第12期。

均衡"①。张亚认为，"私营企业劳资关系的和谐是系统中诸要素在现行制度下互动博弈以达到各方都能接受的互利共赢的制度格局"②。

第三种观点侧重从劳资矛盾能够通过双方自觉合作的方式化解的角度进行定义。张利萍认为，和谐劳资关系就是劳资合作关系，即劳资双方在共同追求更大的效益目标上，双方都集中心力于目标的实现上，相互信任、彼此尊重，共同参与企业管理，劳动成果由劳资双方共享。③ 韩金华认为，和谐劳资关系是利益协调型的，劳资双方相互尊重、相互帮助、相互依存、相互促进。④

第四种观点侧重从劳方、资方、政府三者利益关系相对均衡的角度进行定义。李向民、邱立成认为，"和谐劳资关系的实质是三方利益的最大化"，重点是收入的公平分配。⑤

上述三种观点虽然角度不同，但都认为和谐劳资关系具有以下四个基本要求：一是双方承认并尊重对方的利益诉求；二是找到双方利益的平衡点；三是保持关系相对稳定；四是推动和促进企业发展。

（六）关于构建和谐劳资关系的对策

学者普遍认为，构建和谐劳资关系利国利民利企业。在对策上，学者主要对如何推进工资集体协商制度建设、如何发挥工会作用、如何发挥政府作用、如何给予集体劳动权、如何借助社会力量等方面进行了研讨。

第一，在工资集体协商上。大多数学者认为工资集体协商是化解劳资矛盾的有效机制。张丽琴、徐群和赵春阁、孙海涛、杨舒等应用博弈理论，分别论证了工资集体协商可以使劳资双方形成长期动态的、无限次重复的博弈过程，是突破"劳资博弈'囚徒困境'的合作解"⑥。但在协商层次上学者们有不同看法。潘晶晶认为："在企业中，劳资双方可以通过工资协商，建

① 陈金玲：《工会的博弈行为与和谐劳资关系的构建》，硕士学位论文，浙江工业大学，2013年，第12页。

② 张亚：《系统论视角下私营企业和谐劳资关系构建》，《人民论坛》2013年第11期（下）。

③ 参见张利萍《劳资合作：私营企业构建和谐劳动关系的根本出路》，《当代世界与社会主义》2013年第3期。

④ 参见韩金华《非公有制经济和谐劳资关系研究——以私营经济为例》，经济科学出版社2013年版。

⑤ 参见李向民、邱立成《开放条件下中国劳资关系变化与对策分析》，南开大学出版社2013年版。

⑥ 孙海涛：《劳资博弈"囚徒困境"的合作解：工资集体协商》，《中国劳动关系学院学报》2014年第6期。

立利益分配机制。"① 但洪芳认为，我国企业工会的组织状况无法胜任集体谈判和签订集体合同，而且企业层面集体合同不能解决同一行业不同企业之间职工工资差别大的问题，同时很难将非标准用工纳入其中。② 许清清、张衔认为，"中小型企业工会组建率不高，如果选择企业的谈判模式，将有大量的小型企业劳方连谈判代表都没有"③，因而提出应大力推进行业性集体谈判。王阳认为，应形成"企业协商谈增长，行业协商谈标准，区域协商谈底线"的多元协商模式。④

第二，在工会作用发挥上。多数学者认为，工会是劳动者制衡资方的主要力量，如唐彬提出："工会组织应该在改善劳资关系上发挥关键作用。"⑤ 冯同庆认为，在加快工会组织建设上，一个基本的思路是"让基层工会回归群众性与民主性"⑥。在具体措施上，韩春、陈元福、李晓鹏提出，一是调整企业工会经费供给体制，增强企业工会的独立性，提升劳方的博弈能力；二是在上级工会指导下，由工人公推直选企业工会主席；三是建立和完善产业工会体制，提升产业工会在劳资谈判中的地位和作用。⑦ 梁永丽赞成这三点，并提出工会管理层应实行岗位工资与绩效工资相结合的工资制度，绩效工资取决于员工对工会工作的满意程度，以强化工会的代表性。⑧ 德国学者沃尔夫冈·多伊普勒认为，中国的企业工会应不参与管理、定期选举、职工代言人应获得法律保障。⑨ 民革上海市委提出，进一步推动地区工会积极发挥参与处理集体劳资争议的作用，这有利于减轻政府的负担和防止员工

---

① 潘晶晶：《激发企业内生动力　创建和谐劳资关系》，《广东青年职业学院学报》2014 年第 2 期。

② 参见洪芳《完善集体合同制度促进劳资自治》，《法制博览》2014 年第 2 期（中）。

③ 许清清、张衔：《劳资谈判博弈的演化路径与稳定策略》，《统计与决策》2014 年第 6 期。

④ 参见王阳《建立健全劳资利益共享、共同发展的机制》，《工会信息》2014 年第 3 期。

⑤ 唐彬：《工会组织应该在改善劳资关系上发挥关键作用》，《东莞日报》2014 年 7 月 10 日第 A01 版。

⑥ 冯同庆：《企业层面的劳资对话制度及其评估——无畏毛泽东、理想毛泽东以及后毛泽东时代的选择》，《中国工人》2013 年第 11 期。

⑦ 参见韩春、陈元福、李晓鹏《德国劳资共决制对中国建构和谐劳动关系的启示》，《学理论》2013 年第 7 期。

⑧ 参见梁永丽《推进合作型劳资关系的对策研究——集体谈判制度在广西的实践与发展》，《知识经济》2014 年第 1 期。

⑨ 参见［德］沃尔夫冈·多伊普勒《德国集体工资谈判制度及其对中国的启示》，载王学东、张文红《经济改革和社会结构变迁中的劳动关系》，中央编译出版社 2013 年版，第 76—77 页。

与政府的关系激化。① 但是，刘昕、张兰兰认为，从劳资关系的发展趋势来看，随着劳动者文化程度提高、合作意识增强、法制健全、政府干预深化以及企业盈利艰难，劳动者更倾向于采取个体行动，以保持足够的灵活性和个性化，工会强化易于造成企业破产，因而工会能发挥作用的空间被压缩，潜在价值下降。②

第三，在政府作用发挥上。顾潮认为，对于劳资冲突，政府面临的不是"管与不管"的选择，而是"怎样管"的问题。学者普遍赞同这个观点，但在"怎样管"上存在着一定的分歧。顾潮提出，政府应正确树立冲突治理意识、大力构建冲突治理机制、切实改进公共管理方式、积极创新行政调解机制、不断完善争议调处机制、打造高效监察执法机制。更多的学者主张，政府应积极营造促进劳资合作的环境。王明亮认为，政府处于促进发展和维护公平的两难境地，应"适当收缩政府权力边界，激发社会自我组织功能，优化社会管理模式"③；陈微波认为，政府要完善相应的利益表达制度，如完善集体谈判制度、工会制度、劳动争议制度等④；蔡禾认为，面对"增长型"利益纠纷，政府不可能扮演当然的"劳工保护"角色，而应积极"推动企业建立工资集体协商制度"⑤；张富全认为，政府在劳资集体谈判中应采取适度干预原则、偏重弱者原则、公共利益优先原则、公开公平和公正原则⑥；杨舒认为，地方政府应采取不偏不倚的态度进行实质性的干预，尽早地鼓励双方通过平等协商实现劳资关系的稳定⑦；何勤、王晶借鉴美国经验，提出应对小微企业制定差别化和部分豁免的法律条款，通过营造良好的外部环境，帮助和引导小微企业改善劳资关系⑧；游正林也认为，地方政府应采取扶持、奖励、服务等软性调控方式，引导资方积极配合甚至主动接受

① 参见顾意亮《民革上海市委呼吁：建立地区性集体劳资争议预警机制》，《人民政协报》2014 年 2 月 10 日第 3 版。

② 参见刘昕、张兰兰《员工关系的国际发展趋势与我国的政策选择——兼论劳资关系、劳动关系和员工关系的异同》，《中国行政管理》2013 年第 11 期。

③ 王明亮：《"小康型"社会多维网络化劳资利益协调机制研究》，《求实》2013 年第 6 期。

④ 参见陈微波《基于劳资冲突治理视角的利益表达问题研究》，《求实》2013 年第 1 期。

⑤ 蔡禾：《从"底线型"利益到"增长型"利益——农民工利益诉求的转变与劳资关系秩序》，《哲学基础理论研究》2013 年第 5 期。

⑥ 参见张富全《政府在劳资集体谈判中的角色定位研究》，硕士学位论文，华南理工大学，2013 年，第 42—44 页。

⑦ 参见杨舒《地方政府行为在劳资利益关系中的作用》，《劳动经济评论》2013 年第 7 期。

⑧ 参见何勤、王晶《基于小微企业劳动关系特征的中美劳资立法比较研究》，《中国人力资源开发》2013 年第 7 期。

调控。①

第四，在罢工权问题上。有部分学者呼吁，应在法律上确立罢工权。主张赋予罢工权法律地位的学者，一般将"集体协商"称为"集体谈判"，前者谈而不破，后者谈而可破，罢工就是职工在谈判破裂情况下最后的维权武器。同时，他们都认为，罢工权是有条件的，目的是促进劳资和谐。如向长艳提出，"期待我国能把罢工权上升为公民的一项宪法性权利"，并认为同时应构建合理、平衡的劳资关系②；洪芳认为，"缺乏罢工权的集体谈判无异于集体乞讨"，提出应"承认并规制罢工权"③；蔡禾认为，为规范、调节劳资行为，"加快关于罢工等集体行动的立法工作刻不容缓"，并指出罢工应受到程序限制、职业和行业限制、行为限制④；德国学者沃尔夫冈·多伊普勒把罢工比作"净化空气的雷雨"，并认为罢工在中国不会像其他国家那样使政府陷入困境。⑤

第五，在社会工作作用发挥上。黄莺莺认为，从价值理念、专业方法及专业人员上，社会工作介入民营企业劳资关系都具有绝对的优势，应以企业主动购买为基本方式。⑥ 强萃萍认为，以政府购买的方式使社会工作介入劳资纠纷调解，有利于发展我国劳资纠纷调解机制的多元化，减少社会矛盾的恶化，促进劳资关系和谐，减少社会管理成本，有助于和谐社会稳定发展。但是，在宏观上还缺乏政策支持、制度保障，微观上没有成熟的指导方法、工作模式和经验。⑦

三　研究方法

本书以马克思主义认识论为指导，主要坚持以下三个基本的研究方法：

① 参见游正林《地方政府对劳资关系的软性调控——基于浙江省诸暨市的调查》，社会科学文献出版社 2014 年版，第 242 页。

② 参见向长艳《罢工权的权利演进及其与劳资政三方利益的博弈分析》，《广西政法管理干部学院学报》2014 年第 1 期。

③ 洪芳：《完善集体合同制度促进劳资自治》，《法制博览》2014 年第 2 期（中）。

④ 参见蔡禾《从"底线型"利益到"增长型"利益——农民工利益诉求的转变与劳资关系秩序》，《哲学基础理论研究》2013 年第 5 期。

⑤ 参见［德］沃尔夫冈·多伊普勒《德国集体工资谈判制度及其对中国的启示》，载王学东、张文红《经济改革和社会结构变迁中的劳动关系》，中央编译出版社 2013 年版，第 79 页。

⑥ 参见黄莺莺《企业社会工作与民营企业劳资关系问题探析》，硕士学位论文，内蒙古师范大学，2013 年，第 34—40 页。

⑦ 强萃萍：《社会工作视角下劳资纠纷调解机制创新研究——以 KZ 劳动法律服务站为例》，硕士学位论文，西北大学，2013 年，第 42 页。

第一，调查研究的方法。

没有调查就没有发言权。调查研究的方法，是实事求是地研究问题的首要方法。本书所研究的问题——中国劳资关系问题，具有很强的实践性，尤其需要深入实地调查研究。近三年来，笔者十多次地来到武汉市总工会、区总工会、企业，为工会干部授课，和他们一起讨论和研究劳资关系问题；通过亲戚、朋友的关系，采访了外资企业人力资源管理者、小微企业农民工、企业工会主席、私营企业主等人员，力图从多角度了解劳资关系发展的情况。为了掌握劳资关系发展最新的情况，笔者多次走进厂矿企业，和工会干部、管理层、职工座谈，发放调查问卷。这些走访、座谈、调研活动，丰富了感性认识，开阔了视野，激发了研究欲望，为本书撰写打下了较好的实践基础。

第二，历史研究的方法。

历史是客观的，一个事物的发展历程是对自身发展逻辑的最好诠释。历史研究的方法，是实事求是地研究问题的重要方法之一。历史又是无言的，需要人们将蕴含其中的发展逻辑阐发出来。本书坚持史论结合，研究了解放前在党的领导下劳资合作的发展历程和改革开放后劳资关系的发展历程，提出我国劳资关系具有合作倾向强但合作水平低的基本特征；研究了西方劳资关系发展史，提出国家在构建劳资合作关系中具有至关重要的作用；研究了中国工会的发展历程，提出工运事业和党的事业紧紧相连，工会离不开党的领导。

第三，辩证研究的方法。

世界是辩证发展的，研究问题时也应保持思维的辩证性，最根本的就是坚持一分为二地看待问题。劳资关系重回中国大地，给中国社会带来了什么？本书阐述了四个有利影响和四个不利影响。计划经济体制下的企业劳动关系已成历史，但历史不会逝去，历史包袱和历史财富同为一体，关键在后人一分为二地对待。本书认为计划经济体制下的企业劳动关系虽然束缚了劳动者，但体现出对劳动者的保护；虽然抑制了社会的活力，但使社会凝聚力很强。本书在研究问题和提出对策时，始终坚持传承历史和改革创新相结合，坚持扬长避短、趋利避害，以期促进劳资关系朝着有利于社会主义、有利于国家和人民的方向健康发展。

四　框架结构

本书由八章组成，是一个层层递进、环环相扣的整体：

全书的起点是第一章"引言"，主要介绍本书的研究基础和基本情况；全书的落点是第八章"构建以行业协商为重点的工资集体协商体系"，为构建社会主义和谐劳资关系提出对策措施。中间六章，即从第二章到第七章，都是为了找到切实可行的对策措施而做的理论铺垫。其中，第二章"劳资关系是一种特殊的劳动关系"，坚持马克思主义政治经济学基本原理，揭示出劳资关系的特殊性，是全书的理论基础；第三章"改革开放后中国劳资关系的形成和发展"、第四章"劳资关系对当代中国社会的影响"分别从纵向和横向两个维度对改革开放后我国劳资关系进行了分析，为寻找正确的对策措施奠定国内实践基础；第五章"合作主义劳资关系是工业文明的积极成果"，将视角转向世界，分析和总结了西方工业化先发国家劳资关系发展过程中正反两方面经验，为寻找正确的对策措施奠定国外实践基础；第六章"中国劳资关系的基本特点是合作倾向强但合作水平低"，将视角从世界拉回国内，为寻找正确的对策措施奠定国情基础；第七章"大力推进工资集体协商制度建设的重大意义"，为寻找正确的对策措施奠定价值基础。

本书的框架设计和结构安排体现了一般理论分析和中国实际情况相结合、国内视角和国外视角相结合、价值和手段相结合的研究思路。

第二章

劳资关系是一种特殊的劳动关系

当前，我国劳动领域分化比较显著。劳动关系有政府部门劳动关系、事业单位劳动关系、国有企业劳动关系、集体企业劳动关系、私营企业劳动关系、三资企业劳动关系、个体工商户劳动关系、混合所有制企业劳动关系等多种形式，其中每种劳动关系又有着多样的表现形式。同时，由于劳资关系曾经被赋予了浓厚的政治色彩，国外政府和学者、我国的不少学者将其泛化，把现代社会中一切劳动关系都视为劳资关系。劳资关系就被湮没在纷繁复杂的劳动关系之中，这更需要以马克思主义政治经济学为指导，充分认识劳资关系的特殊性，深刻把握劳资关系发展的客观规律，制定出更加有针对性和实效性的劳动政策，更好地推进经济社会发展。

第一节　劳资关系形成的三个基本条件

笔者认为，劳动关系（labor relations），是指劳动者和其使用者通过生产劳动所结成的各种经济社会关系的总称。劳资关系（labor - capital rela-tions），是指劳动者以及劳动者组织（工会）与非公有制企业、非公有资产控股企业以及代表组织（协会）所形成的劳动关系。劳资关系的形式，既可以是职工个人与企业主或经理人之间的个体关系，也可以是工会、职工代表大会等职工组织与企业管理层或企业协会等组织之间的组织关系。当今社会，体力劳动者即工人，较之马克思生活的时代大为减少，而脑力劳动者——科技人员等逐渐增多，本书一般将劳动者称为"职工"。尽管劳资关系的形式多种多样，但本质是一致的，具体表现为以下三个缺一不可的基本条件。

一　以劳动力商品化为前提

劳资关系的产生需要有劳动力能够自由买卖的市场经济条件，因此劳动力成为商品是货币转化为资本的关键。马克思指出："货币所有者要把货币转化为资本，就必须在商品市场上找到自由的工人。"① 他认为，劳资关系虽然也是一种劳动关系，但是与以往社会形态的劳动关系有着本质的区别——劳动者是自由的，他能够拥有自己的劳动力，并且可以自由地出售自己的劳动力。

由于劳动力成为商品，因而劳资关系是一种雇佣劳动关系。马克思指出："资本主义时代的特点是，对工人本身来说，劳动力是归他所有的一种商品的形式，他的劳动因而具有雇佣劳动的形式。"② 在计划经济条件下，没有市场关系，不存在劳动力的买卖关系，因而不存在雇佣劳动关系，这时的劳动者和企业的关系不是劳资关系。

有一些学者将计划经济体制下企业的劳动关系称为"国家雇佣制"，这个观点需要商榷。在计划经济体制下，就业是按照国家计划"统一招工、统一分配"，职工没有自由选择企业的权利，也就是说，劳动者没有把自己的劳动力当作商品的机会和权利。同时，职工一旦得到国家分配，就一生得到国家全方位的保障，劳动关系一般不会改变，这表明企业也不能将劳动者当作自由买卖的商品来对待。这与市场经济体制下企业与职工双向选择、通过订立劳动契约确定劳动关系是有着根本区别的。

把计划经济体制下的行政化劳动制度当作"国家雇佣制"，言下之意是在计划经济体制下，国家和劳动者的关系也不过是老板与雇员关系的另一种表现形式，与雇佣劳动制度没什么两样。这其实是用市场经济的思维方式来看待计划经济，是不恰当的。行政化劳动制度建立的目的，就是要破除雇佣劳动制度。这是在人类社会劳动关系发展史上的一次伟大尝试，它第一次高扬起劳动主权的大旗，反对把劳动力当作商品来买卖和使用。行政化劳动制度的问题不在于制度本身，而在于脱离了社会主义初级阶段这个最大的国情。当劳动还只是人们谋生的手段，以平均主义作为分配原则的计划用工制度阻碍了竞争，变成了"养懒汉"制度；当生产力还没有发达到社会可以为每一个劳动者提供自由而全面发展的工作环境时，以行政命令作为唯一的劳动力配置手段的劳动计划制度剥夺了劳动者自我选择的权利，限制了劳动者发展的空间。行政化劳动制度的确需要改革，但是它虽败犹荣，其弊病再大也不能抹杀其良好的初衷。

---

① 《资本论》第 1 卷，人民出版社 1975 年版，第 192 页。

② 同上书，第 193 页。

二 以剩余价值生产为纽带

有雇佣劳动关系，不一定就能形成劳资关系。资本的目的在于赚取剩余价值，因此劳资关系并不是一般的雇佣劳动关系，而是在剩余价值生产过程之中所形成的雇佣劳动关系。为了揭示劳资关系的实质、批驳将各种劳动关系不分性质地混为一谈的观点，马克思将劳动划分为生产劳动和非生产劳动两种类型，他充分肯定非生产劳动和生产劳动都是劳动，都能为社会创造使用价值和价值，但同时也指出两者的本质区别。什么是生产劳动？马克思指出："那就是会创造一个剩余价值，会在它作为工资得到的等价物以上，创造一个新的价值的劳动。"① 一个劳动，不论在物质部门还是在非物质部门，只要它被允许存在的目的是创造剩余价值，那么它就是生产劳动。劳动者的自由只存在于流通领域，而一旦进入生产领域，他就不再自由了。劳资关系，实质是资本对劳动的指挥和控制的关系，只有进入实现价值增值的生产领域，才能真正理解劳资关系的本质。

（一）个人及家庭与雇佣劳动者之间的劳动关系不是劳资关系

一个厨师，既可以受雇于餐饮企业，也可以受雇于某人及其家庭。他在两个地方的劳动在形式上没有差别，但在本质上属于两种不同性质的劳动关系。马克思对此进行了深刻的分析："在一个场合，劳动是同资本交换；在另一个场合，劳动是同收入交换。在一个场合，劳动会转化为资本，并为资本家创造一个利润；在另一个场合，劳动却是一种支出，是收入借以消费的物品之一。"② 在餐饮企业里，厨师的烹饪劳动存在于生产领域，是生产劳动，不仅为企业提供使用价值——菜肴，而且为企业提供剩余价值；在个人及其家庭里，厨师的烹饪劳动存在于消费领域，是非生产劳动，只为雇主提供使用价值——菜肴，而不提供剩余价值。由于劳动性质不同，这个厨师在这两个地方所获得的劳动报酬——工资的性质也是不同的，前者是企业生产资料的一部分——可变资本，而后者则是个人及其家庭消费资料的一部分。可见，个人及家庭与雇佣劳动者之间的劳动关系与劳资关系只是在雇佣劳动这个形式上相同，在本质上是全然不同的。

（二）政府等非营利性组织与雇佣劳动者之间的劳动关系不是劳资关系

组织分为营利性组织和非营利性组织，前者包括企业、个体工商户

---

① 马克思：《剩余价值学说史》第 1 卷，郭大力译，人民出版社 1975 年版，第 203 页。

② 同上书，第 151 页。

等，也被称为经济组织；后者包括国家组织和社会组织，其中国家组织包括人大、法院、政协、政府等各类国家机关，社会组织包括由群众自发组成的各种各样的社会团体，如企业家协会、工会、作家协会等。在市场经济条件下，所有的劳动力都是商品，政府等非营利性组织为维持正常运行，也需要从市场上招聘劳动者，通过签订劳动合同来确定双方的劳动关系，从而构成雇佣劳动关系。从表面上看，受雇于政府等非营利性组织的劳动者，与企业等营利性组织中的雇员一样，也与劳动资料相分离，也依靠工资而生活，但是两者的劳动关系在性质上是根本不同的：政府等非营利性组织雇员的劳动处于非生产领域，不是生产劳动，其收入来自税收或者会员缴纳的会费，即社会生产劳动所创造的剩余价值的一部分；而企业雇员的劳动是处于生产领域，是生产劳动，其收入来源于自己创造的新价值的一部分。也正因为劳动关系性质不同，政府等非营利性组织与雇员之间不存在新价值分割上的矛盾，双方关系不具有对抗性；而企业等营利性组织与雇员则存在着新价值分割上的矛盾，双方关系具有天生的对抗性。在成本约束上，政府等非营利性组织管理的改进来自社会或会员的民主监督，而企业管理的改进则来自市场压力。由于利益分配上的对立性和市场压力，劳资关系易于激发矛盾，产生利益冲突，因而是一种与政府等非营利性组织及其雇佣劳动者之间大不相同的社会关系。德国公务员联合会是德国公务员的工会组织，拥有120万名会员。德国法律规定，公务员联合会不得参加劳资谈判，不得参加工运活动，也不能号召罢工。可见，在市场经济条件下，政府雇佣劳动关系与企业雇佣劳动关系既有雇佣劳动这个相同的一面，更有劳动性质根本不同的一面。

三　以资本私人所有为基础

企业资产私有是劳资关系产生的根本依据。企业既包括大中型企业，也包括小型企业、家庭作坊式企业及个体工商户等小微企业。马克思指出："所有权对于资本家来说，表现为占有别人无酬劳动或产品的权利，而对于工人来说，则表现为不能占有自己的产品。"① 非公有制企业中，职工生产的增值价值之所以被资本家及其集团占有，就因为生产资料为资本家及其集团私有。但在这一点上，最容易受到有意或无意地回避。荷兰学者约里斯·范·鲁塞弗尔达特、耶勒·非瑟认为："劳资关系是对雇佣关系的内

---

① 马克思：《资本论》第1卷，人民出版社1975年版，第640页。

容和规则、自然和人力资源的使用和分配产生影响的，劳方、资方和政府的策略选择和集体行动，是这三方面的冲突、合作和权利的相互关系。"① 美国学者一般将"劳资关系"称为"产业关系"，如丹尼尔·奎因·米尔斯认为，产业关系是"人们和他们的组织在工作场所和——更广泛地说——在整个社会的相互作用下，以确定就业条件和就业待遇的一个过程"②。日本学者一般将劳资关系称为"劳使关系"，如白井泰四郎提出，"所谓劳使关系，就是指现代产业社会中，在政府参与或者介入之下，作为劳动力使用的企业经理人与劳动者及其劳动组织的劳动组合之间的相互作用的诸关系"③。这些观点都回避了劳资关系产生的根本依据——生产资料的私有性质，白井泰四郎还回避了劳资关系的雇佣性。并不是所有经济组织的雇佣劳动关系都是劳资关系，判断其性质是否是劳资关系，要以生产资料所有权的性质为依据。

（一）对市场经济条件下公有制企业中劳动关系性质的分析

公有制企业包括国有企业和集体企业，企业资产分别为全体社会成员和企业全体劳动者所共有，创造的新增价值也为全体社会成员和企业劳动者所共有，不存在被某一个私人或集团占有的情况，其劳动关系都不是劳资关系。

在集体企业里，全体劳动者共有企业资产、共同劳动、共担风险、共同分配，地位平等，形成了一种完全不同于劳资关系的劳动关系。马克思明确指出："在合作工厂中，监督劳动的对立性质消失了，因为经理由工人支付报酬，他不再代表资本而同工人相对立。"④ 企业与劳动者之间既不存在劳动雇佣关系，也不存在劳资关系。

国有企业一般规模较大，需要到市场上招聘职工，与职工签订劳动合同。国有企业的职工，也以劳动换取工资维持生存，也是雇佣劳动者，也生产超过工资数额的剩余价值，仿佛和非公有制企业的职工没有什么区别，但由于企业性质不同，在劳动过程中所体现出来的人与人的关系是很不同的：国有企业一般处于自然垄断性行业，比较稳定，所得利润上缴国家，职工工

① ［荷］约里斯·范·鲁塞弗尔达特、耶勒·非瑟：《欧洲劳资关系——传统与转变》，佘云霞等译，世界知识出版社 2000 年版，第 123 页。

② ［美］丹尼尔·奎因·米尔斯：《劳工关系》，李丽林、李俊霞等译，机械工业出版社 2000 年版，第 3 页。

③ ［日］白井泰四郎：《劳使关系论》，日本劳动研究机构 1996 年版，第 2 页。

④ 马克思：《资本论》第 3 卷，人民出版社 1975 年版，第 436 页。

资按照国家制定的标准发放，因而兼具雇佣劳动关系和行政劳动关系的特点，企业一般不会轻易辞退职工，企业与职工之间也会存在利益上的矛盾，但属于集体利益与个人利益之间的矛盾；而非公有制企业处于竞争性领域，不太稳定，所得利润为私人或私人集团所有，企业和职工之间的矛盾是私人利益之间的矛盾，企业和职工经常处于利益分配的矛盾之中，企业往往凭借生产资料的垄断地位将市场风险转嫁给劳动者，特别是在企业面临转产、迁厂、倒闭、经营困难时，更容易发生劳动纠纷。在日本，国有企业工资增长不像非国有企业那样由企业和职工谈判（俗称"春斗"）决定，而是由中央劳动委员会根据非公有制企业"春斗"所确定的社会平均工资增长水平，提出国有企业工资增长确定意见，报国会审定通过后实施。这两种不同的工资决定方式，反映出国有企业和非公有制企业劳动关系的不同本质。

（二）对各种股份公司中劳动关系性质的分析

股份有限公司的出现，使所有权、经营权和分配权发生了分离，企业所有制形式变得复杂起来。马克思既充分肯定资本主义股份公司是对资本主义的"消极地扬弃"①，同时也指出其"还是局限在资本主义界限之内"②。在股份有限公司中，分散的小股东拥有对所持股份的占有权、交易权和收益权，却没有经营权。不少的雇佣劳动者也购买自己所工作企业或其他企业的股票，但这绝不意味着他们变成了资本家。企业核心大股东把小股东所失去的支配权集中到自己手中，他们才是企业实际的主人，由于股份有限公司从社会募集了远比银行贷款和私人积累多得多的资金，从而更加巩固和扩大了自己作为资本家的地位。不管职工是否持有所在企业的股票，只要他不是核心股东或高级管理层成员，就必须靠出卖劳动力为生，他与股份有限公司的劳动关系仍然是劳资关系。

当今时代，企业的所有制形式远比马克思生活的时代复杂得多，不仅出现了各种各样的公有制企业和非公有制企业之间相互参股的混合所有制企业，而且还出现了职工持股制企业。这就需要运用马克思主义政治经济学的研究思路，对此进行具体分析。《资本论》对股份制企业劳资关系的分析思路是：所有权是人们对某种具有使用价值的资源所享有的由占有权、支配权、交易权、收益权等一系列权利所组成的权利束，其中占有权是所有权的基础，同时是否对生产过程具有支配权以及收益如何处置也不可忽视。当代

---

① 马克思：《资本论》第3卷，人民出版社1975年版，第498页。

② 同上书，第497页。

一些西方学者也认同这样的观点："观察劳资关系的一个有益方法是提出问题：谁有权决定管理工作和雇佣关系的规则和规例？"①

1. 对职工持股制企业劳动关系性质的分析

20 世纪 60 年代，美国等一些西方资本主义国家广泛推行了职工持股计划（Employee State Owned Plan, ESOP），即由企业内部员工出资认购本企业部分股权。我国也出现了一定数量的职工持股制企业。职工持股企业与股份有限公司相比，具有更大的历史进步意义，是对企业私有权更大程度的扬弃：它使职工与企业的利益更加紧密地联系在一起，更大程度地调动了职工劳动的积极性；它还使职工更了解企业的经营情况，使职工更多地参与到企业管理中来。但是，由于企业的支配权仍然属于少数核心大股东和高级经理层，因而没有从根本上改变职工对资本的从属关系，只不过这种从属关系显得更加文明、更加隐蔽了，有利于缓和劳资矛盾。连西方学者也不得不承认："美国职工要指望从他们的雇主或联邦政府作为礼品赠送给他们的职工所有制形式中取得任何具有重大意义的权力，这是不现实的。"② 事实上，职工持股制不仅没有缩小高级经理层与职工之间的收入差距，反而更加拉大了这种差距。1980 年美国大企业总经理平均年收入是普通工人的 42 倍，1990 年为 85 倍，1992 年为 157 倍，1995 年为 141 倍，1996 年为 209 倍，1997 年更是扩大到 326 倍。③

2. 对混合所有制企业中劳资关系性质的分析

社会主义市场经济条件下的混合所有制企业，是公有资产与私人资产以各种比例相互参股所形成的企业，其劳动关系的性质要具体情况具体分析：如果私人资本只是参与分红，而不参与生产管理，也就是不拥有对资产和劳动力的支配权，那么这个混合制企业不存在劳资关系；如果私人资本不仅参与分红，而且参与生产管理，在生产过程中与直接劳动发生联系，那么这个混合所有制企业的劳动关系具有一定的（具体数值取决于私有资本股份）劳资关系性质。

综上所述，劳动关系包括非生产领域劳动关系和生产领域劳动关系。

---

① ［英］乔·英格兰、约翰·里尔：《香港的劳资关系与法律》，寿进文、唐振彬译，上海翻译出版公司 1984 年版，第 388 页。

② ［美］雷蒙德·拉塞尔：《使职工成为所有者的尝试及其难以应付的问题》，《经济学译丛》1988 年第 8 期。

③ 参见［美］詹妮弗·雷恩戈尔德、理查德·梅尔奇、加里·麦克威廉《经理的薪酬》，《美国商业周刊》1997 年 4 月 20 日。

如图2—1所示：其中，非生产领域劳动关系，也称非企业劳动关系，包括非营利性国家组织的劳动关系和社会组织的劳动关系、非组织性的受雇于个人及其家庭的劳动关系；生产领域劳动关系，也称企业劳动关系，包括计划经济体制下企业劳动关系、市场经济体制下公有制企业和公有资产控股企业劳动关系、非公有制和非公有资产控股企业劳动关系。从劳动关系性质来看，非生产领域劳动关系，无论在计划经济体制下还是在市场经济体制下，都不是劳资关系；在生产领域劳动关系中，计划经济体制下企业劳动关系不存在雇佣关系，不是劳资关系；市场经济体制下公有制企业和公有资产控股企业劳动关系存在劳动雇佣关系，但也不是劳资关系；只有非公有制和非公有资产控股企业劳动关系才是劳资关系。本书将国有企业劳动关系、国家机关劳动关系、社会组织劳动关系、家政服务劳动关系排除在劳资关系之外，并不是说这些劳动关系不应该受到重视、引导和规范。这些劳动关系同样会产生劳动争议，有的时候还很尖锐，但是由于性质不同，它们在劳动争议的概率、激烈程度、对社会影响的程度上都与劳资关系有很大不同，对这些劳动关系应进行分门别类的研究，以促进全社会劳动关系的和谐。

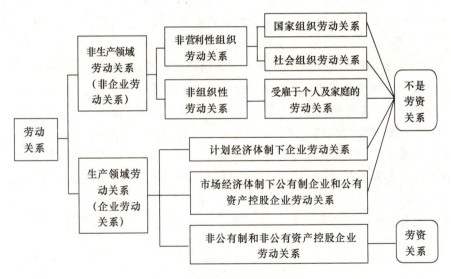

图2—1 劳动关系结构示意图

第二节 劳资关系是工业化的必然产物

劳资关系不是从来就有的，它是工业化的必然产物。工业化是在一个国家和地区国民经济中，工业生产活动逐步取代农业而在国民经济中取得主导地位的发展过程。工业化是走向现代化的必经发展阶段，而工业化先发国家无一例外地是通过市场经济体制和资本主义企业来推动工业化进程的。理论和实践都充分证明，试图通过否定市场经济、消灭非公有制企业、取缔劳资关系的方式来推进工业化发展都是不能取得成功的。

一 工业化推进城镇化为劳资关系提供了大量的自由劳动力

工业化是人类生产力发展史上一次革命性变革，必然会引发一系列社会变革，其中一个社会变革就是城镇化。城镇化也称城市化、都市化，是指"人类生产和生活方式由乡村型向城市型转化的历史进程，表现为乡村人口向城市人口转化以及城市不断完善的过程"①。为什么工业化会推进城镇化呢？主要原因有三个：

（一）工业化使农业产值占国民经济的比重不断下降，工业及其带动的服务业的比重不断上升，而工业和服务业集中在城市，使大量农业剩余人口流入城市

1955 年，美国经济学家西蒙·库兹涅茨运用现代经济统计分析方法对各国的经济增长和劳动力结构变化进行了历史数据分析和理论探讨，得出了工业化以来产业结构变动的规律：第一产业——农业产值在国民经济中的比重处于不断下降的趋势；第二产业——工业产值占国民经济的比重快速上升，经过一段较长时期后逐渐下降；第三产业——服务业产值占国民经济的比重随之逐渐上升。农业产值比重快速下降，产生了大量农业剩余劳动力，他们的生存越来越艰难，同时，工业使农业生产机械化程度提高，进一步降低农业就业量，使得农村人口不得不迁入城市，进入工业或服务业就业和谋生。

---

① 《中华人民共和国国家标准——城市规划术语标准》，中国建筑工业出版社 1999 年版，标准号：GB/T50280 - 98。

（二）工业和服务业的劳动生产率高于农业，工业和服务业劳动报酬高于农业劳动报酬，吸引农业劳动力从农村流入城市，进入工业和服务业就业

1954 年，美国经济学家威廉·阿瑟·刘易斯提出了二元经济结构下的劳动力流动模式：工业文明产生后社会上就有了两种经济或两个部门，一个是现代化的城市工业部门，另一个是传统的乡村农业部门，即"二元经济结构"。虽然传统农业得到了工业化改造，但是农业借助自然力的特性不易改变，使得农业劳动生产率的提高总是落后于工业。工业比农业具有广阔得多的发展空间，劳动者的收入水平也大大超过农业部门。由于工农业之间的劳动收入水平存在着明显差距，吸引农业剩余劳动力从农村源源不断地流入城市。城市工业部门通过吸收农业剩余劳动力，扩大了生产，赚取了更多的生产剩余，积累了更多的利润。在追求最大利润的动机下，积累的利润被转化为资本，从而吸收更多的农业剩余劳动力，不断进行扩大再生产。随之，城市扩张，又席卷了一部分农民。伴随农业剩余劳动力的不断流出，农业劳动力边际生产率逐渐提高，直到农业劳动报酬的水平与工业工资水平接近时，农业不再有可流出的剩余劳动力，二元经济结构慢慢消失。

（三）工业文明和商业文明的程度高于农业文明，城市文明程度高于农村文明，推动和拉动农村人口流入工业和服务业，进入城市

20 世纪 50 年代末，美国经济学家唐纳德·博格借用动力学概念，提出了人口迁移的"推—拉"理论：农村劳动力迁出地和迁入地都既存在着"推"人的若干因素，也存在着"拉"人的若干因素。迁出地的"推"力主要有自然资源枯竭、农业成本增加、农村劳动力过剩导致的失业或就业不足或较低的经济收入水平等；"拉"力主要有如家人团聚的欢乐、熟悉的社区环境、在出生和成长地长期形成的社交网络等；迁入地的"拉"力主要有较多的就业机会、较高的工资收入和生活水平、较好的受教育机会、较完善的文化设施与交通条件和较好的气候环境等，"推"力则有迁移可能带来的家庭分离、陌生的生产生活环境、激烈的竞争和生态环境质量下降等。综合来看，工业和城市对于农业人口来说，"拉"力比"推"力更大，占主导地位，因而吸引了农村人口向城市转移。唐纳德·博格对工业化推进城镇化的原因分析更加全面，但是遗漏了一个环节，即在工业化启动时期，也就是英国资本主义原始积累时期，当时英国地广人稀，农民安居乐业，城市对他们的拉力没有农村的拉力大，他们不愿意背井离乡，但是在英国政府纵容

下，新兴资本家大兴"圈地运动"，生硬地将农民从农业文明"推"进工业文明。这个阶段的"推—拉"理论应是：英国政府和新兴资本家为了追求工业和商业高额利润，受到来自工业和城市的强大"拉力"，凭借政治和经济的强制力量，硬性地将农民"推"进城市。当然，随着工业和城市逐渐发展，环境和设施日益完善，工业文明、商业文明和城市文明的优势显现出来，"拉"力逐渐增大，吸引了更多农村人口自愿地进入城市。

工业化及其带动的城镇化，使大量农业剩余劳动力流入城市，为劳资关系形成和发展提供了丰富的自由劳动力。马克思指出："有了商品流通和货币流通，决不是就具备了资本存在的历史条件。只有当生产资料和生活资料的所有者在市场上找到出卖自己劳动力的自由工人的时候，资本才产生，而单是这一历史条件就包含着一部世界史。"① 奴隶的劳动力属于奴隶主，农民的劳动力依附于土地，都不能自由流动。与奴隶社会、封建社会的劳动关系相比，劳资关系的形成是一个巨大的历史进步。

二 工业化推进市场化为剩余价值生产提供了广阔发展空间

工业化引发的另一个社会变革就是市场化加速推进。近代以来国内外工业化发展史，也是工业化和市场化相互推进的历史。有学者指出："500年来，欧洲国家（不含一度建立社会主义制度的'苏、东'国家）始终是沿着市场化和工业化互动的道路走过来的。"② 市场化和工业化互动，为货币转化为资本、为剩余价值生产和实现提供了广阔的发展空间，大量的非公有制企业兴起，科技蓬勃发展并运用于企业，劳资关系更加密切，成为社会主要的劳动关系。

工业化是建立在专业分工基础上的社会化大生产，专业分工使企业和个人成为生产过程的一个片段或一个点。工业化揭开了人类社会化大生产的序幕，而且随着工业化发展，专业分工越来越细化，经济结构越来越复杂，而市场化通过商品交换、价格信号、利润杠杆使这些相互独立的片段和点交织成为一个内部联系纵横交错的整体。有学者指出："西欧现代化的进程说明，最早的（或称原创的）工业革命只有在市场化的基础上才能产生。"③

---

① 马克思：《资本论》第1卷，人民出版社1975年版，第193页。
② 赵德馨：《市场化与工业化：经济现代化的两个主要层次》，《中国经济史研究》2001年第1期。
③ 武力：《论中国现代化过程中的工业化与市场化——西欧现代化与中国现代化比较研究》，《教学与研究》2002年第9期。

当信息技术还没有发展到可以使人们充分地获取各种生产、消费、资源等信息的时候，市场就是社会化大生产强有力的、无可取代的纽带。市场化在发挥纽带作用的同时，为剩余价值的生产这种特殊的生产方式提供了广阔的发展空间。

（一）市场化为剩余价值生产提供了有力的消费支撑

商品只有卖出去，企业才能赚到剩余价值。马克思深刻地指出："商品价值从商品体跳到金体上，像我在别处说过的，是商品的惊险的跳跃。这个跳跃如果不成功，摔坏的不是商品，但一定是商品所有者。"[1] 随着工业化发展，人们生活水平快速提高，需求规模扩大。市场通过价格信号把分散于本地区、本国甚至全世界各个地方的需求信息汇集起来，使生产者获知前所未有的需求规模。马克思、恩格斯在《共产党宣言》中指出："市场总是在扩大，需求总是在增加。甚至工场手工业也不再能满足需要了。于是，蒸汽和机器引起了工业生产的革命。"[2] 工业化和市场化相互促进，不断扩大需求规模，提高了剩余价值生产的可能性边界。

（二）市场化为剩余价值生产提供了有力的货币支撑

资本家只有拥有一定量的货币，才能组织剩余价值生产。工业化是机械化大生产，企业生产需要使用大量的机器，投资规模庞大，特别是在重工业企业，投资额更是巨大。工业化具有很强的投资依赖性，"据世界银行研究，发展中国家的投资率在工业化初期平均为15%，中期为20%，末期则为23%"[3]。由于工业化、城镇化发展，非农业人口下降，人们收入增加，储蓄率提高，形成了巨额的货币量。应运而生的金融业将货币商品化，不断地向社会提供证券、股票、理财产品及各种金融衍生品，将巨额的社会闲散资金集中起来，为企业提供了丰富的货币来源。市场化通过提供有力的消费支撑和货币支撑，扩大了剩余价值生产的可能性边界。

（三）市场化为剩余价值生产提供了有力的主体支撑

在工业化和市场化条件下，是不是一定要由非公有制企业作为生产主体呢？回答是肯定的。

---

① 马克思：《资本论》第1卷，人民出版社1975年版，第124页。

② 《马克思恩格斯选集》第1卷，人民出版社1995年版，第273页。

③ 卢中原：《投资和消费关系中长期变动的影响因素和趋势》，《中国经济时报》2005年5月12日第A09版。

1. 如果没有非公有制企业，市场经济也就消失了

市场价格是众多独立意志共同作用的结果，没有众多的生产者、消费者之间的竞争和博弈，市场价格就不能形成，因此市场的本性要求存在各种各样的独立意志。而非公有制企业属于不同的所有者，天然地形成了众多的独立意志。恩格斯曾形象地指出，历史趋势是许多力量按照平行四边形法则所形成的"合力"。这个比喻深刻地揭示出历史不以某一个人、某一个集团的意志为转移，因而具有客观必然性。市场价格也是众多力量形成的"合力"，客观地反映出生产的方向。在公有制经济中，所有的国有企业只有一个意志——政府的意志，不可能形成众多的独立意志；而对于集体企业来说，毕竟既能生产又能经营的人是有限的，所以集体企业数量有限，不能为市场提供足够多的独立意志。当一个社会还不具备高度发达的信息获取能力和管理能力时，如果只有公有制经济，那么由于失去了价格这个客观的指示器，这个社会必然主观主义横行，生产与需求错位，浪费严重。可以说，有市场就有非公有制企业，没有非公有制企业就没有市场。如果强行取缔非公有制企业，工业化发展进程将缓慢得多。

2. 市场变幻莫测，需要大量的非公有制企业

工业化和市场化相互促进，使新的需求不断涌现，社会需求日益复杂多样。非公有制企业相比于国有企业和集体企业，更能灵敏地感受市场冷暖并做出及时的反应，因为它们具有更适应市场变化的经营机制。国有企业向国有资产的具体代表——政府负责，而政府的追求目标是多样的，有实现社会公平正义、实现国有资产利润最大化、获得上级认可等，这意味着政府不是单纯面向市场的，这直接影响了国有企业的市场适应性。同时，政府的官僚层级体制或多或少地渗透到企业经营管理之中，层层上报、长官意志等官僚作风都会减弱企业的市场敏感度和灵活度。而集体企业因为职工数量有限而规模受限，如果扩大规模，就需要招兵买马，这时企业就变成合伙制形式的非公有制企业了。阿尔钦（1972）解释了私有企业更富于效率的原因：团队生产可以提高效率，但是需要监督以防止"搭便车"行为，而私有企业就是"一种特殊的监督装置"。无论是非公有独资企业还是非公有股份企业，在法律允许的范围内只需对利润负责，目标和标准单一，同时经营机制灵活，于是为了生存和发展，它们敏锐地捕捉社会需求，积极地吸纳新技术新工艺，迅速地调整投资、用工等一系列经营活动。每天都有非公有制企业倒闭的事情发生，可见它们并不是市场经济的常胜将军，但是只有它们存在，市场才能有生机、有活力，工业化发展才能更快速、更深入地推进。

3. 对利润的追求是推动工业化发展的精神动力

美国学者费茨罗和穆勒（1984）认为，资产专用性具有"套住"效应，使资本家怠工的愿望很小，因此由资本家来实行监督和管理可以使企业具有较高的效率。企业主及其经理人从银行贷款，要承受还本付息的压力、市场变幻的风险、生产经营的艰辛，他们之所以宁愿忍受这些痛苦，是因为被利润深深吸引。为了避免淘汰出局，更为了获取利润，企业主及其经理人不得不殚精竭虑、励精图治。工业社会远没有达到物质财富极大丰富的程度，这时人们就会非常关心自身努力与物质回报之间的关系。非公有制企业主及其经理人拥有剩余价值索取权，只要产品被市场接受，就会发家致富。特别是在农业社会向工业社会过渡的时期，利润是推动人们冲破千百年来小农保守、封闭思维和习俗的强大力量。如果消灭非公有制企业，就会湮灭大多数人创业的热情，社会将陷入僵化和停滞之中。

三 实践证明以消灭劳资关系的方式发展工业化是不成功的

为了避免西方资本主义国家在工业化进程中出现的尖锐的阶级冲突，为了实现赶超战略，也为了摆脱发达资本主义国家的制约，一些工业化后发国家决定走一条与之相反的工业化道路，主要有计划经济模式和工人自治模式。这两种模式都取缔了非公有制企业、消灭了劳资关系，但是实践证明都是不成功的。

（一）实践证明以计划经济模式发展工业化是不成功的

推行重工业优先发展战略的同时，实行国家高度集中统一的计划经济体制，这就是由苏联创立并为许多国家所效仿的计划经济模式，即"斯大林模式"。作为一个工业化后发国家，走重工业优先发展的工业化道路是正确的，因为重工业可以为整个工业化创造发展基础，从而加速工业化进程。"斯大林模式"对于经济相对落后的农业国在建设社会主义初期快速地建立起国民经济体系和避免生产的无序性盲目性具有重大意义。但是，由于实行单一的计划调节和公有制，完全否定市场和非公有制企业的作用，超越了工业化的发展阶段，因而所有实行"斯大林模式"的国家都无一例外地出现了重工业和轻工业比例严重失调、工业和农业比例严重失调等问题。究其原因，主要有以下三点：

1. 计划经济模式阻碍农业剩余人口流出，严重制约了工业化发展

重工业是资本密集型和技术密集型产业，资本有机构成高，吸纳劳动力有限，同时由于重工业对资金需求量大，加之国家财力有限，国家在能够吸

纳较多劳动力的轻工业上的投资必然受到很大限制。然而，计划经济体制不允许私人投资，社会一切投资都取决于政府，导致轻工业企业严重匮乏，进而大大降低了工业吸纳劳动力的能力。以中国为例：新中国成立时，农村人口占全国人口的90%，存在着大量的剩余劳动力，在工业吸纳劳动力能力低下的情况下，为了阻止庞大的农业剩余人口涌入城市，在1958年9月出台了城乡二元管理的户籍制度，筑起了限制农村人口流向城市的闸门。农村人除了考学、参军和少量招工，是很难进入城市的，这样就使大量的人口被排斥在工业文明的大门之外。在没有得到工业文明改造的农业社会"多子多福"、"传宗接代"的生育观和长期相对和平的社会环境的共同作用下，农村人口激增，陷入一种剩余劳动力日益庞大、边际生产率日益低下、农民生活日益贫困的恶性循环之中。为了解决城市人口激增带来的就业压力，20世纪六七十年代，中国在"文化大革命"期间实行了"上山下乡"运动，大量城市"知识青年"离开城市，到农村定居和劳动，形成了人类工业发展史上从来没有的城市到乡村的逆向人口大迁移。几千万人的青春被荒废，无数家庭被强行拆散，造成了各个层面的社会混乱。由于缺失了市场化和城镇化，重工业化优先发展的道路并没有实现赶超的初衷，从1953年到1978年的25年间，我国不仅与发达国家差距拉大了，而且拉开了与亚洲其他从战争创伤和殖民掠夺中崛起的发展中国家的差距。

2. 计划经济模式导致信息失灵，造成决策失误，严重阻碍工业化发展

对于建立在小农经济基础上的社会主义国家，社会化大生产的程度是比较低下的，何况苏联和中国还是一个地域辽阔、多样性十分突出的大国，在这种情况下，一个中央政府不可能及时而充分地掌握散落于社会各个角落的巨大信息。加上国家只有国有企业，所谓的集体企业其实是地方政府主管的另一种国有企业，产品价格失去了客观的形成机制，于是主观主义大行其道，进而官僚主义盛行，不可避免导致决策失误。计划经济模式因决策失误所导致的损失，要远远大于资本主义国家资本家的挥霍。据捷克斯洛伐克著名经济学家奥塔·锡克的一个估算，"在资本主义的西德，剩余价值的12%用于资本家私人挥霍消费，而在社会主义的捷克斯洛伐克，因浪费和库存积压所造成的损失却高达17%"①。

---

① 参见杨尔烈《伟大的艰巨历程——社会主义从理论到实践的飞跃》，长春出版社1990年版，第134页。

3. 计划经济模式扼杀创业积极性，使社会缺乏活力，经济短缺，严重抑制工业化发展

一方面，由于实行重工业优先发展战略和长期备战，国家有限的财力基本上投向重工业和军工产业，没有能力覆盖人民群众生活所需的农产品、轻工业品、服务消费品等生产领域。而计划经济体制又不允许私人投资这些领域，严重束缚了民间的投资热情和生产能力，于是生活消费品极度短缺就成为计划经济模式的标志性特征。在中国，几乎所有的生活消费品都必须凭票供应；在苏联，消费品长期处于短缺状态，以致经常爆发"面包荒"、"肥皂荒"、"香烟荒"、"药品荒"，等等。另一方面，企业既不需要对亏损负责，也不能从盈利中获得利益，企业吃国家的大锅饭，职工吃企业的大锅饭。对于劳动还是人们谋生手段的社会主义阶段，平均主义严重地抑制了人民群众工作和创造的积极性，加上计划经济造成条块分割，企业信息不灵，导致企业和职工质量意识、科技意识都十分淡薄，产品质量和技术进步越来越落后于西方资本主义国家，如戈尔巴乔夫曾指出："我们是第一个发明连续钢铁铸造的国家，结果呢？现在某些国家有百分之八十的钢铁生产是用我们的方法在铸造，而在我国使用的比例就少得多。"① 戈尔巴乔夫的引述反映了计划经济体制的弊端，但他以为只有走资本主义道路才能彻底克服计划经济的弊端，这其实反映出他没有跳出"社会主义等于计划经济"的传统思维模式，结果导致国家解体的悲剧。计划经济体制的弊端和改弦易辙式改革的危害都是值得警醒的，既不能走封闭僵化的老路，也不能走改旗易帜的邪路。

工业化离不开市场化，这是一条不以任何人的意志为转移的客观经济规律。计划经济模式试图通过否定市场经济、消灭非公有制企业、阻止城镇化、取缔劳资关系的方式来推进工业化发展，尽管愿望良好，但是违反了工业化发展的规律，是不可能取得成功的。

（二）实践证明以工人自治模式发展工业化也是不成功的

为了纠正资本主义生产方式的弊端，也为了纠正"斯大林模式"的弊端，南斯拉夫共产党人决心走出一条新的社会主义道路。从1950年开始，南斯拉夫通过一系列改革，开辟了一条工人自治模式的社会主义新模式。工人自治模式，又称社会主义自治制，是南斯拉夫工人阶级在生产资料公有制基础上自行组织起来行使国家权利和管理社会事务的一种社会主义制度。

---

① ［苏］戈巴契夫：《重新改造苏联》，钟廖权译，财讯出版社（台北）1988年版，第98页。

工人自治模式有两个基本内容：一是工人自治，即由劳动者直接管理生产资料、直接决定劳动成果的分配。1950 年 6 月，南联邦议会通过了《关于工人集体管理国家经济企业和高级经济组织的基本法》，被称为"工人自治法"，宣布"将生产资料国家所有制改为社会所有制，并规定在企业中建立工人委员会，把企业的管理权交给工人"。工人委员会下设招聘委员会，负责确定招聘条件和招聘企业经理，改变了过去由国家任命企业经理的方式。经理有权参与工人委员会，拥有发言权，但没有决策权，决策权在工人委员会，经理的主要职责是贯彻工人委员会决议，组织生产，但有权拒绝违反国家法令的决定。工人是企业的主人，经理对工人委员会负责，一改私有企业工人听命于经理的状态，第一次使经理听命于工人，消灭了劳资关系。二是实行市场经济。这是对"斯大林模式"最大的突破。1951 年 12 月，南联邦议会通过了《国民经济计划管理法》，宣布"国家计划只规定国民经济各部门发展的主要比例"，企业独立核算，自负盈亏，其决策主要通过市场调节来自主做出。

经过 30 多年的建设，南斯拉夫从一个落后的农业国发展成为一个工业和农业现代化程度达到中等水平的国家，在社会主义阵营中处于前列，这说明工人自治管理模式在整体上优于"斯大林模式"，但是其弊端也是很突出的。

1. 工资侵蚀企业发展

由于工人往往追求个人收入最大化，这势必挤占利润空间，侵蚀企业投资资金，致使企业发展缺乏后劲。政府曾做出各种努力来限制企业收入分配上的自由化倾向，但在广大工人强劲的利益冲动下收效不大。不少企业想方设法违反国家政策和法令，甚至在亏损的情况下仍然提高个人收入分配的比例，长此以往成了无法收拾的社会顽疾，造成了严重的经济危机。

2. 生产上的无政府主义

为了纠正"斯大林模式"高度集权的弊端，工人自治模式着重强调了市场调节作用，但是过度贬低了计划调节的作用，削弱了中央权威和国家管理经济的职能，造成经济建设中的无政府主义，加剧了地区发展不平衡等问题，为南斯拉夫日后政局动荡直至解体埋下了隐患。

3. 分配上的平均主义

无论管理者还是普通职工，都是以工资形式获得报酬。虽然劳动者获得了平等劳动、平等分配的权利，但同时造成了分配上的平均主义。收入不是按照劳动贡献来进行分配的，因而抑制了劳动积极性，造成企业的创造力严重不足。

4. 企业管理者激励不足

工人委员会由工人选举产生，经理人由工人委员会招聘而来，他们的政绩都由劳动者评价，因此他们常常与职工沆瀣一气瓜分企业财产，以讨好职工。而对于工人委员会和经理人来说，他们不能从企业盈利中获得好处，因而缺乏努力经营企业的动力。这样，企业的长远发展实际上处于一种无人真正负责的状态，企业效率不可能不低下。

南斯拉夫工人自治管理企业的模式尽管理想主义色彩过浓，但在人类发展史上第一次把社会主义与市场经济结合起来，第一次实现了劳动者当家做主，这种探索的可贵勇气和良好意愿是永远值得后人向它致以崇高的敬意！同时，它也启发人们思索一个问题：工人自治企业同样存在于市场经济环境中，也具有相对的独立性，为什么在效率上比不上非公有制企业？工人自治企业其实就是集体企业，"斯大林模式"以国有企业为生产主体，而工人自治模式以集体企业为主体。集体企业要在市场环境中良好运行，要求工人们普遍具有很高的道德水平和管理水平，而在工业化发展阶段，这两个"水平"都还很不足。

长期以来，人们把劳资关系当作资本主义生产方式的产物，而没有认识到工业化与市场化是一对孪生关系。劳资关系作为工业化和市场化的产物，它和工业化的关系就如一枚硬币的两面，否定了劳资关系就等于否定了工业化。既然社会主义也必须经历工业化发展过程，那么就不能消灭劳资关系。因此，社会主义的优越性不在于消灭劳资关系，而在于有效地规范劳资关系，既利用非公有制企业推进工业化的积极作用，又将资本的贪婪性控制在一定范围内，使非公有制企业为社会主义事业和人民群众福祉所用。终究会有一天，当物质财富极大丰富、信息技术高度发达，人们普遍具有很高的管理社会能力和道德水平，市场经济、非公有制经济、劳资关系都会自然消失，但在社会主义发展阶段、在工业化发展阶段还不能实现。正如列宁所说："只要再多走一小步，仿佛是向同一方面迈的一小步，真理便会变成错误。"[①]

第三节　劳资关系是经济上的剥削关系

剥削，是指社会上一部分人或集团凭借对生产资料的占有或支配而无偿

[①] 《列宁选集》第4卷，人民出版社1972年版，第257页。

地获得另一部分人或集团的劳动成果。资本主义企业的利润来自哪里？马克思指出，利润是由工人的劳动创造出来的，企业主正是凭借着生产资料私有制无偿占有，即剥削了职工创造的剩余价值而发家致富的。在马克思提出剩余价值学说之前和之后，资产阶级经济学家相继提出了"管理劳动所得论"、"贱买贵卖论"、"要素分配论"、"忍欲论"、"时差利息论"、"资本边际生产率论"、"知本论"、"利润共享论"等众多的理论来否认劳资之间存在剥削关系，而认为利润是企业主应得的。改革开放以来，伴随着非公有制企业的恢复和发展，我国学术界也开始出现了一些否认劳资之间存在剥削关系的观点，还有不少学者尽量回避、淡化剥削问题。尽管马克思创立剩余价值学说距今已有 150 多年的时间了，但是岁月挡不住它的科学光辉，仍然是指导我们认识非公有制企业性质、把握非公有制企业发展方向的科学理论。

一 只有职工的劳动才能创造出剩余价值

资本在经过生产过程后会出现新增价值，这就是剩余价值。那么剩余价值从哪里来？马克思认为，剩余价值是职工创造的。否定资本剥削性的理论家们找出了各种各样的理由，试图证明资本获取利润是理所应当的，却始终无法动摇马克思的剩余价值学说。关于剩余价值生产，马克思在《资本论》中已经做出了全面而深刻的阐述。本书主要针对当今世界私有企业出现的新情况、新特点，对一些颇为流行的错误观点进行反驳。

（一）机器、厂房、原材料等实物资本不能创造剩余价值

在否认劳资之间存在剥削关系的理论中，有的时兴一时后就沉寂了，有的则流传甚广，影响深远，这其中当属"生产要素论"。该理论的鼻祖——19 世纪初法国经济学家让·萨伊提出：生产的三要素——劳动、资本、土地在生产过程中协同地提供了生产性服务，共同创造了价值，因此这三个生产要素的各自所有者应该获得相应的报酬。该理论可以概括为一个公式：劳动——工资，资本——利润，土地——地租，马克思曾讥讽地称之为"三位一体的公式"，并在《资本论》中对其进行了深刻的批驳。然而，当今世界上最畅销的经济学教科书《经济学》对其给予了高度的评价："要素分配的生产率理论虽然很简单，但它说明了完全竞争条件下收入分配的全部情况。"[①] 从让·萨伊到生产要素论的集大成者——20 世纪美国经济学家 J. B. 克拉克，尽管他们在表述方式上不尽相同，后者运用了"边际分析"工具，

---

① ［美］保罗·A. 萨缪尔森：《经济学》，萧琛等译，华夏出版社 1999 年版，第 182 页。

但理论基础是相同的：把劳动力和生产资料视为没有质的区别的生产要素，因而它们获得各自相应的收入是各得其所的。该理论的倡导者和追随者要么是为了忠实地捍卫资本主义制度的合理性，要么是被资本主义生产方式的假象所迷惑而产生了错误的认识。

尽管生产要素是多种多样的，但总的来说可以分为两类——物和劳动，其中"物"包括自在自然物（太阳、空气、气压等）和人化自然物（作为实物资本形态的机器、厂房、原材料等）。与萨伊同时代的大卫·李嘉图曾指出，萨伊谈到的太阳、空气、气压等"自然要素尽管会大大增加商品的使用价值，但是从来不会使商品增加萨伊先生所说的交换价值"①。李嘉图将"交换价值"和"价值"混淆在一起，他所指的"交换价值"就是"价值"。太阳、空气、气压等自在自然物是属于生活在其中的每一个人，如果说它们能够创造价值，那么为什么这些价值只能被资本家占有而不能被职工占有呢？很显然，太阳、空气、气压等自在自然物是根本不能创造价值的，人们当然不会为不存在的东西发生争执。作为实物资本形态的机器、厂房、原材料等人化自然物和太阳、空气、气压等自在自然物一样，都是自然物，没有理由证明只有前者能创造价值，而后者不能创造价值。其实，前者与后者一样都不能创造价值，所谓的利润是资本所有者占有的职工创造的剩余价值。

由于生产自动化程度提高，一些高科技企业的厂房里，只有机器轰鸣却不见人，有的企业还使用机器人进行生产，于是又一个否认剥削的观点出现了：剩余价值是由自动化机器或机器人创造出来的。如果说科技可以创造价值的话，那么产品的价值就会大增，价格也会随之大涨，而事实却是相反的：生产线的自动化程度越高，产品的价格越低。例如汽车的生产技术越来越先进，性能越来越好，可是价格越来越低。这是为什么呢？马克思指出："随着大工业的发展，现实财富的创造较少地取决于劳动时间和已消耗的劳动量，较多地取决于在劳动时间内所运用的动因的力量，而这种动因本身——它们的巨大效率——又和生产它们所花费的直接劳动不成比例，相反地却取决于一般的科学水平和技术进步，或者说取决于科学在生产上的应用。"② 马克思既高度肯定了高科技含量的设备对财富即使用价值创造的作

---

① ［英］彼罗·斯拉法：《李嘉图著作和通信集》（第1集），郭大力等译，商务印书馆2009年版，第241页。

② 《马克思恩格斯全集》第46卷（下册），人民出版社1980年版，第217页。

用，也指出这些设备使产品的使用价值和价值呈现出方向相反的变动趋势。这是因为设备越先进，越少需要人力，因此价值量越低；而它本身不创造价值，所生产的产品数量越多，其固定的不变价值就越被稀释，因而产品的价格不断下降。可见，自动化设备上凝集的科技因素是不能创造价值的。连价值都不能创造，更别谈创造剩余价值了。

（二）专利、配方、设计、软件等无形生产资料也不能创造剩余价值

一些经济学者否认生产资料在形态上的发展，把专利、配方、设计、软件等从生产资料中孤立出来，冠以"科技"的统称，进而提出利润来源于科技这个新的生产要素，试图否定资本的剥削性。

当今科技对生产推动作用越来越大，生产资料不仅表现为厂房、机器、原材料等有形形态，还表现为专利、配方、设计、软件等无形形态，如可口可乐公司的子公司遍布全球，但其配方一直是商业绝密；又如美国耐克公司总部设计出来的式样和图纸是发展中国家子公司生产中不可缺少的要素；再如微软公司开发出来的应用程序成为一些企业生产的关键要素。这些无形的生产资料和厂房、机器、原材料等传统的、有形的生产资料一样，具有过去"活"劳动、现在"死"劳动的物的性质，同样不能创造出价值。这类生产资料的优势在于，它们比厂房、机器、原材料等生产资料更具有垄断性，使资本家能更大程度地占有剩余价值。2006年，美国苹果公司 CEO 蒂姆·库克收获了 3.78 亿美元薪酬，相当于富士康公司一个工人 6 万年的工资。①

（三）管理劳动不能创造剩余价值

除了生产要素论之外，资本主义经济学家还提出了"利润来自于企业主的指挥和监督劳动"的理论，试图把企业主及经理人的管理劳动与职工的劳动等同起来，使资本家和工人都成为劳动者，各得其所，劳资之间根本不存在剥削关系。对此，马克思在《资本论》中给予了明确的回应和批判："现代奴隶制度的辩护士也懂得怎样把监督劳动用作替奴隶制度辩护的理由，就像其他一些经济学家懂得怎样把这种监督劳动用作替雇佣劳动制度辩护的理由一样。"② 非公有制企业中，管理劳动具有二重性：一是具有生产属性，它是指挥和监督形式的生产性劳动，是人类社会从古至今任何协作生产活动中所不可少的，在工业化大生产中更是不可少；二是具有资本剥削性，企业主及其经理人的管理劳动因资本剥削的需要而产生，与工人的劳动

① 参见黄锐《库克1年＝富士康工人6万年》，《新京报》2012年4月10日第B12版。
② 马克思：《资本论》第3卷，人民出版社1975年版，第432页。

相对立，其收入直接取决于对职工劳动的剥削程度，而这个属性才是其本质属性。在日本，企业工会成员仅限于科长以下的职工，一旦晋升为科长，就不再是工会的成员。当今世界，大中型企业一般为股份制公司，聘请职业经理人进行管理，企业主消失了，于是否认资本剥削的声音更加理直气壮。而事实上，企业董事与高级管理人员就是新式的资本家，他们拥有远高于职工的企业股权，享有远高于职工的薪酬，形成了新时代的资本家集团。据美国非牟利智库——经济政策研究所的调查数据，2006 年美国企业 CEO 薪酬是上班族的 262 倍。[①] 管理劳动虽然是复杂劳动，但是难道其复杂程度是其他劳动的 262 倍？CEO 们的巨额薪酬中，除了并不比其他劳动收入高出多少的管理劳动收入外，绝大多数薪酬来自广大职工，包括国外子公司职工创造的剩余价值。

　　丰腴的自然资源、宏伟的厂房设备、智能的机器人、灵便的软件、神秘的配方等，都是没有能动性的物，没有人的操控，就是一堆只会不断贬值的废物。价值只能由生产要素中唯一的能动因素——劳动力创造出来。不论生产资料的形式如何变化，它们都是资本家集团用以占有职工创造的剩余价值的工具。

二　资本凭借垄断地位无偿占有剩余价值

　　职工除了要创造出与工资相等的新价值外，还要为资本家及其集团创造多于工资的剩余价值。反之，在工人新创造的价值中，资本家及其集团只将其中的一部分即工资支付给职工，而剩余的价值被资本家无偿占有了。

　　（一）资本垄断生产条件，无偿占有职工创造的剩余劳动

　　资本家及其集团拥有生产资料，垄断了生产条件，劳动者只有出卖自己的劳动力，才能从事生产活动，维持生存，不得不接受资本家及其集团对自己创造的剩余价值的占有。企业和劳动者之间的双向选择具有很大的迷惑性，好像劳资双方都是追求各自利益最大化的自由而平等的利益主体，其实掩盖了劳资事实上的不平等。正是因为如此，资本主义剥削比奴隶主剥削、封建地主剥削具有更大的隐蔽性。西方经济学家因此常常喜欢谈"劳动雇用资本"，好像劳动力主动离职就是解雇了资本。马克思指出："他这种独立的假象是由雇主的经常更换以及契约的法律虚构来保持的。"[②] 世界上从

①　参见《调查：美国企业 CEO 薪酬是上班族的 262 倍》，《管理@人》2006 年第 8 期。
②　马克思：《资本论》第 1 卷，人民出版社 1975 年版，第 629—630 页。

来没有哪一个资本家会因劳动力的离职而饿饭，都是劳动者因被解雇而饿饭。一个只有在资本家允许的条件下才能工作的劳动者，怎么可能拥有与资本平等的地位！"劳动雇用资本"与其说抬高了劳动的地位，不如说掩盖了资本强势、劳动弱势的真实状态。在人类开始步入知识经济时代，西方经济学家又创造出"知本"（劳动者以拥有的知识为资本）这个概念，好像劳动者拥有了较高的知识就拥有了和资本相提并论的地位。脑力劳动者与体力劳动者相比，提供的是复杂劳动，为资本家创造的剩余价值更多些，因而工作环境和生活待遇要好一些。一旦他们不能为资本家创造剩余价值，同样会遭到解雇，在根本命运上并不与体力劳动者有什么不同。

有一种观点认为，资本家为工人提供了就业，是工人的救命恩人，工人应该感谢资本家。如果说工人要感谢资本家让他得以生存的话，那么资本家更应该感谢工人，因为工人不仅让资本家得以生存下来，而且得到了高质量的生存。

还有一种观点认为，非公有制企业为社会生产了财富，丰富了市场，提供了税收，是社会的功臣，于是一些私营企业主因而获得了各种级别的"五一劳动奖章"。私营企业主为创造社会财富付出了辛劳，值得肯定，但是社会财富更多是由广大职工的劳动创造的，广大职工付出的辛劳更值得肯定。"五一劳动奖章"应更多向一线工人和技术工人倾斜。不仅要在"五一"劳动节这个劳动者自己的节日里，而且要在全社会范围内，唱响劳动者之歌，让广大职工看到自己的价值，让全社会认识到劳动者的价值，这样才能营造劳资平等对话和协商的良好的社会氛围。

（二）资本垄断分配权力，无偿占有职工创造的剩余劳动

生产资料所有制形式是生产劳动得以进行的前提，是生产关系的核心，决定了生产关系中的分配等其他内容。因此，生产决定分配，不仅决定分配的对象，而且决定分配的形式。可是，生产要素论者们把处于从属地位的分配关系抽象地独立出来，在分配问题上大做文章，他们说，无论在什么样的生产方式下，分配都共同地、直接地表现在对社会产品的量的分割上，就像工人获得工资、地主获得地租是天经地义一样，资本家获得利润也是天经地义的。而事实上，工资、利润这些分配形式是资本主义生产资料私有制的必然结果，在原始社会、奴隶社会以及封建社会的生产方式中是绝不会出现的。剥削并不是由于分配上的不公，恰恰相反，分配上的不公是由生产资料私有制决定的。

只要生产资料为私人所有，在雇佣劳动关系中就会产生剥削现象，这是

不以任何人的主观意志为转移的。同时，剥削具有的与生俱来的残酷性也是不以任何人的主观意志为转移的。马克思深刻地指出："资本是根本不关心工人的健康和寿命的，除非社会迫使它去关心。"① 承认劳资之间的剥削关系，不是要消灭剥削和消灭非公有制企业，而是要运用社会主义制度的优越性，既发挥非公有制企业推动经济社会发展的正面的积极的作用，又合理规范劳资关系、避免过度剥削对劳动者和经济社会发展造成损害。也许有的非公有制企业和企业主为社会慈善事业做出了贡献，但这都不能因此否认资本的剥削性，马克思对此指出："你使用三天的劳动力，只付给我一天的代价。这是违反我们的契约和商品交换规律的……你可能是一个模范公民，也许还是禁止虐待动物协会的会员，甚至还负有德高望重的名声，但是在你我碰面时你所代表的那个东西的里面是没有心脏跳动的。"② 任何人，包括慈善家和爱心人士，只要当他代表资本时，就只有一个目的——占有剩余价值。

（三）董事及高管通过实际控制权无偿占有职工创造的剩余劳动

20 世纪 60 年代，"职工持股"企业兴起，有人因此提出，职工也拥有股份，获取股息和红利，也成了资本家，因而就不再存在资本家对职工的剥削问题。马克思很关注股份公司这种资本主义新的生产方式，指出资本家"对社会资本而不是对自己资本的支配权，使他取得了对社会劳动的支配权"③。股份公司使大资本摧毁了小资本，极大地推动了生产社会化程度，但并没有改变企业的资本主义性质。所有权是法律意义上的权力，而支配权是实际意义上的权力，股份公司的董事虽然不再像独资企业那样，拥有整个企业的产权，但资本支配劳动的范围更加广泛了，劳动对资本的从属性加深了，而职工还是得依靠出卖劳动力为生。

东欧剧变、苏联解体后，在俄罗斯、波兰、匈牙利等国家中有一种占据主流的观点认为，全民所有制企业是"名义上人人都有，实际上人人都无"，只有"人人有其股"才能真正实现"人人都有"。他们从西方职工持股制企业得到启发，选择从公民"人人有其股"开始进行改革。以俄罗斯为例：1992 年 10 月 1 日至 1993 年 1 月 31 日，俄联邦政府向每位俄罗斯公民发放面值为 1 万卢布（按当时汇率计算相当于 32 美元，或相当于俄职工4 个月的工资）的私有化证券，让公民用这个证券购买各个企业的股票。企

---

① 马克思：《资本论》第 3 卷，人民出版社 1975 年版，第 299 页。
② 马克思：《资本论》第 1 卷，人民出版社 1975 年版，第 262 页。
③ 马克思：《资本论》第 3 卷，人民出版社 1975 年版，第 496 页。

业领导和职工可以用私有化证券以优惠条件购买本企业股票。如果不知道自己该买哪家企业的股票，可以将私有化证券放在投资基金会，由投资基金会代为购买，投资基金会获利后向客户支付红利。从逻辑上看，改革很公平，可是"人人都有"只是昙花一现，很快变成"少数人有，多数人无"。由于持股人分散、意见难统一、缺乏专业知识、信息不对称、忙于生计等原因，多数人难以参与管理，他们往往倾向于出卖股权。"在 27.6% 的企业里，经理们宣称他们已经从工人手里购买了股票。大约 62.1% 的企业说，他们还准备从工人那儿购买股票。……一个 200 人的企业，管理层持有的股票从 40% 增加到 52%，工人所持股票从 60% 下跌到 38%；另一个 400 人的企业，私有化时，经理持股 25%，工人持股 75%，到调查时，他们的相对地位恰好颠倒过来了。"由于股权集中于经理层，职工管理权越来越小，积极性也越来越低，"在样本企业，工人在董事会和监事会中的积极代表从 3/10 下降到私有化后的 1/4"①。其他实行职工持股式改革的国家也呈现出与俄罗斯相同的变化。如波兰，从 1991 年底到 1993 年中，工人的平均持股从 75.4% 降到 66.9%；经理的平均持股从 9.8% 升至 12.0%；外部投资者的平均持股从 14.8% 升至 21.1%。"三国的一个共同特征是，工人作为一个整体持有的股份下降了，同时，管理层和外部投资者的股份相应增加了。"② 以为"人人私有"就能解决企业产权虚置的问题，结果产权实置只是对少数人而言，对绝大多数人来说是产权彻底地虚置了，以前产权属于他们共同的集体，现在产权属于与他们相对立的私人。职工持股制企业只是资本主义制度内的扬弃，俄罗斯和东欧国家是没有看透这一点呢，还是要借此走私有化道路呢？

本 章 结 论

劳资关系是人类社会进入工业社会后出现的一种特殊的劳动关系。如何认识和对待这种特殊的劳动关系呢？综合本章观点，归纳如下：

第一，坚持以马克思主义政治经济学为指导。资产阶级经济学家是精致

---

① ［美］约瑟夫·R. 布拉西等：《俄罗斯私有化调查》，乔宇译，远东出版社 2000 年版，第 71 页。

② ［俄］I. 费拉多切夫、I. 格罗斯费尔德、J. 卡塞、M. 莱特、T. 巴克：《匈牙利、波兰和俄罗斯职工收购中的公司治理和资本问题》，《转轨经济学》1996 年第 1 期，赖海榕译，载《经济社会体制比较》1997 年第 3 期。

的财富论者，为了财富生产而不及其余。在劳资关系中，谈依存性的多，谈斗争性的少。马克思第一次深刻地揭示了劳资之间的斗争性，揭开了在资本掩盖下的人与人的关系，使人们得以更加清晰地认识劳资关系。150多年过去了，资本主义国家所谓的"新发展"都没有跳出马克思的视野。离开了马克思主义政治经济学，就不可能对其做出正确认识。

第二，对待劳资关系既不能"左"也不能右。劳资关系是工业社会必然的产物，这是不以人的意志为转移的；劳资关系是一种剥削关系，这也是不以人的意志为转移的。不能因为非公有制企业对工业化发展的重要性，就否认其剥削性；也不能因为其剥削性，就否认其重要性。极"左"时期因为非公有制企业的剥削性，而全面抹杀其重要性，犯了历史性错误；如今出现了过度强调非公有制企业的重要性而忽视其剥削性的倾向，同样是错误的。

第三，要高度重视对劳资关系的引导和规范。劳资关系虽然是我国众多劳动关系的一种，但它比重最高，涉及人数最广。由于劳资关系的对抗性远远高于其他劳动关系，因而应与其他劳动关系区别对待，将其作为劳动领域中的重点监管对象，特别是对当前中小型非公有制企业、个体工商户的劳资关系所存在着的较大程度的失管问题，应予以及时的、积极的纠治。

第三章

改革开放后中国劳资关系的形成和发展

了解来龙，才能知道去脉。列宁在谈到社会科学研究时指出："不要忘记基本的历史联系，考察每个问题都要看某种现象在历史上怎样产生，在发展中经历了哪些主要阶段，并根据它的这种发展去考察这一事物现在是怎样的。"① 回顾我国劳资关系形成的基本脉络，分析每一个发展阶段所取得的成绩和存在的不足，才能明确在当前的发展阶段上我们所需要担负的历史责任。本书将改革开放后我国劳资关系的发展历程分为五个阶段。

第一节　劳资关系初步形成阶段
（1978 年底至 1987 年底）

1978 年 12 月，党的十一届三中全会拉开了我国改革开放的大幕，非公有制经济从无到有发展起来。1987 年 10 月，党的十三大指出，私营经济是公有制经济必要的和有益的补充。非公有制企业在党中央政策的支持下，迅速活跃起来，与此相应，劳资关系也开始从无到有初步形成。这个过程呈现出如下特点：

一　劳资关系在排除争议中形成

尽管十一届三中全会提出要放开搞活，允许一部分人先富起来，但是社会上对非公有制经济发展还存在相当大的思想障碍，如发展非公有制经济是不是走资本主义道路？非公有制经济壮大发展会不会危害社会主义制度？劳动雇佣关系是不是剥削关系？等等。党中央对非公有制经济给予了思想上和政策上的支持。20 世纪 80 年代初，安徽芜湖市一个名叫年广久的炒瓜子个

---

① 《列宁选集》第 4 卷，人民出版社 1972 年版，第 43 页。

体户，经过短暂经营，雇工达到百余人，产值达到 100 余万元，引起了很大的争议。有人说，这是资本主义的东西，应该铲除。邓小平对此提出了放一放、看一看的意见，他指出："让'傻子瓜子'经营一段，怕什么？伤害了社会主义吗？"对于外资企业，邓小平指出："不要怕，得益处的大头是国家，是人民，不会是资本主义。"① 1984 年 10 月，党的十二届三中全会报告提出，有计划地发展社会主义商品经济，为非公有制经济发展提供了有力的政策支撑。但是，"左"的思想不是一朝一夕就可以清除的，"姓资姓社"的问题依然争论不休，在相当大程度上抑制了非公有制经济的发展。据有关部门的调查摸底，"到 1987 年，全国约有私营企业 22.5 万户，雇佣员工360.7 万人"②。该年底，全国职工数 13214 万人③，私营企业职工人数仅占2.7%。尽管比重很低，但是毕竟实现了零的突破，标志着劳资关系在我国已经成为一种新型的劳动关系。

二　劳资关系得到劳方较大支持

在劳资关系初步形成时期，劳方来源主要是农村剩余劳动力。农村人是计划经济体制最大的受害者，收入极其微薄，生活极度贫困，他们把进城作为一生中最大的梦想。虽然外出打工背井离乡，忍辱负重，但对他们来说具有很强的吸引力，是农村人眼里一件令人羡慕的事情。非公有制企业和农村剩余劳动力都有着冲破计划经济体制的愿望，在这一点上他们是坚定的同盟者，这使劳资关系从一开始就有强烈的合作倾向。同时，当时公有制企业改革刚刚起步，历史负担沉重，而非公有制企业经营机制灵活，经济效益高于公有制企业，职工的工资高于国有企业职工。农民工的工资超过城市职工，这是他们以前从来不敢想的事。从表 3—1 可以看出，1980—1987 年期间非公有制企业职工工资不仅高于公有制企业，而且绝对值逐年拉大，这使得非公有制企业在就业上有着较强的社会吸引力，一些城镇新增就业人口也开始进入其中。

---

① 《邓小平文选》第 3 卷，人民出版社 1993 年版，第 91 页。

② 陈光金：《1992—2004 年的私营企业主阶层：一个新社会阶层的成长》，载张厚义《中国私营企业发展报告 No.6（2005）》，社会科学文献出版社 2005 年版，第 2 页。

③ 参见国家统计局《中国统计年鉴》，中国统计出版社 1988 年版，第 153 页。

表3—1　　　1980 年、1985 年、1987 年登记注册类型职工平均工资

（单位：元/年）

	国有单位	城镇集体单位	其他单位
1980	1034	811	1048
1985	1213	967	1436
1987	1546	1207	1879

资料来源：中华人民共和国国家统计局网站公布的相关年份统计数据。

三　资本侵蚀劳动问题开始出现

当时城乡隔阂依然较大，农民进城很难进入公有制企业，绝大多数只能选择非公有制企业。而当时，劳动体制的改革主要围绕着公有制企业改革展开，劳资领域基本上处于放任自流状态。由于非公有制企业数量少，进城务工者众多，加上失于监管，劳资关系严重失衡，资本侵蚀劳动权益的本性开始暴露出来，有的企业达到了相当严重的程度。据报道，外方雇主侮辱中国雇员、无端开除中国雇员的事件也屡见不鲜。在个体私营企业中，雇主对雇工的辱骂和虐待已是司空见惯。北京东城区"某个体饭庄雇主公开对雇员说：'三条腿的蛤蟆找不到，两条腿的活人有的是，你们不愿意干就滚蛋！'雇主不仅给雇工吃剩饭，甚至洗脚水都要雇工送到床头，曾因雇工送洗脚水稍晚，而把水全泼在雇工的被褥上"①。这是对资本初创时期野蛮和粗暴面目的一个写照。除此之外，由于技术落后、资金短缺、致富冲动特别强烈，很多非公有制企业还存在着劳动保障低下、加班超过生理极限、大量使用童工、工伤频繁等资本侵蚀劳动的问题。但是，这些问题在严峻的就业形势下，在农民工进城的强烈渴求中被掩盖下来、忍受下来。

第二节　劳资关系规范整顿阶段
（1988 年初至 1991 年底）

党的十三大报告在肯定私营企业的作用和地位时，也指出："必须尽快制订有关私营经济的政策和法律，保护它们的合法利益，加强对它们的引

①　北京市人民政府研究室、北京市劳动局：《北京城镇的私人雇工》，北京经济学院出版社1989 年版，第 11 页。

导、监督和管理。"① 1988 年上半年出台了两个重要法规，一是 4 月对宪法进行了修正，新宪法明确规定，国家允许私营经济在法律规定的范围内存在和发展；二是 7 月国务院颁布《私营企业暂行条例》，对劳资关系开始进行规范。

由于新旧体制摩擦，经济过热、通货膨胀问题愈演愈烈，1988 年 4 月出现了持续一个月的席卷全国的抢购风潮。1988 年 9 月，党的十三届三中全会决定把 1989 年、1990 年的改革和建设重点放到治理经济环境和整顿经济秩序上来。1989 年春夏之交，在东欧剧变、苏联解体的国际大背景下，面对严峻的经济形势，我国也出现了一场"政治风波"。一时间，"左"倾思想抬头，给非公有制经济带来了较大的冲击。1989 年 11 月，十三届五中全会决定用 3 年或者更长一点的时间，基本完成治理整顿任务。在 3 年多的治理整顿中，劳资关系发展呈现以下特点：

一　劳资关系发展势头受到冲击

面对苏联、东欧剧变和我国经济出现的通货膨胀等问题，一些人认为根源在改革开放，他们提出了种种观点，例如："市场化是资产阶级自由化的主要内容"；"股份制是资本主义的企业组织形式"；"私营企业不可避免地会冲击社会主义经济，滋生剥削阶级的其他非无产阶级的意识形态，乃至为剥削阶级思想上政治上代表人物的产生提供土壤"；"如果不停止改革开放，就会重蹈苏东覆辙"；等等。这些"左"的观点出现在重要的党报党刊上，一时间政治空气变得紧张。一些私营企业主以为党的政策要变，纷纷关门。1989 年底，"私营企业从 90581 户减少到 76581 户，减少了 14000 户，其中停业 8000 户，转个体 4000 户"②。还有一些私营企业为了规避政治风险，挂上了集体企业的牌子。企业关门、停业，大量农民工返乡，城市失业人口增多。在治理整顿的 3 年里，非公有企业数及劳资关系比重有所增加，但增幅很小。根据《中国统计年鉴》相关年份统计数据，1989 年非公有制企业职工为 132 万人，1990 年为 164 万人，1991 年为 216 万人③，分别占当年全国企业职工总数的 0.96%、1.16%、1.49%。

---

① 《十三大以来重要文献选编》（上），中央文献出版社 2011 年版，第 27 页。
② 参见徐小洪《冲突与协调——当代中国私营企业的劳资关系研究》，中国劳动社会保障出版社 2004 年版，第 36 页。
③ 参见国家统计局《中国统计年鉴》，中国统计出版社 1992 年版，第 97 页。

二 劳资关系在争议中顽强生长

通过十年改革开放的实践，老百姓看到了市场的力量。尽管理论界争论激烈，但老百姓对非公有制企业有着自己的朴素认识：劳动者要就业；消费者要丰富的商品和服务；地方政府要税收、要稳定。老百姓是非公有制经济的坚定支持者。特别是在非公有制经济发展比较快速、人民群众生活改善较大的沿海地区，人们对非公有制经济的认可度更高。1988 年，原传化集团有限公司董事长徐冠巨经营的洗剂厂已经从作坊发展成为企业。1989 年兴起的"姓资姓社"争论也让他顾虑重重，这时萧山宁围镇政府评选他为劳动模范，解除了他心中的沉重负担，后来他曾感慨地说："当时的一朵大红花成就今日的传化。"在一些地方政府的默许或鼓励下，在老百姓的强烈认同下，非公有制企业在争议中尽管步履艰难，但仍然顽强生长，劳资关系的比重也得到一定程度的增长。

三 劳资关系开始得到法律规范

继 1988 年 7 月国家颁布《私营企业暂行条例》之后，在治理整顿期间颁布了一系列规范劳资关系的规定：1989 年 9 月，原劳动部颁布《私营企业劳动管理暂行规定》；1991 年，国务院发布了《禁止使用童工规定》。这些规定的主要内容包括劳动合同、劳动用工、工资待遇、保险福利、卫生安全等方面，直接针对非公有制企业劳资关系面临的突出问题，旨在保护劳动者权益。但是，这些规范在相当大程度上只是停留在法律上，在实践中没有得到有效落实。一是因为这些规定法律层级低，许多规范原则性强，可操作性差；二是因为作为对非公有制企业进行劳动监管的主体——地方政府忙着为非公有制企业扫除意识形态障碍，鼓励它们发展，担心加强劳动监管会影响非公有制企业发展。不少地方政府官员还认为，非公有制企业是自主经营的主体，劳资关系是企业自己的事，政府不应该干涉。由于各级政府基本上处于缺位状态，资本侵蚀劳动的问题基本没有改观，经过一段时期积累的劳资矛盾开始以比较激烈的方式表现出来。"1989 年 6 月至 1990 年 10 月，仅深圳、珠海两市，发生工人罢工、停工、怠工事件达 74 起，参加职工近万人，这些事件绝大多数都发生在'三资'和私营企业。"[1]

---

[1] 王文慧：《我国劳资关系现状及其发展走势初探》，《上海企业》1995 年第 2 期。

第三节 劳资关系矛盾积累阶段
（1992年初至2003年底）

1992年初，邓小平的南方谈话彻底破除了把市场经济与资本主义画等号的思想藩篱，同年10月党的十四大正式提出了"建立社会主义市场经济体制"。改革的方向明确了，思想包袱解除了，非公有制企业迎来了快速发展的十年，劳资关系在社会劳动关系中的比重不断增加。但是，对劳资关系规范的力度依然不足。由于涉及的人数越来越多，人们对劳资关系也越来越关注，资本损害劳动利益的问题逐渐发展成为一个社会性问题。2003年10月24日，农妇熊德明请温家宝同志为其丈夫讨薪，这件事看似偶然，实则是劳动权益长期受到严重损害的必然反映。这十年，劳资关系呈现出以下五个特点：

一 劳资关系迅速成为劳动关系的主体

在这个时期，非公有制企业快速发展的原因主要来自两个方面：一是邓小平南方谈话和党的十四大彻底解除了市场经济"姓社姓资"的思想顾虑，使非公有制企业从长期受抑制的状态中解放出来，获得了强劲的发展。1992年已注册的"三资"企业为8.4万户，1993年增加到16.75万户[①]；1992年私营企业为13.96万户，1993年增加到23.7万户[②]，都在一年之内几乎翻了一番。相应地，1993年非公有制企业职工人数从1992年的282万人跃升到536万人[③]，也接近翻了一番。二是1999年国有企业改革步入战略布局调整新阶段，国有经济进行了以"有进有退，有所为有所不为"为内容的战略性调整，国有经济在非基础非关键领域和行业的退出，为非公有制企业腾出了广阔的发展空间。

1993年国有企业改革进入到建立以股份制为内容的现代企业制度阶段，1999年国有经济布局进行了战略性调整。在这两股改革浪潮的推动下，全国有6万余家中小型国有企业通过破产、拍卖、租赁、股份制改造等形式逐

---

① 参见国家统计局《关于经济社会发展统计公报（1993）》，http：//www.stats.gov.cn/tjgb/。
② 参见国家工商行政管理总局《工商行政管理统计年鉴》，中国工商出版社1994年版，第7—19页。
③ 参见国家统计局《中国统计年鉴》，中国统计出版社1992年版，第87页。

渐从技术水平较低的行业、从非公益性非基础性的领域中退出，基本上转为非公有制企业。在改制浪潮中，曾涌现出了按照股份合作制企业模式改制的"诸城模式"和"顺德模式"。"诸城模式"将企业产权以基本均等方式卖给职工，可是随着时间的推移，股份越来越集中在少数高管层，如"淄博乡镇企业的股份已越来越集中于少数内部人手中，与典型的私人股份企业没有什么差别"[①]。江苏大海集团董事长也说："我们企业内部职工平均持股的开局，现在已经没有什么痕迹了。"[②] "顺德模式"则将企业资产按"三、四、三"比例出售给经营者、管理层、厂内职工，三个层级的人均股份比例差距较大，这样的改制并不是转向股份合作制企业，而是从一开始就使企业具有了私有性质。

伴随着公有制企业改制，"下岗潮"扑面而来，如表3—2所示。

表3—2　　　1996—2003年国有企业、集体企业每年新增下岗职工数

（单位：万人）

	1996	1997	1998	1999	2000	2001	2002	2003
国有企业下岗职工数	573.7	355.6	562.2	618.6	445.2	234.3	210.6	127.5
集体企业下岗职工数	287.1	290.0	157.0	148.5	57.7	44.5	42.5	21.5

资料来源：《中国劳动统计年鉴》相关年度数据。

下岗职工人数直到2000年都呈现出"井喷"之势，到2003年才开始大幅下降，但也有近150万人。1996—2003年国有企业、集体企业下岗人数总计达到5000多万人之众。大量下岗职工，为非公有制企业提供了丰富的雇佣劳动力来源，在一减一增中快速提高了劳资关系在整个社会劳动关系中的比重。

随着非公有制企业发展壮大，职工数量和比重也不断扩大。根据《中国统计年鉴》相关年度数据计算，1993年在非公有制企业就业的职工人数为536万人，占职工总数的3.61%，到2002年底，非公有制企业就业人数占全国总就业人数的比重由1992年底的1.9%上升到24.3%。实际上，我

① 张维迎、栗树和：《地区间竞争与中国国有企业的民营化》，《经济研究》1998年第12期。

② 陈明时：《热潮冷眼话改革》，《中国乡镇企业报》1997年第11期。

国非公有制企业数比国家统计局所公布的数据要多,"据了解,80%的乡镇企业为私营企业"①,即使是乡村集体企业,也具有不同于纯粹公有制的集体企业的混合经济特征:这些企业中个人投资占了相当的比例。考虑到这个因素,2002年底劳资关系在全社会劳动关系中的比重估计在35%左右,在企业劳动关系中的比重在60%左右,其分量已经从十年前的社会边缘走到了社会中心。

二　资本侵害劳动权益问题全面而严重

劳资关系严重失衡,非公有制企业用工行为比较普遍存在违反劳动法律、法规的问题,侵犯员工人身权利和其他公民权利、践踏劳动者尊严、损害劳动者身心健康的事情屡有发生。劳动权益受损状况主要表现在以下几个方面:

(一)职工工资过低

全国总工会2005年的一项社会调查显示,2002—2004年三年中,港澳台企业年均效益增长33%,而职工工资增长为零。企业职工工资低于当地社会平均工资的人数占81.8%,低于社会平均工资一半的占34.2%,低于当地最低工资标准的占12.7%。②多数一线职工,特别是农民工基本上在温饱线上挣扎。这种劳资分配状况既不合理,也不合法,却是这个时期大多数非公有制企业所共有的现象。

(二)随意拖欠克扣工资

工资本已很低,还要被以各种理由克扣、拖欠。据2002年广东媒体提供的数据,在广东过半的"三资"与私营企业中,竟有64.4%存在拖欠工人工资、克扣拒发工资现象。③ 2001年1—11月,深圳市劳动局共接到12557起投诉,比前一年增长48%,其中42%的案例和拖欠工资有关。④由于农民工多在建筑等劳动密集型、管理不规范的非公有制企业打工,成为欠薪的主要受害者。2003年底,上海市农民工工资支付专项检查显示,在有

---

①　朱明方、姚树荣、邹曦、胡世发:《私有经济在中国:私有经济嬗变的现实、困惑与趋势》,中国城市出版社1998年版,第239页。

②　参见周玉清《全国总工会副主席撰文:企业职工工资过低与政府调控责任》,《中国工运》2006年第8期。

③　参见武玉芳《推行工资集体协商求解分配不公难题——兼论我国工会在确立企业工资集体协商制度过程中的重要作用》,《工会论坛》2009年第1期。

④　参见石庆伟《深圳私企拖欠工资严重》,《市场报》2002年1月21日第2版。

欠薪行为的 663 家单位中，非公企业占 90%，欠薪总额 3647 万元，占 80%。① 有的非公有制企业在招工时承诺按照国家规定的最低工资支付，但在发工资时就以违反厂规、产品质量有问题等各种理由克扣职工工资。不少企业为了减轻资金周转的压力、限制工人中途离职，在年底结算工资，平时只给工人支付少量生活费。2002 年 12 月到 2003 年 1 月，北京劳动监察大队已经为 8630 人追回了 1665 万多元的工资，但仍有大批拖欠工资的案例没有被发现，不少民工仍处在无钱回家的窘境中。②

（三）随意招聘和解聘职工

为了规避责任，许多私营企业尽量不与劳动者签订劳动合同。据 2003 年浙江省人大劳动法执法检查报告，丽水市私营企业职工合同签订率只有 20%—30%，台州市建筑业 80% 的民工没有签订劳动合同。③ 即使签了劳动合同，也是短期性的，以保证企业用工自由。从全国来看，劳动合同的签约率不到 20%，沿海地区签约率不到 12%，而且合同期限短于一年的劳动合同占 60% 以上。④ 有的企业根据企业需要，篡改劳动合同条款，如自行做出出现工伤企业无责、不准串门、收取押金等"霸王条款"、"生死合同"。由于没有劳动合同或就业流动性大，加上职业病发病具有一定的滞后性，不少职工发现职业病症后往往投诉无门，只能独自承受病痛的折磨。企业随意解雇职工，还以降低工资等方式逼迫职工自行离开，以逃避经济赔偿，并以此为借口不退还保证金、押金等钱款。

（四）任意延长工作时间

非公有制企业任意延长工作时间的现象相当普遍。有的企业肆意提高劳动定额，职工最低工资中有近 1/3 是靠加班挣来的。按劳动部规定，1997 年 5 月 1 日起所有企业应该实行每周 40 小时的工时制度。也就是说，劳动者应当享有双休日和一天最多工作 8 小时的权益。但是，几乎没有一家个体私营企业做到。许多企业"采用上不封顶的计件工资制度，或采用提高单件报酬，诱使职工加班加点"⑤。据浙江省 1999 年私营企业抽样调查显示：

---

① 参见《十家欠薪户，九成为"非公"——未建立工会是一大症结》，《劳动报》2005 年 4 月 9 日。

② 参见《年关将近，北京劳动监察部门为工人讨拖欠工资》，《北京晚报》2013 年 1 月 9 日。

③ 参见徐小洪《冲突与协调——当代中国私营企业的劳资关系研究》，中国劳动社会保障出版社 2004 年版，第 177 页。

④ 参见《从用工现状看〈劳动合同法〉贯彻执行后的意义》，《劳动报》2008 年 4 月 16 日。

⑤ 王丽红：《关于私营企业劳动关系状况的分析与思考》，《工运研究》1999 年第 7 期。

一个月加班 30—50 个小时的企业占调查数的四成左右，最多的达到 180 小时/月。① 这相当于每天工作 12 个小时，一个月几乎没有休息日。

（五）严重危害职工的身心健康

为了节约成本，一些私营企业设备陈旧，还竭力压缩安全生产投入，生产事故一直居高不下，成为肢体受伤、苯中毒、尘肺病高发和事故死亡的主要来源地。特别是在采矿业、纺织工业、机械加工业、化工业、制鞋业等行业的私营企业，防护设施简陋，甚至防腐防毒的用具只有手套和口罩，职工长期直接暴露在粉尘、有毒、辐射、噪音、高温等环境中，身心健康遭到了严重的损害。据宁波市曙光手外科医院统计，在 1999 年 7 月的 300 余名患者中，80%—90% 来自个体企业或私营企业。② 与其他国家相比，"我国每百万吨煤炭死亡率是美国的 200 倍，是印度的 8 倍，死亡率全世界最高"③。2004 年 8 月，经惠州市政府查实，惠州超霸电池厂、先进电池厂两个厂共有 2 名员工镉中毒，177 名员工尿镉超标。④ 据超霸电池厂员工反映，工厂从来没有对他们进行过关于镉知识的培训；粉房通风不好，到处都漂着暗红色的氧化镉粉末。机器上、地上也沉积一层镉粉，而工人们一直戴着用手指就能捅破的纸口罩工作。⑤

（六）欠缴漏缴少缴社会保险费

1999 年，非公有制企业社会保险开始起步。为了节约成本，绝大多数非公有制企业对给劳动者缴纳社会保险金非常抵触，想方设法逃避。2001 年山东威海市的一次检查发现，按规定办理了社会保险登记的私营企业只占被检查单位的 13%；能够按时缴纳社会保险费的仅占被检查单位的 3.8%。为了应付社保机构的收缴，有的企业只给少数管理人员、技术人员、财务人员、销售人员等核心骨干人员缴纳保险，以流动性大为借口不给大多数职工缴纳保险费。北京市 1999 年调查，私营企业参加养老保险的占 31.3%，参加失业保险的仅占 13.4%，参加工伤保险的仅占 7.5%，大部分企业没有医

---

①　参见浙江省工商联非公有制经济情况调研课题组《浙江省 1999 年私营企业抽样调查数据及分析》，《浙江学刊》2000 年第 5 期。

②　参见张宗和《中国现阶段非公有制经济研究》，经济管理出版社 2000 年版，第 135 页。

③　杨进：《地底悲歌》，《南风窗》2001 年第 9 期（上）。

④　参见陈海峰《2 人镉中毒 177 人尿镉超标惠州通报镉中毒事件最新情况》，《深圳特区报》2004 年 8 月 4 日。

⑤　参见刘丽英《惠州超霸电池厂工人不再隐忍镉中毒后劳资紧张》，《中国新闻周刊》2004 年 8 月 9 日。

疗保险，只有少数企业根据职工在企业的工龄每月发放 5—10 元的医疗费。①

三 企业工会组建开始起步但阻力较大

一些中小公有制企业转变为非公有制企业后，工会成了首当其冲的"改革"对象，许多企业将工会组织彻底撤销，有的即使保存了工会组织，也基本上名存实亡，成了无人员、无办公地方、无经费、无活动的"四无工会"，工会会员因下岗而大量流失，工会组织建设受到了很大程度的削弱。在企业转制过程中，还出现了一个新的问题：在公有制企业里，企业和职工没有根本的利益冲突，工会的职责主要是协助企业生产，是企业的一个行政部门；而在非公有制企业里，企业和职工是利益分化对立的劳资关系，工会的主要职责是为职工维权。可是，企业转制后，工会还是企业的一个行政部门，工会主席受雇于企业，这使他们的地位变得尴尬、处境变得艰难。一些企业的工会主席由于为职工伸张工龄补偿、保险福利等权益而被企业开除。1995 年，由于在企业增资问题上为职工说话，宁波市东海人造板厂工会副主席骆卫平被厂领导辞退。在当地政府和上级工会的干预下，企业的错误做法才被依法纠正，骆卫平重新回到工作岗位上。但是，企业的刁难与孤立越来越强烈，骆卫平感受到无处不在的压力。他实在没有勇气再打一场旷日持久的官司，不得不离开了企业。② 工会干部自身的权益得不到有效维护，使工会组织变得涣散、软弱。

而其他非公有制企业，认为"我的企业我说了算"是天经地义的，建工会是花钱找"麻烦"，不愿意缴纳工会会费，更不愿意让企业里存在一个自己的对立面，对组建工会非常抵触，要么对组建工会百般阻挠，要么对建立工会组织和开展工会活动采取不合作态度。而作为非公有制企业劳动者主体的农民工，工作流动性大，这为工会会员管理带来了新的困难。由于农民工对工会的意义不太了解，又忙于生计，非常务实，看到老板对工会排斥，不愿意因为加入工会而与老板对抗，同时工会维权能力不足也让他们缺乏加入工会的兴趣，因此对工会组建也不热心。

---

① 参见北京市总工会研究室《北京市非公有制企业劳动关系研究》，《工运研究》1999 年第 13 期。

② 参见李瑾、沈刚、郑莉《通往和谐的路还有多长——关于新时期劳动关系问题的多角透视（上）》，《工人日报》2002 年 9 月 3 日。

一些地方政府为了追求 GDP，不重视、不支持工会工作，担心工会发展强大会吓跑外来投资者，阻碍经济发展的大局，因而有意无意贬低工会的作用，更有甚者，以保证不组建工会作为招商引资的一项"优惠"措施。

一时间，企业工会组织建设跌入低谷。为适应改革开放形势发展的需要，1992 年 4 月 3 日通过了对 1950 年《工会法》的修订案，这次修订还带有较浓的计划经济体制的痕迹。2001 年 10 月 27 日我国再次对《工会法》进行了修订，着力纠正实践中存在的偏差：一是明确了维护职工合法权益是工会的基本职责，工会应通过平等协商、集体合同制度和职工代表大会制度维护职工的劳动权益和民主权利。二是加大了对工会干部的保护力度，对罢免工会主席、副主席的程序做出了专门规定，对基层工会专兼职干部劳动合同期限作了保护性规定，规定了侵犯工会干部权益应当承担的法律责任等。三是放宽了基层工会委员会的设立条件。会员不足 25 人的也可以建立或联合建立基层工会委员会；上级工会可以指导和帮助职工筹建基层工会；乡镇、街道职工可以依法建立工会组织。四是强化了工会组织建设的法律保障。强调任何组织和个人不得随意撤销、合并工会组织。五是强化了对工会经费的收缴及经费财产的保护力度。规定所有的企业、事业单位及机关均应按职工工资总额的 2% 向工会拨缴经费；针对拖延或者拒不拨缴工会经费的行为，增加了工会向人民法院申请支付令和要求人民法院强制执行的规定；对侵占工会经费和财产拒不返还等行为规定了法律救济渠道和应当承担的法律责任。新修订的《工会法》进一步明确了工会在新的历史时期的基本职责，为工会代表和维护职工合法权益提供了法律保障，使非公有制企业工会的恢复和组建有了一定起色。但是，由于在实践中阻力重重，工会建设步履艰难，"截止到二〇〇三年底，全国非公有制企业建立工会组织八十万家，入会职工不到三成"[1]。2004 年全国非公有制企业数目为 344 万户[2]，只有 50.5% 的企业建立了工会组织。

四 职工维权意识有所提高但仍比较低

通过《中国劳动统计年鉴》相关年度数据及计算，可以看出虽然非公

---

① 李静：《中国工会建设面临不少问题，非公企业组建率较低》，http://news.sina.com.cn/c/2004 - 10 - 26/18314043886s.html。

② 参见中共中央统战部、全国工商联、中国民（私）营经济研究会《2005 年中国私营企业调查报告》，《中华工商时报》2006 年 2 月 3 日第 1 版。

有制企业职工维权意识有所提高，但在严峻的就业形势面前，劳动者迫于生计，在遭遇侵权时常常无奈地选择忍气吞声、息事宁人，对于劳动关系的契约化、自身的组织化是维权的重要手段的认识还比较淡漠，不会维权、不能维权、不敢维权的问题仍然普遍存在。一是劳动者维权意识在不断增强。1997年、2000年、2003年非公有制企业劳动者申诉的劳动争议案件数量分别是32963件、57011件、129820件，2000年比1997年增长了72.96%，2003年比2000年增长了127.1%；在非公有制企业劳动争议案件中，劳动者当事人人数在这三个年度分别是126622人、192113人、373197人，2000年比1997年增长了51.72%，2003年比2000年增长了94.26%。维权的人数和案件数在2003年出现了大幅度的跃升，可见职工维权意识呈加速增长态势。二是绝大多数职工放弃了维权。仅以非公有制企业的主体——私营企业就业人数为参照系，1997年、2000年、2003年非公有制企业维权职工人数仅占0.94%、0.80%、0.87%，而劳动者申诉的案件分别是24.43件/万人、23.69件/万人、86.81件/万人。在当时非公有制企业劳动侵权现象普遍严重的情况下，选择打官司的职工实际上是人数寥寥的。三是非劳动报酬等劳动权益意识有所提升，但仍比较淡漠。1997年、2000年、2003年因劳动报酬引发的争议案分别为16542件、20779件、49844件，分别占当年劳动者申诉案的50.18%、36.48%、38.40%；而因社会保险引发的争议案分别为2799件、11151件、24073件，分别占当年劳动者申诉案的8.50%、19.56%、18.53%。四是劳动者个体争议案多，集体争议案少。1997年、2000年、2003年集体争议案件分别为2180件、4165件、5246件，占当年劳动者申诉案的比重分别为6.61%、7.31%、4.04%，这表明劳动争议案中绝大多数是劳动者个体申诉，集体意识比较淡薄。

职工维权意识比较低下，这也是造成非公有制企业侵害劳动权益的重要原因之一。职工维权意识低下与职工的构成、素质、生活环境有较大关系。当时非公有制企业职工主要是农民工，其次是城市下岗职工，少量是大中专院校毕业生。后者有文化、有一技之长，一般在规模较大、效益较好的企业做文员、设计、管理工作，工作环境和工资待遇好于前两者，劳资矛盾不尖锐。劳动权益最容易受到侵害的是农民工，其次是城市下岗职工。

作为非公有制企业劳动者主体的农业剩余劳动力，他们刚刚从小农经济中走出来，继续沿用农业社会投亲靠友的方式来缓解势单力薄的窘困，把加入工会看作城里人的专利，远远没有意识到自己就是中国新兴产业工人中的一员。他们在农村有集体土地作为生产资料，农闲而出、农忙而归，把进城务工看作贴补家用的手段。有了回家务农兜底，他们承受市场风险和资本侵蚀的耐受力较大。他们缺乏合同契约和社会保险理念，觉得不签合同可以来去更自由，缴纳社会保险费不如工资高一点实惠。他们中大多数人文化程度不高，安全生产和防护意识、知识都比较欠缺，当劳动权益及健康受到损害时，要么浑然不知，要么逆来顺受，不知道什么是侵权，也不知道怎样维权。他们的社会地位比较低下，长期被排斥在社会保障体系之外，生活相对贫困，在城市要办理"暂居证"才能谋生，总是被另眼相待，自卑而脆弱的生存状态让他们习惯了吃苦耐劳、忍辱负重、忍气吞声。在江苏等长三角一带，非公有制企业多以乡镇企业和民营企业起家，很多打工者都是乡民，乡土之情在一定程度上淡化了劳资矛盾。

　　而从计划经济体制里走出来的城市下岗职工，虽然知识和见识高于农民工，但是长期的计划经济体制使他们依赖性强，法制意识、组织意识、斗争意识也不强。他们享有下岗职工最低生活保障，在城市中有住房，晚年有退休金，如果在外受了委屈，大不了回家吃低保，不愿激化矛盾。他们在城市中有一定人脉，一般在亲戚朋友介绍的企业打工，工作环境普遍好于农民工，劳资矛盾不太突出，即使出现了劳务纠纷也碍于亲戚朋友的脸面而不好意思对簿公堂。

五　国家规范力度有所增加但依然不足

　　1993 年 12 月 21 日，劳动部印发《关于建立社会主义市场经济体制时期劳动体制改革总体设想》（以下简称《总体设想》）的通知，提出"要通过建立健全适应社会主义市场经济要求的劳动关系调整制度，形成国家立法、制定劳动基准规范劳动关系，劳动者与用人单位自主建立、自行协调劳动关系，工会与企业代表参与协调劳动关系，政府指导协调劳动关系，行政监察维护劳动关系，司法仲裁保障劳动关系双方权益的机制"。《总体设想》积极借鉴国外经验，确立了构建国家作为"立法者"、"执法者"和"仲裁者"、企业和职工相互协商的劳动关系新格局的改革思路。在这个时期，国家对劳资关系规范的力度较之以往有较大提高，但是仍然存在力度不足的问题。

　　（一）制定和颁布了一系列劳动基准法律法规，但力度不足

　　1995 年 1 月 1 日，《劳动法》颁布实施。其后，以《劳动法》为依据，相继颁布和施行了一系列劳动基准法律法规，如 1995 年 1 月 1 日颁行了《工资支付暂行条例》，1995 年 5 月 1 日颁行了《国务院关于职工工作时间

的规定》和《矿山安全法》，1998 年 9 月 1 日颁行了《女职工劳动保护规定》，1998 年 12 月 3 日颁行了《私营企业暂行条例施行办法》，1999 年 1 月 20 日颁行了《社会保险费征缴暂行条例》，2000 年 10 月 10 日颁行了《工资集体协商试行办法》，2001 年 10 月 27 日颁行了新修订的《工会法》，2001 年 3 月 22 日最高人民法院颁布《关于审理劳动争议案件适用法律若干问题的解释（一）》，2002 年 5 月 1 日颁行了《职业病防治法》，2002 年 11 月 1 日颁行了《安全生产法》，2002 年 12 月 1 日颁行了《女职工劳动保护规定》，等等。这一系列劳动法律法规密集出台，体现了国家对调节劳资关系的意识明显增强，为规范企业用工行为、仲裁劳资纠纷、协调劳资关系等提供了法律依据，但与劳资矛盾的实际情况相比，仍然存在力度不足的问题。一是立法层次有所提高，但总体层次不高。《劳动法》的颁布实施，标志着我国有了一部劳动大法，为其他劳动立法奠定了基础。但是，全国人大常委会制定的劳动法律还较少，劳动立法多数以行政法规和部门规章为主，法律效力不强。二是立法原则性强，可操作性不足。特别是对于违法行为缺乏具体处罚措施，导致漏洞大，执法难。以《劳动法》为例：对职工在高温下工作适用还是遵循 1962 年的规定，内容相当简单。究竟多高的温度是高温？必须停工的温度环境是多少？在高温条件下应采取什么样的预防措施？应给予多少津贴？这些都没有明确规定。又如，对于因劳保不到位而出现工伤，企业应承担怎样的责任，现行法律都没有明确规定，因而职工的权益难以得到保障。再如，对于拖欠工资的行为，企业应该承担怎样的刑事责任和经济责任，也没有具体规定。一些企业常以"经济效益不好"等借口将责任一抹了之，《劳动法》却对此无能为力，不能给予严厉的惩处，致使拖欠工资成为社会之灾。三是地方政府热衷于招商引资，在劳动监管上动力不足。在 GDP 政绩考核的压力下，有的地方政府竭力维护资方利益，生怕提高工资、组建工会、劳动监察吓跑投资方，对劳动法规执法松懈。如有的地方政府出台"土政策"：外商投资企业"可以暂缓组建工会"、"五年内可不参加社会保险"，执法检查要经过某些机构甚至政府分管领导批准，给企业挂免检"绿牌"。资方因此有恃无恐，劳动侵权问题层出不穷。

（二）构建了社会保险的基本框架，但覆盖面不足

从计划经济向市场经济转型，需要从企业保障向社会保障转型，其主要内容是构建起养老、失业、工伤、医疗等社会保险体系。1997 年构建了社会统筹与个人账户相结合的基本养老保险制度框架，1998 年 12 月国务院下发了《关于建立城镇职工基本医疗保险制度的决定》，1999 年 1 月 22 日发

布并实施《失业保险条例》，2003 年 4 月 27 日国务院颁布了《工伤保险条例》（2004 年 1 月 1 日施行）等。这些新建的社会保险制度主要面向国有企业在职职工和城镇下岗职工，广大农民工被排除在外；在国有企业执行得比较好，但是在非公有制企业执行情况较差，特别是规模小、管理不规范的企业基本上是社会保险的空白地带。这与制度设计缺失有关，这些社会保险制度主要服务于国有企业改革，因而没有对非公有制企业缴费比例作出明确规定，也没有明确相应的法律责任，给了非公有制企业偷逃社会保险费以可乘之机。

（三）开始构建三方协调机制，但是实际运用率低

1995 年 8 月，中华全国总工会制定了《工会参加平等协商和签订集体合同试行办法》，指导各地基层工会与企业行政签订集体合同。1996 年，依据国际通行的"劳动关系三方协调机制"相关原则，劳动部、全国总工会、国家经贸委、中国企业家协会联合发布了《关于逐步实行集体协商和集体合同制度的通知》。2001 年 8 月 3 日，全国性劳动关系三方协调机制正式成立，由劳动和社会保障部、中华全国总工会、中国企业联合会/中国企业家协会三方组成，并召开了第一次会议，对三方协调机制的职能做了阐述。2001 年 10 月新修订的《工会法》首次以国家法律的形式对三方协调机制做出了明确要求和规定，11 月《工资集体协商试行方法》正式发布。这些做法标志着我国开始构建国家、企业、职工三方关系框架，认识到三方协调机制是解决劳资矛盾的重要途径。但是，非公有制企业工会组建率低，许多企业排斥组建工会。据 2001 年中国企业联合会对全国 6 省市 100 家企业的调查显示，私营和独资企业没有组建工会的比例分别达到 33.3% 和 50%；组建了工会并设有专职工会主席的比例分别为 40% 和 33.3%，远低于国有企业 89.5% 和集体企业 69.2% 的比例。工会组织涣散，劳方和资方不愿谈、不会谈、不能谈的问题还非常突出，区域性、行业性、企业内部劳资协商机制远未建立起来，集体合同建制工作进展缓慢、困难重重，加上缺乏健全的监督保障机制，三方协调机制基本上停留在概念和意识阶段，实际运用率低。该调查还显示，国有企业签订集体协议的比例为 73%，合资企业签订集体协议的比例是 38.1%，私营企业签约比例仅为 15.4%。①

---

① 参见程延园《集体谈判制度在我国面临的问题及其思考》，《中国人民大学学报》2004 年第2 期。

第四节　劳资关系加大规范阶段
（2004 年初至 2010 年底）

2003 年上半年，我国经历了一场突如其来的"非典"疫情。在全国上下众志成城的努力下，这场疫情最终被战胜了，但也暴露出我国长期以来经济社会发展失衡问题，"经济发展一条腿长、社会发展一条腿短"。党中央深刻地总结和反思 25 年来改革和发展的经验和问题，于同年 10 月党的十六届三中全会上提出了科学发展观，要求坚持以人为本，树立全面、协调、可持续的发展理念，促进经济、社会和人的全面发展。拖欠工资是经济社会发展失衡的重要表现之一，2003 年底掀起的"清欠风暴"是在科学发展观指导下，党和政府下决心维护劳动者权益的开篇之作。在治理劳资关系失衡上，并不止于"清欠"。2004 年 3 月 1 日起施行最低工资制度。2006 年 10 月，党的十六届六中全会通过的《关于构建社会主义和谐社会若干重大问题的决定》，首次明确提出"发展和谐劳动关系"，把和谐劳动关系作为和谐社会不可缺少的内容。2007 年 10 月，党的十七大报告明确提出："初次分配和再分配都要处理好效率和公平的关系"，"逐步提高居民收入在国民收入分配中的比重，提高劳动报酬在初次分配中的比重"。2008 年 1 月 1 日，经过两年酝酿，四易其稿，力排众议，《劳动合同法》正式实施。2010 年 10 月，党的十七届五中全会进一步强调要"构建和谐劳动关系"。这一系列政策和法规的出台，以及实践的新变化和新发展，推动着劳资关系进入新的发展阶段，呈现出以下六个特点：

一　用工乱象问题得到了较大纠治

党和政府首先从"欠薪"入手，接着由表及里，抓住问题的根源——劳动合同签订不规范，劳动争议诉讼渠道不畅，于 2008 年 1 月 1 日出台了三部劳动法规——《劳动合同法》、《促进就业法》、《劳动争议调解仲裁法》，一天出台三部劳动法，这在我国法制史上都是前所未有的。在标本兼治下，企业用工混乱和借机侵害劳动权益的现象得到了较大的改观。

（一）拖欠农民工工资问题得到高效整改

2003 年底，在党中央和国务院的领导下，全国掀起了一场清理拖欠农民工工资的声势浩大的"清欠风暴"。各省市劳动保障部门纷纷设立清理拖欠工程款举报电话，加大了对投诉举报案件的执法力度，同时还加强了对劳动合同签订、为农民工缴纳社会保险费、职业中介机构遵守法律法规等情况的监督检查，经常性地开展清理拖欠农民工工资专项检查，从源头上防止欠薪。对于农民工人数较多、欠薪最严重、工资支付环节最复杂的建筑行业，实行将建筑业企业工资支付情况与企业资质年检挂钩制度，对欠薪房地产公司不予办理规划、施工许可、竣工验收备案。媒体将镜头更多地聚焦欠薪，一些欠薪案件被曝光，欠薪问题受到了全社会的谴责。

在社会关注下，在政府强力推动下，"清欠"效果非常明显。截至2004 年 10 月底，"全国 2003 年内拖欠的农民工工资已基本解决，2003 年以前拖欠的 171 亿元，已经偿付 146 亿元，偿付比例为 86%"①。"截至2004 年底，中国各企业已偿还进城务工者工资 331 亿元，偿付比例为上报拖欠总额的 98.4%。"② 欠薪顽疾不是短期可以解决的，但"清欠风暴"增强了企业守法观念，提高了劳动者维权意识，震慑了欠薪企业。此后，各级政府一直把清欠作为一项重要工作来抓，虽然欠薪问题还时有发生，但呈逐年下降之势，不再具有社会性。国家统计局调查显示，2008 年被拖欠工资的农民工人数占全国农民工的比重下降至 4.1%，2009 年为 1.8%，2010 年为 1.4%。③

（二）规范劳动合同，畅通劳动争议诉讼渠道

经过四年多酝酿和讨论，《劳动合同法》于 2008 年 1 月 1 日颁布施行，明确规定了企业不与劳动者签订书面劳动合同将承担的经济责任，解除劳动合同时需给予经济补偿的情形等，对于维护劳动权益、协调劳资关系、营造稳定劳动关系具有重要意义。《劳动争议调解仲裁法》规定，劳动争议案件仲裁不收费，劳动争议在仲裁阶段的经费全部由财政予以保障；《人民法院诉讼收费办法》规定，劳动争议案件的受理费用不超过 50 元。2006 年 7 月22 日、2010 年 9 月 14 日最高人民法院颁布了《关于审理劳动争议案件适用法律若干问题的解释》（一）和（二）。同时，大量增设了劳动争议调解机构，截至 2010 年底，全国建立劳动争议调解组织 53.3 万个，其中企业劳动争议调解委员会 51.8 万个，区域性行业性劳动争议调解组织 1.5 万个，大大畅通了劳动维权的渠道。

---

① 陈晶晶：《2003 年以前农民工欠薪已偿付逾八成》，《法制日报》2004 年 11 月 5 日。

② 鹿永建、朱立毅：《清理欠薪，得益的是整个社会》，《新华每日电讯》2005 年 2 月 8 日第3 版。

③ 参见刘文宁《一条欠薪比重曲线背后的艰辛治理》，《工人日报》2014 年 6 月 26 日第 3 版。

（三）加大了对企业依法用工的检查和处罚力度

各地政府以农民工工资支付情况为重点，同时展开了清理整顿人力资源市场秩序和整治非法用工、打击违法犯罪等专项检查活动。特别是《劳动合同法》实施以来，各地政府加大了对依法用工的全面检查和查处。2010年各地人力资源和社会保障部门责令用人单位与937.8万名劳动者补签了劳动合同，为502.1万名劳动者补发工资等待遇99.5亿元；责令用人单位退还收取劳动者的风险抵押金0.5亿元；查处各类劳动保障违法案件38.4万件，督促8.8万户用人单位办理了社会保险登记、申报，督促13.9万户用人单位补缴社会保险费48.2亿元，案件数量较上年下降12.6%。① 国家统计局数据显示，2010年全国城镇私营单位就业人员年平均工资为20759元，同比增长14.1%，增幅提高7.5个百分点。私营单位就业人员年平均工资低于城镇非私营单位在岗职工平均工资，但增长速度高于非私营单位0.6个百分点。②

由于《劳动合同法》、《劳动争议调解仲裁法》的出台，使长期压抑的劳动争议得到释放，2008年劳动争议案件呈现"井喷"之势，全国各级劳动争议仲裁机构共受理案件69.3万件，涉及劳动者121万人，分别是2007年的1.98倍和1.9倍。其后，劳动争议案件逐年下降，2009年前三季度降为51万多件③，2010年前三季度再降为44.3万件④。这表明，两法实施不仅使劳动者合法权益得到保护，而且能有效地预防劳资争议的发生。

二 劳动者结构开始发生重大变化

据《中国劳动统计年鉴》数据，2004年公有制企业下岗职工数量从顶峰时1999年的767.1万人锐减到34.3万人。这表明，公有制企业改革和国有经济布局战略性调整已经基本到位，下岗职工不再是劳资关系的重要来源。2003年，开始出现并蔓延至全国的"民工荒"，农业剩余劳动力转移开

---

① 参见《2010年各地人社部门责令用人单位追讨欠薪近100亿元》，http：//finance. people. com. cn/GB/14715305. html。

② 参见《2010年全国城镇私营单位职工平均工资为20759元》，http：//news. china. com. cn/txt/2011 - 05/03/content_ 22486955. html。

③ 参见杨琳《人力资源和社会保障部副部长杨志明接受本刊专访强化劳动人事争议调解》，《瞭望（新闻周刊）》2009年第50期。

④ 参见吕吉凤《不容回避的劳动关系矛盾、任重道远的通向和谐之路——本刊记者对话全国总工会集体合同部部长张建国》，《中国劳动关系学院学报》2011年第2期。

始从无限供给向有限剩余转变。随着下岗潮和民工潮的消退，城乡新增就业
人口成为劳动者主体，劳动者结构呈现重大变化。

（一）"民工潮"退潮，"民工荒"上场

2003 年，在改革开放之初外出打工的农民工接近或超过"天命"之年，
许多人准备或者已经回到家乡安度晚年。他们的孩子成长起来，但是由于计
划生育政策，农村生育率较之改革开放前大幅下降，农村适龄劳动力也随之
大幅减少。2003 年，离开农村进入城市的人口达到历史顶峰的 2000 万人，
此后便以平均每年 170 万人的速度下降，2008 年降至 1100 万人。①涌动了
20 多年的"民工潮"开始退潮，从 2004 年初开始，广东、福建、浙江等地
就陆续出现"民工荒"。据媒体报道，仅珠江三角洲地区，农民工缺口保守
统计就高达 200 万人。②

（二）"80 后"新生代农民工成为农民工主体

"80 后"新生代农民工，严格地说，并不是农民工，因为他们在青少年
时期大多在学校读书，或较早出来打工，很少务农，可以说他们中的大多数
是"不会干农活"的农民工，不具备父辈"亦工亦农"的生存能力，因此
他们从离开农村那一天起，绝大多数没有想到再回去，即使回到农村也无法
生活下去。由于父辈在城市打拼，他们的生活条件和受教育程度比父辈好得
多，加上家庭子女数减少，他们都是父母手心上的宝，可谓是"贫家儿女
贫亦娇"。他们吃苦耐劳、忍辱负重的意识比父辈弱很多，许多人不再愿意
去工作艰苦的劳动密集型企业打工，这也是东南沿海劳动密集型企业成为
"用工荒"重灾区的一个重要原因。他们希望能在城市里定居下来，渴望在
城市里找到温暖，对就业的要求大大提高。可是，一些企业依然延续低廉的
工资和冰冷的兵营式管理模式，这让他们倍感失望，甚至绝望，性格更为敏
感和脆弱的人就会选择一条不归之路，这就是 2010 年上半年富士康深圳公
司发生"12 连跳"事件的根本原因。

（三）劳动者文化水平和维权意识明显提升

"80 后"伴随着改革开放成长，他们的文化程度普遍提升，眼界更加开
阔，民主法制观念增强。1999 年大学开始扩招，提高了"80 后"接受高等

---

①　参见周飚《人口格局预示发生"城市化拐点"》，《21 世纪经济报道》2009 年 6 月 5 日第
2 版。

②　参见侯大伟等《中国出现"民工荒"：民工向市场说"不"》，http：//news. xinhuanet. com/
focus/2004 - 09/21. html。

教育的机会。国有经济布局战略性调整使国有企业数目大为减少；与此同时，大中专毕业生逐步取消了统招统分，许多毕业生将眼光投向了非公有制企业。2002 年、2003 年是"80 后"大学生毕业后参加工作的年份，他们的到来迅速地改变了劳动者的受教育结构。表 3—3 是 2002 年和 2009 年非公有制企业集聚的制造业、商业服务业、建筑业职工受教育程度的构成情况，7 年间三个行业中教育程度为小学及未上过学的职工比重大为减少，初高中程度的职工比重基本持平，大专以上程度的职工比重明显上升。

表 3—3　　　　　　2002 年、2009 年制造业、商业及服务业、

建筑业职工受教育程度构成情况　　　　　　单位:%

行　业	制造业		商业及服务业		建筑业	
年　份	2002	2009	2002	2009	2002	2009
小学及未上过学	15.7	14	17.8	13.4	22.4	20.6
初中及高中	78.1	77.4	79.0	78.0	72.6	74.1
大专以上	6.3	9.4	3.2	8.6	5.0	5.3

资料来源：根据《中国劳动统计年鉴》2002 年、2009 年度统计数据计算所得。

随着受教育程度的提升，职工的维权意识和维权能力也得到提升。2010 年 5 月 17 日，广东省佛山市本田汽车零部件制造有限公司组装科数百名工人举行罢工。工人提出的要求不仅限于薪酬，还对参与企业管理提出了主张，这说明新一代工人维权意识的提高是全方位的。在当地政府介入协调下，6 月 4 日员工代表、本田资方及政府三方结束谈判，最终签署集体合同，正式员工整体涨薪 24%。至此，持续半月之久的罢工才宣告结束。有学者指出："员工通过'罢工'而不是辞职走人的方式争取提高薪酬，证明了新一代工人的维权意识普遍提高。"[①]

三　劳资争议成为劳动矛盾的主体

据《中国统计年鉴》数据，2003 年公有制企业和非公有制企业职工工资也开始发生逆转，国有单位职工平均年工资为 14577 元，非公有制单位为 14574 元，前者比后者多出 3 元，此后两者的差距不断拉开。2002 年前，劳动争议案件主要来自国有企业和集体企业，争议的内容主要集中在拖欠工

① 刘军胜、夏艳华：《2010 年中国劳动关系十大热点》，《企业管理》2011 年第 1 期。

资、社会保险的缴纳和延续、内退和下岗职工的生活待遇、企业改制中富余人员的安置补偿等方面。2002 年，公有制企业劳动争议量仍然大于非公有制企业，两者数量分别是 72468 件和 69691 件，分别占当年总数的 45.3% 和 32.3%。2003 年，两者开始此消彼长，劳动争议量分别是 78989 件和 102802 件，分别占当年总数的 34.9% 和 45.4%。[①] 这表明国有企业改革取得了基本成功，优势开始显现，而劳资关系固有的矛盾开始暴露出来。这一减一增，使非公有制企业成为劳动争议的高发地。2008 年，上海市劳动争议仲裁机构受理劳动争议案件 64580 件，比上年同期增长 119.1%，从发生劳动争议的用人单位看，居于前三位的分别是私营企业、股份制企业和外资企业。其中，私营企业发生的劳动争议仲裁案件占受理数的 39.3%，案件数比上年同期增长 122.2%；股份制企业占受理数的 26.7%，案件数比上年同期增长 160.3%；外资及港澳台企业占受理数的 21.3%，案件数比上年同期增长 110.5%。这也是全国的一个缩影。

虽然劳资争议案件数逐年下降，但仍然高位运行，资本侵害劳动权益的问题仍然存在，在有的地方、有的方面还比较严重，主要表现在：一是建筑业等分散性、流动性较大的行业劳动合同签订率低。国家统计局发布《2011 年我国农民工调查监测报告》指出，2010 年我国近 6 成农民工没签劳动合同，从事建筑业的农民工没有签订劳动合同的比例最高，占 73.6%，而建筑施工企业占拖欠农民工工资案件的 70%。[②] 二是劳动报酬增长缓慢，劳动收入分配过少。2009 年全总的一项专项调研显示，23.4% 的职工 5 年间未增加工资。2008 年全国城镇私营企业职工月均工资 1423 元，其中尤以农民工居多，而全国职工月均工资 2436 元，前者仅相当于后者的 58.4%。三是劳动时间过长，加班费不足。这项专项调研还显示，私营企业人均周工作 53.16 小时，远远超过国家规定的 40 小时标准。37.6% 的职工领不到或未能足额领到加班费。四是社会保障覆盖率低。对职工应享受的劳动保险往往大打折扣，许多公司只为中层管理人员、技术人员、销售人员等核心层人员办理，把企业缴纳社会保险的责任当作对职工的"奖赏"。养老、医疗保险参保率仅为 62% 和 60%。农民工的参保水平更低，参加养老、医疗保险的不足 20% 和 31%。许多劳务工的社保缴费基数低于工资水平，甚至按最

---

① 参见李坤刚《个别劳动争议的现状及其处理》，载常凯、乔健《中国劳动关系报告——当代中国劳动关系的特点和趋向》，中国劳动社会保障出版社 2009 年版，第 155—170 页。

② 参见邱玥《减少讨薪：先对恶意欠薪说"不"》，《光明日报》2012 年 12 月 26 日第 10 版。

低工资标准计算。① 五是劳动安全和卫生条件差。2007 年曝光的山西省洪洞县"黑砖窑"事件和 2009 年曝光的张海超"开胸验肺"事件都从一个侧面反映出,一些非公有制企业无视工人的健康和人身权利,其恶劣程度令人震惊。

四 在维权方式中群体性行动增多

有些集体劳动争议没有通过正式渠道申诉,而以群体性行动的方式反映出来,在 2007—2010 年表现得尤为突出,这段时期由集体劳动争议引致的群体性行动有以下特点。

(一)呈现出集中爆发势头

与以往相比,从 2007 年到 2010 年,特别是 2010 年上半年,劳资群体性事件发生的频率明显增加,如 2007 年的广东省深圳盐田港工人罢工事件,2008 年重庆出租车司机"罢运"事件、东方航空公司"集体返航"事件,2009 年吉林"通钢事件",2010 年 1 月苏州大金机电设备公司发生罢工事件、5 月广州佛山本田零部件工厂发生罢工事件、5 月大连开发区工人罢工事件、6 月丰田天津厂发生罢工事件、10 月石家庄出租车大罢工,等等。仅 2010 年 5 月 25 日到 7 月 12 日,广东因员工要求加薪而引发的停工事件就发生了 36 宗,涉及 600 多人。②

(二)涉及劳动者人数多,组织化程度比较高

在这几年的劳资群体性事件中,涉及的劳动者人数大幅上升,少则数百人,多则成千甚至上万人。如 2007 年广东省深圳盐田港工人罢工事件参与者有 300 多人,2008 年重庆出租车司机"罢运"事件参与者有 8000 多人,2009 年吉林"通钢事件"参与者达到万余人,2010 年大连开发区工人罢工事件有 73 家企业近 7 万名工人参与。这些劳资群体性事件参与人数多,规模大,但行动一致,并且最终与资方达成集体协议,这说明工人的自组织化程度有了较大提高。

(三)行动方式多样,有的个案对抗程度激烈

在这些劳资群体性事件中,多采取"停工"、"集体散步"、"集体喝

---

① 参见《张世平委员代表全国总工会发言时呼吁:坚持社会公平正义,保障职工收入分配权益》,《人民政协报》2010 年 3 月 10 日第 C01 版。

② 参见刘茜、尚玲、李静《广东省政府称两月发生停工事件 36 宗,多因要求加薪》,《南方日报》2010 年 7 月 15 日。

茶"等比较温和的形式，也有少数事件发生了抢砸设备、与警察发生冲突甚至造成人员伤亡等激烈对抗。2009 年 8 月 11 日，河南省濮阳林州钢铁有限责任公司发生工人大规模围堵事件，淮阳市国资委副主任被工人软禁长达90 个小时；2009 年 7 月 24 日，民营企业建龙集团重组通化钢铁集团遭到职工反对，委派的总经理陈国军因与职工言语不和，被围殴致死，震惊全国。

五　工会组建工作取得历史性突破

进入 2004 年，工会领域就曝出一起震动全国的案件。北京一家中日合资企业的工会主席唐晓冬，因举报公司生活用水问题被公司开除。经过两年多先仲裁、后诉讼的艰难过程，2007 年 3 月唐晓冬终于赢得胜诉：撤销公司解除同唐晓冬劳动合同的决定，双方继续履行劳动关系；公司给付唐晓冬工资收入性损失 66863.32 元。在《工会法》出台 3 年后，还出现工会主席被违法开除的事情，可见工会工作受到的挑战依然严峻；唐晓冬胜诉，更表明工会工作在《工会法》的支持下，迎来了新的局面、新的气象。

2003 年底，非公有制企业工会约 80 万个，入会率三成；到 2010 年底，非公有制企业已组建工会 126.2 万个，会员 13798.6 万人[①]，入会率达到八成。这个成绩来之不易，它是在以《工会法》为后盾，中华全国总工会积极推动、地方政府大力支持、工人主动维权的群策群力下，克服重重阻力取得的。

（一）自下而上组建工会

这种方式是在原本没有工会的民营企业里，由职工自发申请、得到上级认可组建工会的方式。此方式最初产生于山东烟台澳利威公司。2005 年 10 月初，丹麦澳利威公司在山东省烟台成立。成立一年多来，该公司不与工人签订书面合同和缴纳社会保险，随意辞退工人，强迫工人超额加班加点，屡次拒绝工人成立工会的合法正当要求。2006 年 10 月，该公司剥夺了工人国庆节三天法定节日，令工人群情激奋，10 月 8 日工人举行了要求成立工会的罢工，打出了"成立工会，依法罢工！"的横幅。罢工的工人多次联系福山区总工会、烟台市总工会，但都不能迫使澳利威公司成立工会，他们便与中华全国总工会取得联系，得到了全总的支持。10 月 20 日晚上六点半，烟台澳利威工会成立。

① 参见中华全国总工会研究室《2010 年工会组织和工会工作发展状况统计公报》，《中国工运》2011 年第 8 期。

（二）依法施压促使企业组建工会

这种方式依据《工会法》教育引导，使企业协助、支持工会组建。这是多数民营企业工会组建采取的方式，最典型的例子是沃尔玛工会组建。2006 年 8 月，沃尔玛公司在晋江店成立了第一个工会，标志着在华外企组建工会迈出了重要一步。在此之前，世界 500 强之一的沃尔玛在全球 16 个国家和地区开设了 6500 多家分店，雇员总数超过 160 万人，却从未组建一个工会组织。沃尔玛公司在 1995 年进入中国市场，已在全国开办了 61 家商场，员工超过 2.3 万人。自 2004 年以来，全总在建立工会问题上不断对沃尔玛表明态度，指出不建工会违反了《工会法》，有可能提出起诉。为了更顺利地在中国这个全球经济增长最快的市场上发展，在全球 16 个国家和地区都拒建工会的沃尔玛，这一次妥协了。截至 2006 年 9 月，全国 30 个城市中的 62 家沃尔玛分店全部建立工会组织，共发展会员 6000 多名。①

（三）自上而下组建工会

这种方式是市、区总工会按照《工会法》的规定，向符合组建工会条件的民营企业直接派出工作人员组织民营企业工会组建工作。此种方式最早应用于深圳的富士康集团公司，其后在民营企业组建工会中被广泛采用。

台资企业富士康科技集团公司 1988 年投资祖国大陆市场以来，迅速发展壮大，成为拥有百余万员工、全球最大的电子制造商。深圳富士康员工有 42 万名之众，占深圳职工总人数的 1/20，厂区所在的龙华镇几乎就是一座"富士康城"，但公司一直以来都拒绝成立工会。2006 年，深圳总工会将其确定为 30 家重点外资企业建会目标之一，并与富士康多次磋商，达成了年内建立工会的共识。2006 年 12 月 30 日，深圳总工会到富士康员工聚居地举办《工会法》宣传活动，现场发放工会会员证，有 118 位员工填表加入了工会。根据《工会法》，企业成立工会只要有 25 名以上员工自愿加入即可，并不需要企业行政方面的同意。这样，在 2006 年最后一天，富士康工会现场宣告成立，深圳总工会派出工作人员出任富士康工会主席。2007 年 3 月 25 日，在深圳市总工会的全力支持和指导下，由 71 名工会会员代表选举产生了富士康集团工会联合会第一届委员会和经费审查委员会，至此市总工会组建富士康科技集团工会委员会的工作任务已告完成，富士康工会工作交由新成立的工会联合会负责。

---

① 参见闫妍《中国 62 家沃尔玛分店全部建立工会　会员达 6000 余名》，http://news. sina. com. cn/o/2006－10－12/141110218061s. html。

（四）创新形式组建工会

针对就业形式多样、多变的特点，各地工会积极探索，形成了灵活多样的组建方式。一是楼宇工会，以一栋写字楼或商务楼为单位，面向楼宇内众多的跨企业、跨行业的商贸企业职工组建工会；二是一条街工会，组织一条街内个体工商户雇工组建工会；三是工程项目部工会，以某一较大工程为载体，以进城务工人员为主体来组建工会；四是商贸市场工会，在以出租摊位为主的商贸市场建立工会，由若干摊位建立工会小组，工会委员会办公地点设在出租摊位的企业；五是区域性行业工会，由行业内企业工会组成，工会委员会由各企业工会选举产生；六是社区工会，帮助社区（本村）内的小微企业建立工会委员会或工会小组，吸纳当地的零散工、非正式就业人员加入工会；七是源头建会，针对农民工流动性大、不易管理的特点，在劳务市场或劳务输出地建立工会，采取集体登记入会、开设农民工入会窗口等多种形式，方便农民工快捷地加入工会，并实行会员关系随劳动关系转移的制度。

这个时期非公有制企业工会组建工作取得了较大进展，但一些地方政府不支持、企业经营者不配合、职工不热心的情况依然存在。加之非公有制中小企业数量多、规模小、分布广，职工流动性大，工会组建率还比较低，不足 50%，特别是农民工入会率低。第 8 次全国私营企业抽样调查的数据显示，2009 年已有工会组织的私营企业仅占 38.6%。[①] 截至 2009 年 10 月，我国有农民工 2 亿多人，加入工会的不到 1/3。[②] 另外，劳务派遣工的工会组织不落实的问题还比较突出，劳务派遣公司作为用人单位因人员分散和管理上"够不着"，即使成立工会也流于形式；用工单位因劳务派遣工没有与本单位建立劳动关系而难以或者不愿意吸收他们入会，致使劳务派遣工大多游离于工会组织之外。

六　工资集体协商取得实质性推进

在科学发展观指导下，2005 年"十一五"规划首次将三方协调机制构建纳入到国家经济和社会发展总体布局中。2006 年底，全国共建立各级三

---

① 参见中国民（私）营经济研究会《第八次全国私营企业抽样调查数据分析综合报告》，《中华工商时报》2009 年 3 月 26 日第 2 版。

② 参见常红、高星、张海燕《非公企业工会组建困难农民工入会率不足 1/3》，http：//www.npc.gov.cn/npc/zfjc/ghfzfjc/2009 - 10/31/content_ 1524992.html。

方协调机制 8030 个，其中，除省级已全部建立外，市级已建 268 个，达 82.17%，县级 1970 个，达 70.8%。[1] 2010 年 5 月，人力资源和社会保障部发布《关于深入推进集体合同制度实施彩虹计划的通知》："我国计划从 2010 年到 2012 年，力争用 3 年时间基本在各类已建工会的企业实行集体合同制度。对未建工会的小企业，通过签订区域性、行业性集体合同努力提高覆盖比例。最终使得集体协商机制逐步完善，集体合同的实效性明显增强。" 2010 年 7 月，中华全国总工会十五届四次执委会议上，王兆国同志在代表党中央发表的重要讲话中提出了"两个普遍"——依法推动企业普遍建立工会组织，依法推动企业普遍开展工资集体协商，要求从 2011 年起用 3 年时间，全国企业法人建会率达到 90% 以上，已建工会组织的企业 80% 以上建立工资集体协商制度。在政府和工会的共同推动下，截至 2010 年 9 月，全国共建立各级三方协调机制 1.7 万个，其中地市级 314 个，县级 2593 个，数量有了大幅提升，初步形成了多层次的三方协调机制组织体系。我国还建立了具有中国特色的工会与政府的联席（联系）会议制度，仅 2010 年县及县级以上地方工会与同级政府召开联席会议的共计 2096 次。[2]

在产业集群、中小企业、劳动密集型企业相对集中的地区和行业，各地区域性、行业性工资集体协商进行了富有成效的探索。如深圳市结合产业结构特点，分门别类地签订了两种集体合同——1998 年龙岗区布吉镇坂田村签订了区域性集体合同，2000 年该区坪地镇皮革行业签订了深圳市的第一份行业集体合同；江苏省自 2001 年以来在推行集体协商和集体合同实践的基础上，积极推动集体合同、劳动合同、工资支付、劳动保障监察 4 个条例的立法工作；2003 年浙江省上虞市崧厦镇伞业行业和温岭市新河镇羊毛衫行业建立了行业工资集体协商机制；江苏宜兴市积极破解小企业开展工资集体协商难的问题，2005 年以来在陶瓷、茶叶加工等 33 个行业层面开展了工资集体协商，2010 年已覆盖全市企业数的 95% 以上。2007 年底，全国签订工资专项集体合同 34.3 万份，覆盖企业 62.2 万个，覆盖职工 3968.6 万人[3]；而到 2010 年 9 月，全国签订工资专项集体合同 60.8 万份，覆盖企业

① 参见赵小仕《转轨期中国劳动关系调节机制研究》，经济科学出版社 2009 年版，第 242 页。

② 参见吕国泉、李嘉娜《发展和谐劳动关系的挑战与进路》，《中国劳动关系学院学报》2011 年第 12 期。

③ 参见全国总工会研究室《2007 年工会组织和工会工作发展状况统计公报》，《工运研究》2008 年第 6 期。

111.6 万个，覆盖职工 7565.7 万人①。

实践证明，工资专项集体合同对于改善劳动环境，特别是提高工资水平很显著，"2008 年，经行业集体协商所覆盖的企业职工工资平均年增长10％，有的达到 20％以上"②。据全国总工会研究室 2010 年对千家企业万名职工的调查，2010 年 6 月企业职工月收入比 2009 年同期增长 14.3％。③

第五节　劳资关系走向和谐阶段
（2011 年初至今）

2011 年 2 月，中央党校省部级主要领导干部社会管理及其创新问题研讨班，把构建和谐劳动关系作为一项重要的研讨内容。同年 3 月，十一届全国人大五次会议审查批准的"十二五"规划纲要提出，要"努力实现居民收入增长和经济发展同步，劳动报酬增长和劳动生产率同步"，并首次专门设立"构建和谐劳动关系"一节。近几年来，党中央提出和实施了一系列扭转劳资关系失衡状况的政策、法规和措施，劳资关系有了很大的改善，整体上呈现出向着和谐方向发展的态势。

一　劳动立法和执法水平大幅提升

2011 年以来，我国在短时间内高密集度地颁布实施了一系列重要的劳动法律法规，具有很强的现实针对性，可操作性大为提高，堪称劳动保障领域法制建设的里程碑，它们传达出党和国家尊重劳动、尊重劳动者、发展和谐劳动关系的坚定决心和行动魄力。在这一系列劳动法律法规的规范下，劳动者权益保障情况有了明显改善。

（一）加大了社会保险的立法执法水平

2011 年 1 月 1 日，国务院出台了新修订的《工伤保险条令》，扩大了工伤认定的范围，增加了工伤保险基金支出项目，减轻了企业负担，更有利于保障职工权益。各省市依据该条令，纷纷出台了工伤保险条例具体实施细则，进一步增强了条令的可操作性。2011 年 7 月 1 日，《社会保险法》施

---

①　参见吕国泉、李嘉娜《发展和谐劳动关系的挑战与进路》，《中国劳动关系学院学报》2011 年第 12 期。

②　王丕成：《集体协商制——责任与权利的平衡》，《人力资源》2010 年第 4 期。

③　参见吕国泉《构建和谐劳动关系的路径选择》，《思想政治工作研究》2011 年第 5 期。

行，使维护公民参加社会保险和享受社会保险待遇的合法权益从法规层面上升到法律层面。新《工伤保险条令》和《社会保险法》的颁布实施，提高了企业和职工依法参保的意识，参保率有明显提升。据一份对6省市抽选的约3000名企业职工所做的专项调查数据，2012年与2010年相比，城镇基本养老保险、基本医疗保险、失业保险、工伤保险、生育保险的参保率均提高了3—4个百分点，分别达到了92.6%、92.3%、91.4%、86.9%和72.7%。[①]

（二）加大了对欠薪的立法执法水平

2011年5月1日，《中华人民共和国刑法修正案》首次将欠薪逃匿列罪，罪名为"拒不支付劳动报酬罪"，最高可判7年。"从该法案正式生效至2012年11月，全国各地法院受理的此类刑事案件数量为110多件。"[②] 2011年、2012年、2013年，被拖欠工资的农民工人数占全国农民工的比重分别为0.8%、0.5%、0.8%[③]，从2010年的1.4%下降到1%以内。

（三）加大了对劳动安全的立法执法水平

2011年12月31日，新修订的《职业病防治法》施行，扩大了职业病保护范围，增强职业病诊断的操作性。2012年4月28日，国务院颁行《女职工劳动保护特别规定》，细化了用人单位的法律责任，增加了对女职工精神和心理方面的保护条款，明确了女职工禁忌从事的劳动范围、用人单位参加生育保险与否的差别待遇、政府相关部门对用人单位监督检查及处罚的责任，引导和鼓励更多的用人单位参加生育保险，全面提升了女职工劳动保护水平。各地也因地制宜出台了劳动保护规定，如山东省、广东省、重庆市分别于2011年7月、2012年3月、2014年3月颁布实施本地区《高温天气劳动保护办法》，并加大对辖区内的用人单位进行全面检查，将建筑施工、交通运输、环境卫生、加工制造等行业作为重点检查对象，将高温津贴支付情况、清凉饮料发放情况、工作时间安排情况作为重点检查内容，对发现的违法行为依法责令改正，逾期未改正的单位处以罚款。

（四）加大了对劳动契约的立法执法水平

2011年11月30日，人力资源和社会保障部公布了《企业劳动争议协

---

① 参见白天亮、郝静《社保法实施两年：参保率明显提升，小微企业压力大》，《人民日报》2013年7月3日。

② 邱玥：《减少讨薪：先对恶意欠薪说"不"》，《光明日报》2012年12月26日第10版。

③ 参见刘文宁《一条欠薪比重曲线背后的艰辛治理》，《工人日报》2014年6月26日第3版。

商调解规定》，2012 年 1 月 1 日起实施。该规定旨在将劳资纠纷更多地引导到协商和调解的路径上来，构筑劳动争议处理的第一道防线。2012 年 12 月 28 日，《劳动合同法》修订案正式公布，2013 年 7 月 1 日起实施。该修正案提高了劳务派遣公司的设立门槛，强化劳务派遣用工与本企业用工同工同酬，设置了劳务派遣适用岗位限制，进一步规范企业用工行为，保护劳务派遣人员的权益。2013 年 1 月 31 日，最高人民法院颁布了《关于审理劳动争议案件适用法律若干问题的解释（四）》，2 月 1 日起施行，进一步顺裁审衔接机制中不相适应的问题，对竞业限制、经济补偿、工龄计算、中级人民法院审理撤销终局裁决案件的程序等问题作了详细规定。到 2013 年底，基层调解组织组建率达 60%，地市级和县级仲裁院建院率分别达到 81% 和 71%，仲裁结案率保持在 90% 以上。[①]

二　集体协商显著推进但仍需加强

与以往相比，全社会对工资集体协商的重视程度明显增强，初步形成了党政主导、三方协作、工会力推、企业和职工积极参与的集体协商工作格局。

（一）各级工会积极争取将集体协商工作纳入经济社会发展规划和总体布局

2011 年 1 月 18 日，中华全国总工会颁布了《2011—2013 年深入推进工资集体协商工作规划》，计划"到 2013 年底，已建工会组织的企业 80% 以上建立工资集体协商制度，基本实现已建工会企业普遍开展工资集体协商，其中实现世界 500 强在华企业全部建立工资集体协商制度。在提高工资集体协商制度覆盖面的同时，不断增强工作的实效性"。不少地方工会把集体协商作为重点工作来抓，列为"一把手"工程，建立激励机制，加大人、财、物投入力度。

（二）各级地方政府加强源头参与，推动完善集体协商制度

到 2014 年 11 月，已有 28 个省（区、市）出台了集体协商地方性法规或政府规章，11 个省（区、市）颁布了工资集体协商条例。2015 年 1 月 1 日，山西省人大常委会颁布施行《企业工资集体协商条例》，规定劳资双方一般每年都应当就职工工资、津贴补贴等标准和支付方式等开展集体协商并

---

① 《人力资源社会保障部介绍 2013 年工作及下一步安排》，http：//politics.people.cn/n/2014/0124/c70731 - 24220733.html。

签订工资集体合同；2015 年 1 月 28 日，广东省人大常委会公布《广东省企业集体合同条例》，其最大亮点是新增了工资集体协商条款——半数以上职工提请可提出集体协商，包括可提出工资增长的协商要求。

（三）建立专家队伍，为集体协商提供人才支撑

针对工资集体协商工作中存在的基层协商力量薄弱、工会干部协商能力不强等问题，各级总工会加强"谈判专家"队伍建设。从 2011 年初开始，北京市总工会每年投资 380 万元，组建一支 100 人的市级工资集体协商专职指导员队伍。2014 年 5 月 4 日，中华全国总工会颁布《中华全国总工会法律人才队伍建设三年规划（2014—2016 年）》，计划到 2016 年底全国各级总工会具有法律职业资格的人员不少于 1000 名。随后，各省市总工会也相继制定了法律人才队伍建设三年规划。

在宣传和实践的推动下，"调整工资要协商"、"化解劳动关系矛盾靠协商"的社会认知度和认同度越来越高，越来越多的企业习惯于借助集体协商依法化解劳动关系矛盾，越来越多的职工善于通过集体协商依法理性表达合理利益诉求。截至 2013 年底，全国共签订集体合同 242 万份、覆盖企业632.9 万家、覆盖职工 2.87 亿人；签订工资专项集体合同 129.8 万份、覆盖企业 364.4 万家、覆盖职工 1.64 亿人，已建工会企业 80% 以上、世界500 强在华企业建立了工资集体协商制度[1]，实现了既定目标。与 2010 年相比，全国签订集体合同和工资专项集体合同数量分别增长了 72%、113.3%。[2]

能够让劳资双方坐下来谈一谈，是一个不小的进步。搭台不易，唱戏更难。目前劳资平等对话机制还没有完全建立起来，工资集体协商形式化问题还比较多。有的地方劳动合同趋同度高，不少是摘抄法律条文的制式文书，行业和工种的特殊性体现不足。这种制式的劳动集体合同不是劳资平等对话的结果，政府行政干预较强，职工只有签字的义务，没有发言的权利，不能够充分保障职工权益。企业工资集体协商的成败还主要取决于企业态度，还有大量规模较小的企业游离于工资集体协商制度之外，职工不敢和企业对话、企业不愿和职工对话、工会不会代表职工和企业对话的问题还比较普遍。

---

① 《依法开展集体协商促进劳动关系和谐发展》，《人民日报》2014 年 11 月 19 日第 13 版。

② 参见《"量质齐增"打造工资集体协商"升级版"》，《工人日报》2014 年 10 月 28 日第6 版。

三 劳资争议出现新的矛盾和纠纷

继 2009 年、2010 年、2011 年劳动争议案件连续下降后，2012 年又有所上升，达到 641202 件，高于 2010 年的 600865 件。① 2014 年 12 月 24 日中国社会科学院发布的《社会蓝皮书：2015 年中国社会形势分析与预测》指出，劳动争议"领跑"社会矛盾冲突"排行榜"。前三个季度，劳动争议案件 52.2 万件，涉及劳动者 72.1 万人，同比分别增长 5.6% 和 11.1%，共审结 48.7 万件，同比增长 3.7%。1000 人以上的群体性劳动争议事件发生了 52 起。② 在这些劳动争议中，九成是劳资争议。据 2013 年北京市海淀区人民法院劳动争议庭统计数据，"涉案用人单位中私营企业、外资企业及个体工商户占受理案件总数的 92%"③。据中华全国总工会统计，2012 年 1—8 月，全国共发生围绕工资纠纷的规模在百人以上的集体停工事件 120 多起，发生在 19 个省、规模在 30 人以上的 270 多起。④ 2014 年 3 月后，就发生了 IBM 公司深圳工厂罢工、百事可乐在中国的大部分瓶装厂罢工、常德沃尔玛罢工、东莞裕元鞋厂罢工等多起规模较大的群体性劳资冲突。这些数据表明，当前劳资争议进入一个新的多发高发阶段。劳资争议出现了许多新燃点，推高了劳动争议数量。

（一）企业"关、停、并、转、迁"等变动引发职工利益问题逐渐增多

2010 年之后，因"欧债危机"导致欧盟市场需求下滑、国内劳动力成本上涨等原因，沿海大批加工制造企业停工、搬迁或倒闭，由此引发的劳动合同变更、裁员、经济赔偿、拖欠克扣工资等问题成为劳资纠纷的一个新的诱因。2012 年，上海闵行区群体性劳资纠纷案件总量同期下降了 30.9%，但因生产经营调整发生的群体性劳资纠纷达 29 起，占比 62%，呈明显上升势头。⑤ 2013 年，此类事件占广东省劳资纠纷事件总数 12%，2014 年 1—5

---

① 参见国家统计局人口和就业统计司、劳动和社会保障部规划财务司《中国劳动统计年鉴》，中国统计出版社 2013 年版，第 349 页。

② 参见张子扬《社科院报告：劳动争议"领跑"社会矛盾冲突"排行榜"》，http://www.chinanews.com/gn/2014/12-24/6908824.html。

③ 李盛荣：《对劳资诚信危机的感受与思考》，《法律与生活》2013 年第 5 期（上）。

④ 参见常红《社会蓝皮书显示我国每年群体性事件达数万起》，http://news.youth.cn/gn/201212/t20121218_2725195.html。

⑤ 参见钱培坚《上海闵行区总健全劳资矛盾预警防控体系：企业涉及重大劳动力调整方案须"三方联合会审"》，《工人日报》2013 年 12 月 2 日第 1 版。

月，比例上升至 17%。① 2014 年发生的 IBM 公司深圳工厂罢工，是千余职工不满转入联想后的工作待遇而引发；百事可乐在中国的大部分瓶装厂罢工，也是大多数职工对百事中国与康师傅股权置换后单方面安排职工去向不满而引发的。

（二）跳槽引发的劳资纠纷增多

为了更好地发展或提升工资薪酬，选择春节后跳槽成了一些年轻人，特别是"80 后"的就业首选，而且有逐年增长的趋势，猎头公司在其中推波助澜。2014 年，北京二中院审理的春节后跳槽引发的劳动争议案件数量占了全部劳动争议案件数量的 9%。在跳槽中，劳动者主张的权利主要集中在未签劳动合同索要双倍工资、未休年休假工资、加班费、年终奖等方面；用人单位主张的权利主要集中在劳动者离职没有提前通知，或未遵守竞业限制，而要求劳动者赔偿损失。有近八成劳动者离职前没有和单位沟通，擅自旷工，扔下尚未完成的工作，也给用人单位造成了损失。②

（三）劳动者过度诉讼和恶意诉讼案件增多

不少法院反映，近年来，在劳动争议案件中，"恶意诉讼"和"黑代理"现象频生。③ 部分劳动者维权意识过强，甚至恶意诉讼，成为劳动争议案件增长的源头之一。由于劳动纠纷仲裁和劳动争议诉讼的成本大大降低，部分劳动者存在"买彩票"式的侥幸心理，抱团诉讼、跟风诉讼呈多发态势，一旦与企业发生矛盾纠纷，不论企业是否存在违法行为、个人合法权益是否受到真实侵害，均选择进入仲裁或诉讼程序，期望以小博大。还有一些不法分子利用个体工商户、小微企业在用工中不签订劳动合同、现金支付工资等问题，通过欺诈手段骗取用人单位"工资证明"，继而起诉要求支付双倍工资。此类案件往往因为起诉方证据充足，用人单位很难胜诉，屡屡被其得手。还有一些劳动者当事人委托代理人参与仲裁及诉讼活动，这些代理人鱼龙混杂，为获取案源而挑动当事人提起诉讼，对当事人做出不切实际的承诺，人为制造劳资矛盾，而一旦败诉，往往会将矛盾集中到承办法官身上，造成信访隐患。

除了上述新燃点，旧燃点仍然存在。2015 年 2 月 2 日，在《劳动法》实施 20 周年之际，中华全国总工会通报了 2014 年度我国劳动关系领域十起

① 参见刘进《劳资双方都应学习对话协商的艺术》，《南方日报》2014 年 6 月 19 日 A05 版。
② 参见安然《春节后跳槽引发全年一成劳动争议案》，《北京晚报》2015 年 1 月 29 日。
③ 参见余宁《鄞州：用心撑起劳资和谐的蓝天》，《人民法院报》2013 年 5 月 13 日第 5 版。

具有典型意义的违法案件和劳动事件，分别是：

（1）浙江新东方烹饪学校侵犯女性平等就业权；

（2）深圳可立克科技股份有限公司、德林克电子有限公司非法使用童工；

（3）安徽青山水电设备安装公司拒绝与劳动者签订书面劳动合同；

（4）四川遂宁四坚建筑装饰工程公司要求员工签订不平等承诺书；

（5）福建畅丰车桥制造有限公司违反最低工资标准的规定；

（6）陕西省宜君县讨薪农民工被殴打；

（7）江苏昆山中荣金属制品有限公司发生重大安全生产责任事故；

（8）江苏鹏越电子科技有限公司辞退怀孕女工；

（9）黑龙江哈尔滨百事可乐有限公司违法解除工会主席劳动合同；

（10）广东东莞裕元鞋厂少缴社会保险费。①

这十起事件反映出一些常见的侵害职工劳动权益的问题，如侵害女职工劳动权益、非法使用童工、违反《劳动合同法》、《安全生产法》、《社会保险法》、《工会法》等。有的事件性质非常恶劣，对职工造成人身权利的伤害，气焰非常嚣张。通报这十起事件表明，工会在维护职工合法权益上越来越硬气；同时也表明，公然违反劳动法律、侵害职工合法权益的案件事件还大量存在，构建和谐劳资关系依然任重而道远。

本 章 结 论

改革开放后，劳资关系伴随着计划经济体制向市场经济体制转型，从无到有发展起来，并且成为我国劳动关系的主体。劳资关系的形成和发展历程，和经济体制改革一样，是一个波澜壮阔的历史过程，有新旧思想的交锋，有曲折中前进，有兴利除弊的激流勇进。在30多年时间里，劳资关系经历了初步形成、规范整顿、矛盾积累、加大规范、走向和谐五个发展阶段，历史脉络清晰，既展示出劳资关系形成和发展的一般特点和规律，更展现出独具中国特色的劳资关系形成和发展的特点和规律。

第一，劳资关系形成和发展过程围绕着三个问题展开：一是劳资关系该不该有；二是劳资关系该不该管；三是劳资关系该怎样管。第一、二个阶段

---

① 黎萌：《〈劳动法〉实施20周年全总通报十起典型违法案件》，http：//legal. people. com. cn/n/2015/0202/c188502－26492360. html。

围绕着第一个问题展开，第三个阶段围绕着第二个问题展开，第四、五个阶段围绕着第三个问题展开。30多年所取得的令世界瞩目的发展成就回答了第一个问题——劳资关系是工业化发展不可缺少的社会关系；用工乱象、劳动权益受损、劳资争议高发、贫富差距过大、内需不振等问题回答了第二个问题——劳资关系是天生不平等的劳动关系，国家在劳资关系中没有所谓的中立立场，放而不管就是纵容资本，劳资关系必须受到必要的国家干预。第三个问题已经破题，并取得了一定的进展，但还有许多问题需要研究，还有许多工作需要推进。

第二，劳资关系在短短的30多年时间里，经历了五个发展阶段，完成了一个否定之否定过程——从合作开始，经过曲折中前进，逐步走向和谐。这样一个独特的发展过程表明，我国劳资关系具有很强的合作倾向，这是不同于世界一般劳资关系的鲜明特征。这个特征具有深厚的历史、文化、经济、政治根源，为构建合作主义劳资关系奠定了坚实的基础。

第三，劳资关系形成和发展的过程，也是劳方、资方、国家三方发展、进步的过程。伴随着经济社会快速发展，劳动者文化程度、法制意识、社会保险意识、维权能力、经济实力有了较大提高；非公有制企业规模、技术层次、管理水平、经营者文化素质、依法经营意识、顾及劳动者诉求意识也有了明显提升；国家治理理念从加快发展向更加注重科学发展、和谐发展方向转变。构建合作主义劳资关系，是我国劳资关系发展的必然趋势。

第四章

劳资关系对当代中国社会的影响

改革开放对中国社会的一个重大影响就是产生了曾被批判、被取缔的社会关系——劳资关系。劳资关系的形成和发展究竟给中国社会带来了什么，这是一个需要研究的重要问题。任何事物都是一把双刃剑，有利与弊两个方面。只有全面认识劳资关系对当代中国社会的有利影响和不利影响，才能兴利除弊，实现劳资关系良性发展。

第一节 劳资关系对当代中国社会的有利影响

在谈及非公有制企业的作用时，一般都是从"增加投资"、"增加供应"、"增加就业"、"增加税收"这几个方面来总结的。事实上，非公有制企业的价值远远不止这几个实用性的作用。从其所产生的一种新型的劳动关系——劳资关系来看，对于推动中国社会的现代化进程发挥了重要作用。

一 引入竞争机制给社会带来活力

在计划经济体制下，行政化的企业劳动关系的特点之一是否定自由选择和竞争机制，整个社会封闭而僵化。第一，企业和劳动者都没有选择的自由。企业没有自由选择劳动者的权利，劳动者也没有自由选择企业的权利，都只有接受国家对劳动分配的义务。企业要清退或开除劳动者，需层层上报，等待审批。劳动者一旦配置于某个行业、企业便沉淀下来，不管是否干得顺心、专业是否对口、兴趣是否对路，都基本上陷入"锁定状态"。调动工作要得到相关政府管理部门的批准，手续多，是一件非常困难的事情。第二，劳动者有着严格的身份限制。城乡劳动者有户口差别，城镇干部由人事部门管理，工人由劳动部门管理，城乡之间、干部和工人之间如同隔着一条深深的沟壑一般，有着难以逾越的身份界限。农村人除了参军、考学，是很难改变身份的。不仅城乡劳动者之间不能自由流动，城市中不同企业间的劳动者也不能自由流动。干部或工人的身份确定后，一般是终身的；工人转干是非常困难的。第三，平均主义和论资排辈之风盛行。工分、工资由行政部门统一规定，干好干坏一个样，干多干少一个样，调级论年头，调资齐步走。在这样的劳动管理制度下，混日子、熬年头的人不在少数。

劳资关系是一种自由的、双向的选择关系。当然，由于劳资在经济地位、组织程度、数量上的差距，企业选择的自由度远大于劳动者，但劳动者也拥有一定的选择权。劳动者可以选择城市、职业和企业，自由度远大于计划经济体制下的劳动者。选择与被选择，意味着竞争——企业为争夺优质劳动者而竞争，劳动者为争夺良好工作岗位而竞争，企业和劳动者争夺新价值分配份额而竞争。在竞争中胜出者往往是最有实力者，这就激励着企业不断完善管理，激励着劳动者不断提高自身能力。不论出身和身份，人人都有机会通过自己的努力改变境遇，给中国社会带来了生机活力。从劳动者来看，如果不努力学习科学文化知识，不提高自身能力素质，轻则收入较低，重则失业，因而不能不注重人力资本投资。美国学者西奥多·舒尔茨指出："通过向自身投资，人民能够扩大他们得以进行选择的范围。这是自由人可以用来增进自身福利的一条道路。"① 虽然马克思认为劳动者在市场中只是获得了形式上的自由，但他也肯定这种形式上的自由有助于促进劳动者素质的提升。他指出："就单个的、现实的人格来说，在这种情况下，工人有选择和任意行动的广阔余地，因而有形式上的自由的广阔余地。"② "由于货币是工人交换的产物，所以一般财富会作为幻想激励着工人，使工人有产业进取精神。"③ 劳动者实力增强，增加了与资本较量的分量。从资本主义发展历程来看，企业对劳动者的剥削从获取绝对剩余价值到获取相对剩余价值，从计件工资到企业年金再到股权激励，从劳资对抗到集体协商，每一步都使企业管理更加文明。而推动企业管理文明进步的动力既有企业与企业争夺优质劳动者的竞争压力，也有劳动者人力资本提升带来的竞争压力。

从我国情况来看，改革开放以来，人们对教育更加重视，这其中有重视教育的传统、经济水平提高、父母对独生子女期望值高等原因，市场经济竞

---

① 参见［美］西奥多·W.舒尔茨《论人力资本投资》，吴珠华等译，北京经济学院出版社1990年版，第2页。

② 《马克思恩格斯全集》第46卷（上），人民出版社1979年版，第462页。

③ 《马克思恩格斯全集》第30卷，人民出版社1975年版，第250页。

争的压力也是一个重要的因素。工业社会生育率下降是规律，人口红利消失是迟早会出现的。由于农民工数量减少，劳动者素质提升，企业为留住职工而不得不提高工资待遇，主动改善劳资关系。2015年2月初，笔者访谈了武汉一家小制衣厂的一位员工，2009年他到广东一家制衣厂打工时住的是20多人的大宿舍，而现在住的是带空调的两人一间的宿舍。笔者来到武汉经济技术开发区的一家国内知名品牌制衣厂，看到宽敞明亮的制衣车间、整齐干净的宿舍区、员工食堂。该厂工会主席告诉笔者，他们每年春节前都派车将职工送到家。劳动境遇改善的原因是多方面的，有企业经营者素质提高、劳动法制更加完善严格等因素，其中企业之间的招工竞争、劳资之间博弈也是不可忽视的原因。

可见，劳资关系是一个不断发展变化的双边关系，它会随着资方和劳方的发展而不断调整自身、完善自身。劳资关系和世界上万事万物一样，具有自洽性和自我发展性。因此，促进劳资关系和谐的措施之一就是保持劳资之间充分的双向选择的自由，尊重市场机制，过分的国家干预是不可取的。

除了推动企业改善管理、劳动者提高素质外，自由竞争机制还打破了不可逾越的城乡界限、身份界限，优化了人力资源配置，有力地推动了政府机构改革。在市场上，不管从事什么工作，劳动者都是身份相同的雇佣劳动者，人事部和劳动部分立的状态作为计划经济体制的产物也就成为了历史，2008年3月，人事部、劳动和社会保障部合并为人力资源和社会保障部。

二　广泛刺激投资推进工业化进程

一个国家从农业社会向工业社会转变的时候，社会能够用于储蓄和投资的剩余很少，一般只占国民收入的5%，而要实现现代经济的起飞，这个比率要达到10%以上。在工业化发展初期，农业还是整个国民经济的基础，必然成为其他产业和整个社会的"贡献者"。由于农业承担着巨大的自然风险，吸纳劳动力、资本、技术的能力相对低下，其产值在国民经济中的比重具有不断下降的趋势，农业对工业支持的力度会随着工业的发展越来越小。十六届四中全会深刻地指出："综观一些工业化国家发展的历程，在工业化初始阶段，农业支持工业、为工业提供积累是带有普遍性的趋向；但在工业化达到相当程度以后，工业反哺农业、城市支持农村，实现工业与农业、城市与农村协调发展，也是带有普遍性的趋向。"[1] 但是，计划经济体制抑制

---

① 《十六大以来重要文献选编（中）》，中央文献出版社2011年版，第311页。

民间投资意愿，排斥海外投资，为了迅速建立较为完整的工业体系，不得不将农业剩余强制地转为工业积累，造成我国农业对工业的贡献程度极其巨大，时间极其漫长。据有关专家计算，1952—1978年，由于工农产品的不等价交换和税收，农业流入工业的资金为4852亿元，扣除财政返还农业部分，农业净流出资金3120亿元，相当于同一时期国有企业非农固定资产原值的73.2%。① 农业剩余大量外流，严重地削弱了农业发展的基础，导致农村发展长期滞后，农民生活极其困顿，降低了社会整体消费，也制约了工业化进程。实践证明，通过长期剥夺农业来实现工业化积累是行不通的。

工业积累应积极寻找农业之外的渠道，这就要求对内吸纳民间投资，对外要吸收海外投资。无论是民间投资还是海外投资，都是为着利润而来。对此，邓小平指出："我们欢迎外国来中国投资、设厂，这里面有剥削，但这只是作为社会主义经济的一种补充。西方有人认为我们放弃了基本立场和信仰，这不确实。马克思主义有很多新发展。马克思主义归根到底是要发展生产力，贫困不等于马克思主义。"② 邓小平认为，宁要贫穷不要剥削，不是马克思主义；允许剥削在一定范围内存在，是有利于社会主义发展的。实践证明，邓小平的认识和抉择是非常果敢而英明的。

我国民间投资的冲动和积累的能力是非常旺盛的。当家庭联产承包责任制让农民有了一点点积蓄，乡镇企业就异军突起，从1978年的152万个发展到2008年的1750万个，产值达到8815万元。③ 像安徽芜湖"傻子瓜子"的创办人年广九这样依靠技术、勤奋从个体工商户发展到企业家的创业者大量涌现，虽然私营企业在"姓资姓社"的质疑声中发展一度受到压抑，但是势头一直强劲，尤其是邓小平南方谈话后更是实现了飞跃式发展。投资为了利润，但有利润才会有积累，有积累经济才能起飞并逐步升级。私营企业的确存在剥削，但使社会财富聚集起来，迅速地解决了我国经济起飞时期的资金积累问题，推动经济快速发展起来。在社会主义初级阶段，物质财富还远未极大丰富，人们必然关心付出与回报的关系。私营企业主为了发家致富而甘冒风险、艰苦创业，其利润的确来源于剥削，但如果否定他们对于剩余

---

① 参见农业部农村经济研究中心《中国农村研究报告（1990—1998）》（上），中国财政经济出版社1999年版，第102页。

② 冷溶、汪作玲：《邓小平年谱（1975—1997）》（下），中央文献出版社2004年版，第791页。

③ 参见邹东涛、欧阳日辉《中国经济发展和体制改革报告 No.1：中国改革开放30年（1978—2008）》，社会科学文献出版社2008年版，第182页。

价值的索取权就会湮灭大多数人的奋斗精神。如果人人都甘于贫困，一个国家的经济起飞、工业化发展就无从谈起了。

从吸纳国外投资来看，中国丰富而低价的劳动力资源、广阔的市场容量对外资有着巨大的吸引力。巨额的外资填补了我国经济起飞时期的资金缺口，大大地缩短了我国工业自我积累的时间，成为推动我国经济发展的另一个主要引擎。中国已是世界上第一大出口国、第二大进口国，到 2012 年利用外资连续 20 年居于发展中国家首位。[①]

截至 2014 年 2 月底，我国共有私营企业 1274.79 万户，注册资本（金）40.51 万亿元；个体工商户 4480.18 万户，资金数额 2.49 万亿元；外商投资企业 44.6 万户，注册资本 12.56 万亿元。[②] 三者资金总额累计 55.56 万亿元，是 1952—1978 年农业净流出资金的 178 倍。工业经济实力增强，为反哺农业提供了物质基础。2006 年，绵延了两千年的农业税一朝免除，此后国家持续加大对农业的投资，保护农业可持续发展能力，到 2014 年粮食生产已实现"十一连增"，有力地推动了农业现代化进程，整个社会的工业化发展面貌焕然一新。

三　让亿万农民接受工业文明洗礼

由于没有受到工业文明的洗礼，农村延续着农业社会"多子多福"、"传宗接代"的生育观，加上相对和平的环境和城乡二元户籍制度的阻隔，1978 年农村人口已由 1949 年的 4.84 亿增加到 7.9 亿，农业劳动生产率不断下降，几乎难以为继，农村赤贫人口达到 2.5 亿。城乡差距悬殊，1978 年城乡居民收入差距为 3 倍，如果考虑到城市职工独享的教育、交通等福利，城乡差距在 8 倍左右，远远超过世界平均城乡差距 1.5 倍的水平。城乡二元户籍制度使工业化和城镇化严重脱节，农村人口为工业化输送了大量农业剩余，却被排斥在工业文明和城市文明之外，生活困顿、教育落后、文化匮乏。而农村人几乎没有机会通过自身努力改变贫穷落后的命运，这对他们是多么的不公平！农民是计划经济体制最大的受害者，因而他们是改革开放最坚定的拥护者。中国劳资关系从一开始就得到农民工的坚定支持，庞大的农

① 参见刘育英《回良玉：中国利用外资连续 20 年居发展中国家首位》，http：//www.chinanews.com/gn/2012/06 - 07/3947218.html。

② 参见鞠闻《2014 年 2 月全国市场主体发展报告展示：全国市场主体数量稳步增长》，《中国工商报》2014 年 3 月 11 日第 1 版。

民工是劳方队伍中合作意愿最强的群体，使中国劳资关系具有很强的合作性。

市场是天生的平等派，产生于市场的劳资关系给了农民打破身份壁垒、平等就业的机会。改革开放后，城乡二元户籍制度的"闸门"慢慢开启，但长期城乡隔离所带来的对农村人的歧视、排斥很难一时消除，他们被作为"盲流"、城市治安威胁者加以防范。由于农村条件差，农民文化、技能相对低下，就业困难。更何况，当他们外出打工时，首先遇上了知识青年"回城潮"。"据统计，'文革'中上山下乡的知青总共有 1700 万人，这样的人口大迁移在现代国家中很少见。"① 大量返乡知识青年等待就业。紧接着，公有制企业"下岗潮"又扑面而来，6000 多万人下岗，公有制企业数目锐减。还有，城市人口从 1949 年的 5765 万人增加到 1978 年的 17245 万人，到 1990 年"民工潮"开始涌动的时候，城市人口突破了 3 亿，达到 30195 万人，城市就业非常吃紧。城市为了保稳定，对农民工进行了多种工作限制，以保证下岗职工再就业和新增就业人口的就业。在这种无以复加的严峻就业形势下，非公有制企业吸纳了进城务工的农民，许多人因此走出了大山，看到了外面的世界，改变了自己的命运。2013 年全国农民工总量为 2.69 亿人，其中外出农民工有 1.66 亿，农民工月均收入是 2609 元，农民外出打工收入已占到农民人均收入的 50%。②

农民以打工为熔炉，以企业为学校，经风雨、见世面，学技术、学管理。1991 年热播的电视剧《外来妹》就生动地反映了第一代农民工生活、思想的变迁。一些城市人视农民工为"盲流"，其实农民工一点也不盲目，他们最清楚自己需要什么。虽然工资低下，但总比务农强；虽然颠沛流离，劳动权益时常受到侵害，但眼界开阔了，机会增多了，思想更新了。有的成为技术骨干，有的创业成为老板，有的成长为企业家。农民工在用勤劳的双手改造城市和工业面貌的同时，也改造着自己的世界观。在外出打工过程中，有文化、有技术的劳动者容易就业，这使他们认识到教育的重要性、科技的重要性，激励他们学文化、学技术，更加注重子女的教育，从而提高了农村人口整体的技术和文化程度。激烈的市场竞争和日新月异的城市生活，使农民工不断摆脱几千年旧传统的束缚，克服小农经济墨守成规、不思变革

---

① 柳文全：《为什么要动员知识青年上山下乡》，《历史教学》2009 年第 10 期。

② 参见白天亮《人社部：2013 年农民工月均收入 2609 总量达 2.69 亿人》，《人民日报》2014 年 2 月 21 日第 9 版。

的习性，树立了进取意识、开放意识、竞争意识、法制意识。工业文明和城市文明使妇女就业机会增多，许多农村女性通过外出打工，增加了经济收入，提高了家庭和社会地位，使农村浓厚的传宗接代生育观大大淡化，男女平等意识普遍增强，女孩子受教育机会逐步与男孩子持平。农民工在城乡之间流动，将城市和工业文明的理念、生活习惯带回乡村，也改造了农村人的思想观念和生活方式。

1978 年，我国城镇化率为 17.9%，1990 年为 26.4%，2000 年为 36.1%，2004 年为 41.8%，2014 年达到 54.77%。城镇化水平每提高 1 个百分点，农村劳动力转移规模约为 1000 万人。这意味着改革开放以来，农村中约有 3.7 亿人口进入城市后，经过打拼，在城市中安居下来，融入城市生活，彻底改变了自己的生活境况。

有的农民工在掌握了从事工商服务业的技能、经商的经验后回乡创业。20 世纪八九十年代，就有农民工回乡创业。进入新世纪以来，农民工回乡创业步伐明显加快，涌现出不少成功人士。他们把打工中积累的信息、技术、经验、资金等带回农村，兴建乡村企业，促进了农村产业结构的调整，带动了农业剩余劳动力就地转移，增加了乡亲的收入，改变了家乡落后的面貌。

四 带动公有制企业劳动关系改革

计划经济体制下的劳动行政关系，在企业发展上的弊端是非常明显的：一是严重束缚了企业的自主性。政府行政性指令在企业劳动关系上发挥着至关重要的作用，国家才是真正的劳动力使用者，企业基本上处于无权的地位，无法实现人、财、物的优化配置，造成了很大的浪费，降低了生产效率。二是严重抑制了企业的活力。由于工资分配、社会保险、劳动保护、级别评定、干部的任免、劳动奖罚等都遵照劳动行政部门的统一规定执行，与企业效益无关，结果干好干坏一个样、干多干少一个样、干与不干一个样。这种平均主义分配制度既缺乏激励机制，又缺乏约束机制，严重地抑制了企业管理者和职工的工作积极性和创造力。正是这两个严重的弊端，使劳动行政关系首当其冲地成为我国经济体制改革的剑锋所指。1984 年 10 月，党的十二届三中全会作出了《中共中央关于经济体制改革的决定》。这个被誉为"中国经济体制改革总纲领"的文件明确指出："确立国家和企业、企业和职工这两方面的正确关系，是以城市为重点的整个经济体制改革的本质内容和基本要求。"① 企业与职工之间的即终身劳动关系，即"铁饭碗"，被认为是导致企业缺乏自主性和活力的重要原因之一，因而打破"铁饭碗"就成为公有制企业改革的基本思路。

打破"铁饭碗"，是一场深刻的社会革命，它使亿万公有制企业职工告别了终身制，变成了合同工。到"1997 年末，在全国城市企业实施劳动合同制的劳动者达 10787.8 万人，占全体劳动者的 98.1%"②。它还使 6000 多万职工告别了公有制企业。为什么在人数庞大的公有制企业职工遭遇转制、下岗等人生境况突变的情况下，社会还能保持基本的稳定呢？这其中有国家出台了一系列对下岗职工的帮扶政策、职工顾全大局的牺牲精神等原因，同时非公有制企业劳资关系为公有制企业劳动关系转型发挥了示范作用，并为大量下岗工人重新就业发挥了吸纳作用也是一个重要的原因。

从示范作用看，非公有制企业特别是外资企业的高效率使得中国人更容易接受劳资关系。改革开放前，城市所有的职工都在平均主义、全保障、无自由、终身制的劳动制度下工作，大家习以为常，很少有人去思考这种劳动制度的弊端。改革开放后，非公有制企业从无到有逐渐发展起来，在非公有制企业强劲的竞争压力下，计划经济体制的低效率开始暴露出来。人们将公有制企业与私有制企业进行对比，发现两者在用工制度上的差别，使人们不得不反思劳动行政制度的弊端。尤其是劳资关系比较成熟、市场化竞争力较强的外资企业，更是让中国人看到了劳资关系相比于计划经济体制下终身固定的劳动制度的优势。美国学者玛丽·E. 加拉格尔在研究中国这段改革历程时说："外国投资部门为较难开展的、政治上敏感的改革充当了'实验室'，特别是在国家与城市工人之间社会契约的变革方面。"③ 下岗职工是计划经济体制下公有制企业低效率的亲历者，在改革开放后见证了这种劳动制度与市场经济劳动制度相比的劣势，他们中的绝大多数对于僵化的劳动制度并不认同，认为这种制度的确非改不可，这在相当大程度上减少了他们对合同制、对下岗的抵触。

从吸纳作用看，非公有制企业为大量的下岗职工提供了生存和发展的空间，为公有制企业劳动关系改革发挥了较好的减震作用。据 2002 年 4 月 29

---

① 《十二大以来重要文献选编（中）》，中央文献出版社 2011 年版，第 54 页。

② 《1997 年度劳动事业发展统计公报》，《中国劳动》1998 年第 7 期。

③ ［美］玛丽·E. 加拉格尔：《全球化与中国劳工政治》，郁建兴、肖扬东译，浙江出版联合集团、浙江人民出版社 2010 年版，第 7—8 页。

日国务院新闻办公室公布的《中国的劳动和社会保障状况》白皮书，在1998年至2001年这四个职工下岗最集中的年份里，"中国国有企业下岗职工累计有2550多万人，其中1680多万人实现了再就业"[①]。再就业率高达65.88%，这其中非公有制企业功不可没。有些下岗职工在非公有制企业里找到了更好地发挥才能的新天地，不仅干得更顺心，而且收入大大提高了；还有一些公有制企业的职工下岗后，反而被激发出了创业的冲动，经过点滴积累直至创办企业，其中不少人都已经成为百万富翁和千万富翁。而他们创办的企业为社会创造了许多新的就业机会，又促进和推动了公有制企业劳动关系改革。

第二节　劳资关系对当代中国社会的不利影响

劳资关系是一种特殊的劳动关系——具有剥削、失衡等固有的弊端，这些弊端在计划经济体制向市场经济体制转型的过程中表现得尤为突出，对社会的利益结构、人际关系、分配关系及其人们心理都造成了较大冲击。

一　使社会贫富差距拉大

在计划经济体制下，厂长和工人的工资都由国家规定，前者一般为后者的2—5倍。但在劳资关系中，资本所有者占有全部剩余价值，劳动者仅得到维持生计的工资，企业越发展，劳资贫富差距越大。社会上绝大多数人依靠生产劳动的收入而生存，因此只要存在劳资关系，社会贫富差距就不可避免。政府调节越少，市场自由度越高，社会贫富差距就越大。在各国劳资关系发展初期，普遍实行了自由放任政策，社会贫富差距迅速拉大成为一个共有的特征。例如，1801年，英国1.1%最富有的人占有国民总收入的25%；到1812年，1.2%最富有的人就取得35%的国民总收入；1867年，2%最富有的人所聚敛的财富占国民总收入的40%。相比之下，体力劳动者的收入在国民总收入中所占的比重却从1803年的42%下降到1867年的39%。[②] 再

[①] 《〈中国的劳动和社会保障状况〉白皮书发表：我国就业形势总体稳定》，《江南时报》2002年4月30日第16版。

[②] A. B. Atkinson and F. Bourguignon, *Handbook of Income Distribution*, Volume 1, Oxford: Elsevier, 2000, p. 175.

如，新自由主义经济政策使美国成为发达资本主义国家中贫富差距最大的国家。20世纪90年代，在信息技术的推动下，美国经济保持了十年的持续增长，可是雇员薪酬占国民收入的比重从1991年的72.6%下降到1997年的70.5%，而同期企业利润占国民收入的比重则从8.6%上升到12.3%。①

我国也不例外。由于劳资关系出现，以及一段时期国家规范力度不够，劳资关系严重失衡，企业主及高级管理人员与工人的收入差距迅速拉开。由中共中央统战部、全国工商联、中国民（私）营经济研究会组织的"中国私营企业研究"课题组的调查报告，2002年私营企业雇佣工人人均年收入为10250.73元，中位数为8000元，而私营企业税后净利润中位数为21万元，企业实有资金中位数达到250万元②，企业主所得利润是工人工资的26.25倍。据全国总工会的一份研究数据，我国居民劳动报酬占GDP的比重，在1983年达到56.5%的峰值后就持续下降，2005年已经下降到36.7%，22年间下降了近20个百分点。而从1978年到2005年，与劳动报酬比重的持续下降形成鲜明对比的，是资本报酬占GDP的比重上升了20个百分点。③虽然居民劳动报酬还包括其他类型职工的劳动报酬，但是这段时期非公有制企业职工人数占全国职工人数的比重迅速攀升，并成为劳动关系的主体，且其劳动报酬处于居民劳动报酬的底端，因此居民劳动报酬占GDP的比重快速下降在较大程度上折射出劳资分配失衡。相应地，我国的基尼系数从1983年的0.2641④快速上升至2005年的0.484⑤，远远超过0.4的国际警戒线。可见，劳资分配失衡对社会贫富差距的影响是很大的。

二　使社会阶层发生分化

在计划经济体制下，社会阶层简单而清晰——"两阶级一阶层"，即工人阶级、农民阶级、知识分子阶层。不管一个人身处何处，都可以归入"两阶级一阶层"中的某一项之中。1978年3月，邓小平在全国科技大会开

---

① 参见复旦大学世界经济研究所"90年代以来美、日、欧发展模式"课题组《制度变迁与结构调整：90年代以来大国经济发展轨迹》，山西出版集团·山西经济出版社2006年版，第99页。

② 参见中国私营企业研究课题组《2002年中国私营经济调查报告》，《中华工商时报》2003年2月26日第5版。

③ 参见李静睿《劳动报酬占GDP比例连降22年》，《新京报》2010年5月12日第A02版。

④ 参见向书坚《全国居民收入分配基尼系数的测算与回归分析》，《财经理论与实践》1998年第1期。

⑤ 参见杨文彦《国家统计局首次公布2003至2012年中国基尼系数》，《人民日报》2013年1月18日第9版。

幕式上提出了"知识分子是工人阶级一部分"的著名论断。总的来看，社会阶层就由工人阶级和农民阶级两大阶级组成。可是，改革开放后，"两阶级一阶层"出现了分化，社会阶层呈现出多样化、复杂化的特点。以前农民阶级的成员，有的还是务农的农民，有的当了老板，有的成了打工仔。在一个企业打工的职工，有的是农民工，有的是城市下岗职工，有的是大专院校毕业生；有的来自本地，有的来自外地。不仅社会阶层的界限模糊起来，而且出现了一个新的社会阶层——非公有制企业主及其管理者阶层，这个阶层是一个强势的社会阶层，拥有资本的优势。在所有的社会阶层分化中，最深刻的是在同一个企业内部和整个劳动领域中，分化出企业主及管理者阶层和雇佣劳动者阶层这两个不同的利益阶层。

计划经济体制下，企业和职工没有利益分化，因而企业管理者与职工没有阶层分化。企业和劳动者都没有自己的独立利益，他们的利益统一于国家的整体利益之中。企业是国家的企业，职工是国家的职工，职工和企业的关系是平等的。厂长和职工只是分工不同，厂长也是工人阶级的一分子，是国家职工，他们的工资和职工一样都由国家分配，经济上不存在谁依附于谁、谁雇佣谁的关系，因而是一种平等的同事关系。

而在非公有制企业中，企业和劳动者之间的利益关系是分化的，因而企业主及管理者与职工是利益分化的两个阶层。劳资双方都拥有各自独立的利益，而且两者的利益具有对立性：第一，工资是成本的组成部分，要获取最大利润就必须最大限度地降低工资。第二，利润和工资在企业新增价值中是此消彼长的关系。企业主及管理者阶层和雇佣劳动者阶层之间不仅具有利益对立性，而且具有天生的不平等性：一是企业有资本，劳动者无资本，这决定了企业和劳动者之间在经济地位上始终不平等。虽然表面上看劳动者有选择企业的权利，可是他不是受雇于这个资本，就是受雇于那个资本，永远不能摆脱受雇于资本的命运。二是企业是有组织的，劳动者是无组织的。这好比是在战场上军团与单兵的对抗，胜败在战争开始前就已经决定了。三是企业有支配权，劳动者受支配。企业拥有资本，因而也拥有了企业事务的决定权、剩余价值的占有权和劳动力的支配权，而劳动者除了接受支配和在企业应允的情况下参与企业事务之外，没有任何权力。不论企业主还是外聘的管理者，他们都是代表资本的利益，即资本的人格化，与雇佣劳动者分属于两个具有对立性质的社会阶层。

随着管理劳动的职业化，越来越多的非公有制企业招聘职业经理人来承担管理工作。表面上看，他们与职工一样，也是受雇于资本，实际上他们与职工的地位具有本质的不同。马克思在《资本论》中多次使用了"监督劳动"、"指挥劳动"这样的词语，不仅肯定了管理劳动也是劳动，而且肯定了管理劳动是社会化大生产必不可少的，但他明确指出这种劳动"在劳动过程中以资本的名义进行指挥"①。马克思引用了霍吉斯金所著《保护劳动反对资本的要求》一书上的一段话："师傅和他们的帮工一样是工人。在这一点上，他们的利益和他们帮工的利益完全相同。但除此以外，他们还是资本家或是资本家的代理人，在这方面，他们的利益和工人的利益则截然相反。"② 经理人虽然也是受雇佣者，但是他代表资本的利益，执行资本的职能，享有资本授予的权威，在精神上印刻着资本的灵魂，因而成为人格化的资本。他的劳动既具有与工人劳动一样的雇佣劳动的性质，又具有为资本服务而与工人劳动对立的性质。越是在股权分散的企业，绝大多数股东越是只关心股息和红利，经理人越是掌握决定性领导权。对此，马克思指出："对于这些董事和监事来说，管理和监督实际上不过是掠夺股东、发财致富的一个借口而已。"③ 为了激励经理人，一些企业实行股票期权制度，使经理人参与利润分成制度化了，这其实就是经理人资本本性的显性化。一些来自发达国家的外资企业，在本国遵守劳动法、工会法，到中国后却想方设法地规避法律，阻挠工会工作，其中一个重要原因就是这些外资企业聘用了本地经理人。这些经理人虽然也是中国人，也是受雇者，但一旦做上了外企高层，就成了资本的代言人，利用对中国国情熟悉的优势，为虎作伥，非常敬业地帮助外资最大限度地赚取利润，使外资企业在劳资关系上变得与国内私营企业没什么两样，这再次证明了马克思关于经理人的观点的深刻性。

三　使社会矛盾冲突增多

在 2003 年前，公有制企业"下岗潮"所引发的工龄补偿、社会保险等劳动争议掩盖了劳资争议。当"下岗潮"消退，劳资争议不仅很快就成为劳动争议的主体，而且很快成为社会群体性纠纷的主体，这是劳资之间固有的利益对抗性所决定的。相比于其他社会矛盾，劳资矛盾对社会和谐稳定的影响力、破坏力最大。

---

① 马克思：《资本论》第 1 卷，人民出版社 1975 年版，第 369 页。
② 参见马克思《资本论》第 3 卷，人民出版社 1975 年版，第 438 页。
③ 同上。

（一）劳资具有天然的利益对抗性，使劳资矛盾和冲突最易于高发、多发

职工希望工资高一些，工作条件好一些；企业希望成本低一些，因此劳资之间时刻存在着争议的可能性。马克思指出："人们奋斗所争取的一切，都同他们的利益有关。"[①] 由于是利益之争，劳资在发生争议时，往往都非常执拗。据一位多年审理劳动争议案件的法官反映，她最大的感受是无论案件量大或小、案情轻或重，案件的调撤率普遍偏低。[②] 从调撤率低这一个侧面就可以看出在劳资争议中双方情绪的严重对立性。劳资关系在天然的利益对抗性中，还具有天然的不平等性，资方凭借优势地位将市场风险转嫁给劳方，侵害劳方利益，因而在历年劳动争议中劳动者申诉的案件远远高于企业，劳动者胜诉率也远远高于企业。尤其在企业创业初期、在市场压力日益增大的劳动密集型加工企业、在企业经营发生关停并转等重大调整时期，往往将市场压力、经营损失转嫁给劳动者，如降低生产安全标准、克扣工资、卷款跑路造成欠薪。我国非公有制企业中，小微企业多、劳动密集型企业多、这边关门那边开张的现象多，这决定着劳资矛盾和冲突易发、多发、高发将是一个长期性的问题。

（二）劳资矛盾冲突牵涉的人员最广

2008年劳动争议案件出现"井喷"现象，一方面说明劳动争议渠道比以往畅通了，另一方面也说明劳动争议被压抑已久，所以一旦有出口，就如埋藏地下的石油一样喷薄而出。根据《中国统计年鉴》数据计算，2008年我国非公有制企业职工24165.3万人，占全国劳动者75564万人的32%。劳资利益失衡，意味着全国有1/3强、约2.4亿人在工作中受到了不公正对待，感到了分配不公，心里产生了不平和委屈。2008年，劳动者申诉的争议案件高达650077件[③]，这其实也只是劳资矛盾的冰山一角，更多的职工囿于就业压力、打官司费时费力及不知道如何诉讼等原因而息事宁人或辞职走人。但是，怨气并没有随之消散，而在社会中不断聚集，成为威胁社会和谐稳定的"火药桶"。美国学者路易斯·谢利指出："相对剥夺比绝对剥夺更有助于犯罪行为的发生。"[④] 相对剥夺实则是较低收入者对社会分配状况

---

① 《马克思恩格斯全集》第1卷，人民出版社1956年版，第82页。

② 参见李盛荣《对劳资诚信危机的感受与思考》，《法律与生活》2013年第5期（上）。

③ 参见国家统计局人口和就业统计司、劳动和社会保障部规划财务司《中国劳动统计年鉴》，中国统计年鉴出版社2008年版，第470页。

④ ［美］路易斯·谢利：《犯罪与现代化》，何秉松译，中信出版社1986年版，第308页。

感到不公正。尤其是我国在较短时期从一个贫富相对均等的状态转变为贫富差距过大的状态，对人们心理的冲击更大。美国学者阿瑟·刘易斯也指出："收入分配的变化是发展过程中最具有政治意义的方面，也是最容易诱发妒忌心理和动荡混乱的方面。"[①] 如 2008 年瓮安"6.28"事件等不少群体性事件，就是在许多无关者推波助澜下使一个小事件演变为群体性事件，这其中不乏有人借机发泄对社会分配不公的不满情绪。

（三）劳资矛盾冲突更易于引发群体性事件

据《中国劳动统计年鉴》相关年份数据计算，2010 年、2011 年、2012 年三年中，集体争议案件的劳动者人数占全部劳动争议案件中劳动者当事人总人数的比例依次为 30%、22.5% 和 26.2%，均超过了 1/4。从社会群体性事件来看，劳资纠纷成为第一诱因。在一个企业里，利益受到损害的往往不是一个劳动者，而是一群劳动者，他们为了改变个体与组织化的企业斗争的不利地位，认识到只有团结起来、联合起来才可能取得胜利。工作上的共通性、利益上的共同性、情感上的共鸣性，加上现代通信手段的便利，使他们很容易就组织起来，形成群体性力量，采取停工、罢工等一致行动。有的职工相对克制，群体性行动比较温和，如操场散步、集体喝茶等；但有的职工认为"大闹大解决，小闹小解决，不闹不解决"，"只有事情闹大了才能解决问题"，情绪容易被激化，常常会做出过激举动，如围堵政府、损坏厂房设备、造成人员伤亡等。社会心理学研究表明，在群体中，个体的特征被大家的共同行动所湮没，不再彰显。对个体来说，不是考虑自己做了什么，后果是什么，而是考虑自己"只是附随者"、"受到惩罚谁都逃不掉"，因而在群体共同行动中会产生"冒险迁移"现象，即个人行动时的恐惧在共同行动中减弱，甚至消失，使个人更加具有冒险意识，甚至无所顾忌，有时会把一个并不十分严重的劳资争议演变为一个群体性事件。

四 使社会凝聚程度下降

在计划经济体制下，各个企业组织、行政组织、事业团体组织都以"单位"的形式存在。每一个单位都是一个集政治、经济、行政、文化、社会等多功能于一体的综合性组织，具有很强的同构性。单位是个人从事经济、政治、社会等一切活动的唯一合法场所。单位制度的基本特征之一就是为职工提供全方位保障的"单位保障"制度，即城市市民只有进入某个单

---

① ［美］威廉·刘易斯：《发展计划》，何宝玉译，北京经济学院出版社 1988 年版，第 78 页。

位，才能享受到各种待遇，而职工所有生活上的需要都可以在单位内得到解决。而离开了单位，就意味着失去一切生活保障。单位依附于国家，个人依附于单位，从组织上保证了计划经济体制的运行。"在这种单位保障制度下，企业作为一个单位，不仅仅是具有生产职能的社会组织，还带有强烈的生活共同体的色彩。"①行政化的劳动关系在剥夺了职工自由择业的同时，也给了职工高度稳定的工作、全方位的保障。企业是职工生存的依托，为职工提供"从摇篮到坟墓"的无限责任，职工不仅从企业领到工资，而且获得住宅、医疗、子女教育、退休金等福利，包括职工去世的丧葬补助金。绝大多数职工在一个企业里一干就是一辈子，有的是几代人在一个企业工作、生活，周围是共事多年的同事，他们对工作于斯、生活于斯的企业有着非常深厚的感情。尽管这种劳动制度造成严重的平均主义，限制了劳动力的自由流动，降低了企业效率，却形成了超强的社会凝聚力。计划经济体制正是通过职工对企业的依赖、企业对国家的依赖而使整个社会紧密地凝聚在一起。

在打破劳动关系终身制的同时，"社企分离"改革也在逐步推进。"社企分离"，就是把与直接经营无关的社会福利部分从企业中分离开来，促进了国有企业劳动关系从"单位型"向"市场型"转变，既为企业减负，又扫除了劳动力自由流动的障碍。在医疗、养老、住房等保障上，由企业保障向社会保障转变，由国家和企业对职工全保转变为国家和企业承担有限责任，个人要为自己的社会保险承担相应的责任，而且不再以实物的方式，而是以货币的方式为职工提供保障。当职工出现孩子入托、上学、就业、就医等问题时，不再找厂长，而是找市场，职工对企业、对国家的依存性下降。据日本一家劳动研究机构对我国国有企业的一项研究报告显示：1998年在我国国有企业的生活设施中，有38.3%的幼儿园关闭、26.8%的理发室关门、22.1%的商店停业、21.0%的小学移交地方政府。②2002年4月，由国家经贸委、财政部、教育部、卫生部、劳动和社会保障部、建设部六部委联合发布《关于国有企业社会职能分离的意见》，要求大中型国有企业所属的中小学校、医院等公益机构在2—5年内从企业内部分离移交地方政府或成为独立法人。计划经济体制下那种职工完全依靠国家和企业，而国家和企业对职工承担无限责任的状况已经成为历史。这些改革适应了企业市场化改革

① 史新田：《中国劳动关系系统论——从"单位型"向"市场型"》，人民法制出版社2010年版，第41页。

② 同上书，第108页。

的需要，破除了劳动力自由流动的限制，当然是完全必要的，但同时也使企业不再是职工有困难就能依靠的组织，降低了国家和企业对职工的凝聚力。

在非公有制企业，劳动者和企业双向选择，加上双方都比较缺乏法制意识，使劳动关系非常不稳定，变换工作成了一件非常平常的事情。"跳槽"，这个改革开放前中国人闻所未闻的词汇，开始成为最常用的词汇。"跳槽"，原指牲口离开所在的槽头到别的槽头去吃食，现在比喻人离开原来的工作，另谋高就。2011 年 9 月，全球著名的人力资源解决方案服务公司 Kelly Serv-ices 的一份"全球雇员指数调研"报告显示："有约七成中国雇员欲在五年内转换职业或跳槽新公司，该比例远高于美国的 48% 及全球平均值 57%，上述中国雇员跳槽的目的主要依次为追求高薪、保持工作与生活的平衡、目前所处行业不景气、不满现有公司管理水平及个人兴趣。"① 跳槽过于频繁这个状况表明，企业对职工缺乏吸引力，职工对企业缺乏归宿感和安全感，双方情感比较淡薄，更多的是一种短暂的相互利用的关系。同时，在双向选择和自由竞争下，人与人之间的利益关系凸显出来，情感关系弱化了。职工与职工之间不只是同事关系，而且是竞争关系；企业管理者对职工而言，不再是领导加同事，而是雇佣者阶层；由于流动频繁，人与人之间交情相对变浅了。与计划经济体制时期相比，在非公有制企业里人与人之间的关系相对疏离了、复杂了、冷漠了。

本 章 结 论

本章力图客观地、全面地、辩证地将劳资关系给我国社会带来的有利影响和不利影响充分地呈现出来。我国劳资关系形成是在新旧体制转换中产生的，因此本章采取了比较分析的方法，在与计划经济体制下的企业劳动关系的比较中，剖析劳资关系的利与弊。通过分析，可以进一步提炼出以下三个观点：

第一，无论对计划经济体制下的企业劳动关系还是对非公有制企业的劳资关系，都应坚持用客观的、全面的、辩证的眼光来看待。如果只看到计划经济体制下的企业劳动关系的低效率、无自由，而看不到它的平等性、稳定性、凝聚力，就会把历史看成"一团糟"；如果只看到劳资关系的剥削、不平等、不稳定，而看不到它的高效、活力，就会把现实看成"一团黑"。就

---

① 参见《调查显示：中国雇员跳槽率远超美》，《大公报》2011 年 9 月 14 日。

说平等，两种劳动关系都没有完全实现，也都做出了自己的贡献。计划经济体制下劳动关系，实现了工人阶级内部、农民阶级内部的平等，但是制造了世界上最大的城乡不平等。出生在城市就是工人，出生在农村就是农民；工业品价格高，农产品价格低；工人拿工资，农民拿工分，这对广大农民是极大的不公平。劳资关系是一种天生的不平等关系，但它使企业之间、劳动者之间平等竞争，有力地推倒了横亘在城乡之间的藩篱、干部和工人之间的身份藩篱、企业之间的所有制藩篱。可见，这两种劳动关系都是各有利弊的，及其一点而不及其余，是不能得出正确的结论的。

第二，总的来看，劳资关系给中国社会带来的有利影响大于不利影响，具有历史进步性。历史进步的标准是综合的，有经济的、政治的、文化的、道德的等标准。但在这些综合的众多的标准中，有一个根本的也是最高的标准，这就是生产力标准。离开生产力标准，谈论理性、正义、公平，都是历史唯心主义的观点。劳资关系具有历史进步性，就在于它比计划经济体制下的企业劳动关系更大地推动了生产力的发展，在当代中国就表现在它大大地推进了工业化进程。同时，大幅度地推进了城镇化进程；在"回城潮"、"民工潮"、"下岗潮"交汇的情况下，解决了就业难题，提高了人民群众的生活水平，更新了人们的思想观念。当然，劳资关系整体上的历史进步性，不能掩盖其给我国社会带来的不利影响，对此要有清醒的认识。

第三，劳资关系的利与弊不是凝固不变的，两者发挥作用的程度与社会环境息息相关，因此劳资关系对社会影响的最终状况取决于国家如何引导。新中国成立后，我国只有短暂的引导"劳资两利"的经历，其后取缔了劳资关系。改革开放后，由于在引导劳资关系上经验不足，国家对劳资关系规范力度不够，使劳资关系的弊端扩张，对社会造成了一些不利影响。从西方发达资本主义国家情况看，劳资关系的弊端是可以受到良好规范和约束的，降低其对社会的不利影响。我国是社会主义国家，在引导劳资关系发展上更有制度优势。只要我们加强引导、合理引导，就一定能让劳资关系的利发挥得更充分，弊受到最大限度的抑制，使其历史进步性更大程度地展现出来。

第五章

合作主义劳资关系是工业文明的积极成果

劳资关系因工业化而产生，也必将随着工业化的发展而不断完善，逐步走向成熟。成熟的劳资关系是合作主义劳资关系。《布莱克维尔政治学百科全书》将合作主义视为社团主义，认为它"是一种特殊的社会—政治过程，在这个过程中，数量有限的、代表种种职能利益的垄断组织与国家机构就公共政策的产生进行讨价还价。为换取有利的政策，利益组织的领导人应允通过提供其成员的合作来实施政策"①。合作主义理念的出现，就是对欧洲工业化引起的劳资集团关系激化和社会分裂的一种回应，并逐渐发展成为一种国家处理劳资关系的模式。合作主义主张，有国家参与的、与功能团体最高级别多边机构的集中合约，有助于普遍利益的汇聚，以形成符合公共利益的社会合约。② 合作主义劳资关系，是资方、工会、国家三大组织之间的合作关系。工资集体协商制度就是合作主义劳资关系得以实现的具体形式。

第一节　西方劳资关系发展史是从激烈对抗走向合作的历史

西方国家是人类历史上率先进入工业文明的国家，原生态地展现了劳资关系自然发展史。美国学者哈比森（Harbison）和科勒曼（Coleman）于1951年提出了劳资关系发展连续带理论，即劳资关系会经历一个冲突（confrontation）、对峙（armed truce）、协调（working harmony）、合作（co-operation）连续演进的过程。③ 由于世界各国劳资关系在产生时间上先后不

---

① ［英］戴维·米勒等：《布莱克维尔政治学百科全书》，邓正来译，中国政法大学出版社2002年版，第186页。

② 参见张静《法团主义》，中国社会科学出版社1998年版，第52页。

③ F. H. Harbison and J. R. Coleman. *Goals and Strategy in Collective Bargaining*. New York：Harper and Brother, 1951, p. 20.

一、在发育程度上各不相同，这四种劳资关系的状态在当今世界上依然存在着。Harbison 和 Coleman 认为，劳资关系的最高形式是劳资合作。西方国家劳资关系的发展过程始终伴随着资本利益集团、工会、国家三大组织的博弈，最终形成三方协调机制，因而是一个逐步走向合作主义劳资关系的历史。

一　资本主义自由竞争时期劳资激烈对抗

从 18 世纪中叶产业革命到 19 世纪中叶，是资本主义自由竞争时期。国家偏袒于资方，资本家占据绝对优势，劳方处于绝对劣势，劳资矛盾的表达方式是激烈的暴力冲突和尖锐的阶级对抗。

18 世纪中叶，以蒸汽技术为代表的第一次工业革命兴起，机器代替了手工工具，促进了社会生产力高速发展。资本主义经过原始积累，通过对外殖民掠夺和对内圈地运动等暴力方式迅速积累了大量的货币资本，使农业释放出大量的自由劳动力，资本主义劳资关系逐步形成。

此时的资本家对工人采取了最原始的也是最残酷的剥削方式——通过延长劳动时间、克扣工资榨取绝对剩余价值。工人只是作为机器的附属品，在缺乏必要劳动保护的恶劣条件下进行高强度劳动，而所得的名义工资远远赶不上物价上涨速度，生活朝不保夕。哪里有压迫，哪里就有反抗。一位名叫卢德的工人发起的捣毁机器的运动"卢德运动"，在 18 世纪 60—70 年代的英国遍及开来，规模越来越大。1779 年，英国工业革命的发源地兰开夏爆发了 8 万名工人参加的捣毁机器运动。19 世纪初，英国捣毁机器运动达到高潮。后发的工业国——法国、德国在 19 世纪 20—30 年代发生了捣毁机器运动。捣毁机器运动均遭到了代表资方利益的资产阶级政府的残酷镇压。1812 年，英国国会通过《保障治安法案》，动用军警对付工人。1813 年，政府颁布《捣毁机器惩治法》，规定可用死刑惩治破坏机器的工人，并在约克郡绞死和流放破坏机器者多人。1814 年，企业主又成立了侦缉机器破坏者协会，残酷迫害工人。

越是镇压，反抗越大。工人们在斗争中认识到，只有团结起来才有力量。为了削弱工人力量，1799 年英国国会颁布《禁止结社法》，以法律手段阻止工人结成任何以要求提高劳动报酬为目的的团体。1800 年，国会再次认可这项法律，而且增加了更加苛严的条款：凡为要求增加工资、缩短工时、减少工量、妨碍他人受雇、唆使劳动者罢工而组织的结社均属违法；以金钱或集会助长以上目的的行为亦属违法，均要处以 3 个月监禁。迫于工人阶级斗争的压力，1824年英国议会被迫撤销《禁止结社法》，1825年通过了《结社法》（或《工人联合法》），极其严格地限制了工会的活动，如规定凡鼓吹工人参加联合会和参加罢工活动均属"强制"、"暴力"，要受刑事处罚。许多行业秘密地成立了工会组织，工人运动从自发的破坏行为向有组织的阶级斗争转化。在工会领导下，工人罢工斗争风起云涌。19世纪三四十年代，欧洲爆发了英国宪章运动、德国西里西亚纺织工人大罢工、法国里昂工人大罢工三大工人运动，标志着工人阶级以一支独立的阶级力量走上了历史舞台。

二 资本主义私人垄断时期劳资相互对峙

从19世纪后半叶到第一次世界大战之前，是资本主义私人垄断时期。工会得到法律认可，劳方力量不断壮大，资方不能再无视工人阶级的独立地位，劳资双方仍然视对方为"经济敌人"。

在工人运动的强大压力下，1871年英国颁布了世界上第一部《工会法》，承认了工会的合法性，其他各国政府也被迫相继废除了禁止结社的法律规定，工会组织获得了空前的发展。资方视工会为社会毒瘤，工会则将与资方对抗和斗争作为自己的基本职能，在态度和行为上呈现出一种针锋相对的对峙状态。

19世纪后半叶，以电力技术为代表的第二次工业革命兴起，科学技术发展突飞猛进，各种新技术、新发明层出不穷，并被迅速应用于工业生产，大大促进了经济的发展，资本主义进入私人垄断资本主义时期。随着企业规模更加庞大，利润更加丰富，资本家希望社会稳定的意愿也就更加强烈。恩格斯就曾敏锐地指出："企业规模愈大，雇用的工人愈多，每次同工人发生冲突时所遭受的损失和困难也就愈多。……过去带头同工人阶级作斗争的最大的工厂主们，现在却首先起来鼓吹和平和协调了。"① 1844年10月25日，被誉为"莱茵棉纺织大王"的奎林·克龙与丝绒企业主弗里德里希·迪尔加德特等一起组建了"劳动者阶层福利中央联合会"，参加这一联合会的企业相继成立"工厂联合会"，这是一个由工人的联合会、企业主的联合会和捐助者的联合会共同组成的组织，主席团则由劳资双方代表对等组成。它负责建立储蓄、养老金和预付基金；协调劳动争议（尤其是工资与劳动时间问题）；关注工人的健康，寻找廉价住房以及管理救济基金等。

---

① 《马克思恩格斯全集》第22卷，人民出版社1965年版，第369—370页。

　　资本主义国家为了维护垄断利润，也逐渐改变了"自由放任"的劳资关系政策，开始通过立法手段建设性地介入劳资关系的调节。于是，伴随着经济发展和政治民主化建设的推进，双方解决冲突的方式也出现了新变化：工会代表劳方与雇主谈判开始在个别国家的个别企业出现。1848 年的革命中，德国资产阶级自由主义者曾经制定《工商业法》草案，首次提出成立"工厂委员会"与"工厂代表会"等劳资共决组织，以此作为劳资关系变革的基本组织形式。德国资产阶级一方面着手改善劳资关系，另一方面对工人运动绝不手软。1889 年，德国鲁尔地区爆发罢工浪潮，总理俾斯麦站在企业主一边，对工人运动实行了坚决的镇压政策。然而，在德国统治阶级内部也有不同声音。年轻的皇帝威廉二世深受基督教社会主义思想影响，倾向于使用更温和的方式缓和劳资矛盾。1891 年，普鲁士商业部部长冯·贝尔莱普歇递交《工商业法修正案》，在历史上被称作"工人保护法"。该修正案提出，20 人以上的企业必须成立一个"工人委员会"，"在劳动章程公布或增补之前，须在工厂或所涉及的部门内予以公示。对于具有工人委员会的企业而言，还应听取工人委员会关于劳动章程内容的意见"。这是历史上第一个强制成立"工人委员会"的法律，它对于劳资关系变革具有重要的推动作用。截至 1905 年，柏林地区的工人委员会有 181 个，马格德堡有 49 个，梅泽堡有 83 个，爱尔福特有 84 个，石勒苏益格有 78 个，希尔德斯海姆有 73 个，吕纳堡有 42 个，益斯堡有 171 个，亚深有 72 个，科隆－科布伦茨有 112 个，下巴伐利亚有 30 个，迈森有 22 个。在一些以农业为主的地区，如慕尼黑则发展相对缓慢，只有 7% 的企业成立了工人委员会。[1] 与此同时，德国还颁布了一系列劳动法，如 1883 年的《工人医疗保险法》，1884 年的《工伤事故保险法》，1889 年的《伤残和养老保险法》等。尽管工人的境况有了一定的改善，但劳动权益仍然十分有限。企业主对工人受伤、残废或死亡不承担任何责任，"在 19 世纪末，普通法中对于与工作相关的事故的规定，使得一个在工作中受到伤害的原告雇员很难向其雇主或其他什么人索赔"[2]。由于劳资双方把谈判视为此消彼长的"零和博弈"，谈判常常破裂，罢工等激烈的对抗形式仍是劳资斗争的常态。

---

① 参见孟钟捷《德国劳资关系演进中的里程碑：1920 年〈企业代表会法〉的发生史研究》，博士学位论文，华东师范大学，2005 年，第 24 页。
② ［美］罗伯特·考特、托马斯·尤伦：《法和经济学》，史晋川、董雪兵译，格致出版社、上海三联书店、上海人民出版社 2010 年版，第 386 页。

三 国家垄断资本主义过渡时期劳资缓和

从第一次世界大战开始到第二次世界大战结束,是私人垄断资本主义向国家垄断资本主义过渡时期。资方虽然把工会看作企业的负担,但也承认工人和资本一样都是企业发展的必要条件;而工会和工人阶级也意识到企业的经营绩效决定了自身的发展,于是在集体谈判中相互做出让步,但此时企业的决策权仍掌握在资方手中。

劳资关系出现缓和的原因主要有四点:一是双方经过多年斗争的实践都认识到,劳资既有利益对立的一面,也有利益共生的一面。二是1917年俄国十月革命的胜利,建立了人类历史上第一个社会主义国家,其没有剥削的新型劳动关系对资本主义世界造成了重大冲击,资产阶级不得不改善与无产阶级的关系来维护自己的统治。三是1929—1933年爆发了资本主义历史上最严重的经济危机,赤裸裸地暴露出资本主义制度的深刻矛盾,迫使资产阶级不得不对自身的生产关系做出调整。四是为了应对第一次世界大战,资本主义国家纷纷设立了战时经济管制机构,对各重要部门的生产实行直接控制和强制性的调节,其中不仅包括原料分配、运输工具的使用、重要生活必需品的分配以及贸易、金融、物价等,而且包括对劳资关系的调节。如美国成立了劳工委员会和战时劳工政策委员会,劳工部建立了调解和调停服务部门,负责促成劳资集体协商、增加工资、改善劳动条件等;德国于1916年12月2日正式施行《为祖国志愿服务法》,这一法律规定,在所有"50名雇员以上的、与战时经济相关的"企业中,成立"工人委员会"与"职员委员会",负责促进"企业内部的和谐"。在这些法律、机构的推动下,劳资矛盾得到了较大的缓解。总之,正如荷兰学者约里斯·范·鲁塞弗尔达特、耶勒·非瑟所指出的,"经过多年斗争后,特别是经过大规模的失业、危机和战争后,大雇主和大工会已经学会了妥协并认识到相互承认和相互合作的好处"[1]。

有的国家通过第一次世界大战时期劳资调解的实践,看到了劳资关系改善的益处,将战争时期的做法巩固下来。如1918年德国颁布了《工作时间法》,明确规定对产业工人实行8小时工作制,还相继颁布了《集体合同法》、《失业救济法》等劳动法律。有的国家由于自由放任思想始终占据主

---

① [荷]约里斯·范·鲁塞弗尔达特、耶勒·非瑟:《欧洲劳资关系:传统与转变》,佘云霞等译,世界知识出版社2000年版,第24页。

流地位，调节劳资关系的政策出现了一定的反复。如美国第一次世界大战结束后，将战时的各种管制机构，包括协调劳资关系的机构一并裁撤。劳资双方突然失去了"仲裁人"，都竭尽全力地争取自己的利益，使原本脆弱的相对"和谐"的劳资关系再次紧张起来。加上战后美国经济陷入低迷状态，这更激化了劳资矛盾。1914年全年罢工仅有1204次，1918年增加到3353次，1919年增加到3630次。美国资产阶级统治者们认识到，劳资关系需要国家干预、需要劳资对话。1935年，美国颁布的《国家劳工关系法》，规定工人有组织工会和工会有代表工人同雇主订立集体合同的权利。1938年，美国又颁布了《公平劳动标准法》，规定工人最低工资标准和最高工作时间限额，以及超过时间限额的工资支付办法。这些劳动法都在一定程度上对资本家的权力作了适当的限制，保护了劳动者的利益，提高了劳动者地位，促进了劳资对话和协商。

四　国家垄断资本主义时期劳资合作主义

第二次世界大战之后至今，是发达资本主义国家进入国家垄断资本主义时期。战后，人类迎来了相对和平，西方各国把战后重建置于首要地位，军事技术被广泛运用于经济领域，社会进入高速发展时期。国家全面调节劳资关系，劳资谋求共同发展，力求成为"社会合作伙伴"，相互依存，共同进退。

第二次世界大战后，西方劳资合作伙伴关系并非自然而然产生的，而是在实践中摸索出来。以英国为例：1945年，工党上台。工党是资产阶级政党，但与英国另一大政党——保守党相比，它倚重工会支持，更关注工人权益，因而与工会联系较深。工党执政期间，工会官员在60多个政府委员会中担任职务，工会的政治渗透力和影响力变得强大，劳资关系开始向劳方倾斜。但是，工会还是习惯于用罢工的方式来表达诉求。根据吕楠《撒切尔政府劳资政策研究》（2009）一书提供的数据计算，1950—1979年英国工会累计罢工7166次，平均每年239次。频繁的罢工不仅没有平息劳资矛盾，反而使劳资矛盾愈演愈烈，给社会生产和生活造成了很大影响，引发了公众强烈不满，导致工党下台。1979年以撒切尔夫人为首的保守党执政后，采取了削弱工会、扶植资本的政策，几乎每两年就出台一部限制工会罢工权的法律，最终将劳资关系由工会主导扭转为政府主导。自1982年以来，英国经济保持8年的持续增长，劳动生产率和经济效益有显著提高，商品竞争力增强，持续18年的财政赤字从1987年度起开始转为盈余，年通货膨胀率由

20 世纪 80 年代初期的近 22% 降至 80 年代中期的不到 4%。① 不凡的经济成就使撒切尔夫人连续三次赢得大选，成为英国执政时间最长的首相。但是，倾向资本的政策增加了失业，拉大了收入差距和地区差距。20 世纪 80 年代初，失业人数一度超过 300 万人，约占全部劳动力的 13%，1984—1985 年发生了 60 年来规模最大、持续时间最长的一次煤矿工人大罢工。1997 年，以布莱尔为首的工党再次上台，在总结老工党和保守党执政的得失成败的基础上，以"新工党"形象示人，提出"第三条道路"的劳资观，即兼顾劳资利益，实现劳资双赢，而政府的责任就是"建立双赢的范式，善于协调利益，担负起利益的汇集作用，使冲突利益纳入合理化建制，在不同的利益集团中寻求平衡点，找到各个利益集团的最大公约数，建立以非暴力方式解决冲突的机制"②。在"第三条道路"政策指引下，英国的劳资关系逐渐趋于良性发展，劳资矛盾在对话中缓解，罢工次数明显减少。

从第二次世界大战以后西方国家的整体情况来看，"此时工会与资方之间彼此信任、相互尊重，工会鼓励会员与雇主合作，提高生产力以争取更多的福利，同时资方也愿意让工会代表参与企业的经济管理决策"③。例如，北欧国家丹麦没有法定的最低工资和最低工时标准，工资和工时都由劳资双方通过谈判来确定。劳资谈判一般三年一次，涵盖工资、工时、男女同工同酬、职工的劳动安全、退休金、育儿假、职工培训等诸多方面。资方承认工人代表的工作，在制定战略性计划时，全面听取和吸收工人的意见，双方的积极合作，往往能够达到双赢结果。④ 20 世纪 90 年代，日本经济陷入低迷状态，工会知道此时维护工人的利益是保住饭碗，需要与企业同甘共苦，共渡难关。在"春斗"中工会放弃了以往"基本加薪"的要求，而是围绕企业的生产经营管理开展谈判协商，对工资增长率相对较低或有时的实际工资负增长持理解和支持态度。

促使工会和资方成为"社会合作伙伴"的原因主要有以下五个方面：一是社会法治不断健全，劳动法规不断完善。如美国 1967 年出台的《雇佣年龄歧视法》、1972 年出台的《公平就业机会法》、1978 年出台的《怀孕歧

---

① 参见王振华《"撒切尔主义"的终结》，《人民日报》1991 年 1 月 3 日第 6 版。

② 王凤鸣：《"新工党"新在何处》，《当代世界与社会主义》2002 年第 5 期。

③ 赵早：《劳资冲突的经济学分析——中国经济转型期劳资冲突的形成、演化与协调机制》，博士学位论文，中央党校，2010 年，第 109 页。

④ 参见郑桥《从丹麦模式看经济结构调整中的工会》，《中国劳动关系学院学报》2006 年第 4 期。

视法》等；新加坡 1966 年后相继出台了《雇佣法令》、《劳动关系法令》、《职工会法令》、《职场安全与健康法案》、《行业争议法》、《劳工赔偿法》、《中央公积金法》等；日本于 1945—1947 年先后颁布了对劳动关系具有根本性影响的《工会法》、《劳动关系调整法》、《劳动基准法》。这些劳动法规范和限制了资本剥削方式和程度，促使劳资合作成为双方的义务，保证了劳动关系的稳定。二是劳动保险制度不断完善，使劳动者抵御市场风险的能力大大提高，在相当程度上缓和了劳资矛盾。三是企业生产技术水平大幅提高，自动化生产使粗重体力劳动大为减少，工作环境明显改善，因工致死致残发生率下降，减少了劳资矛盾。四是经济增长由主要依靠资本投入向主要依靠劳动者素质转变，过去那种以计件工资为主的经济刺激和野蛮粗暴的管理方式已经不能调动劳动者积极性和提高生产能力了，企业开始探索劳资合作的新的管理方式，如吸纳劳动者参与企业管理、实行员工持股计划等。近30 年来，美国员工持股计划得到迅猛发展。据统计，到 2000 年美国有17000 多家公司实施了员工持股计划，职工达到 1500 多万人。这些公司既有私人公司、小公司，也有大公司、上市公司。一般来说，前者员工持股比例已达到 20%—40%，后者也有 5%—15%。在日本的上市公司中，绝大多数都实行员工持股制度；英国 90% 以上的非国有公司都有职工持股。同时，欧洲、亚洲、拉美和非洲已经有 50 多个国家在推行员工持股计划[1]，员工在一定程度上参与企业利润分享，缓和了劳资矛盾。五是社会化大生产不断深化，罢工、战争等暴力斗争对社会造成的伤害越来越大，特别是两次世界大战给人类带来的灾难性后果，使人们越来越清楚地意识到合作的必要，这为劳资合作奠定了思想基础。

但是，西方国家的劳资关系并没有因为合作性增强而从此过上了"灰姑娘和王子的幸福生活"，劳资问题和矛盾仍然层出不穷。20 世纪 80 年代以来，在互联网技术推动下，经济全球化加快发展。资本跨国流动更加便利、快捷，而劳动力跨国流动相对困难，这就使资本拥有了比劳动力更多的选择权，更容易摆脱政府的约束，在劳资政三方协商机制中强化了资本的谈判地位。常凯教授指出："经济全球化的实质是资本全球化，它强化的只是资本全球化，它强化的只是资本的权力，侵害和剥夺的则是劳工的权利，由此就打破了二战以后国际劳资关系相对平衡的态势。"[2] 同时，在不少国家

---

① 参见周颖《方正再次引燃员工持股话题》，《中国经营报》2003 年 3 月 3 日。
② 常凯：《劳工标准与劳工权益保障》，《中国社会科学》2002 年第 1 期。

自由主义经济思想始终强劲，压制工会活动的政策并没有实质改变。因此，劳动者通往与资本平等合作的道路依然漫长而艰难。

第二节　工业生产内在要求劳资关系走向
组织化制度化合作

工业化生产是社会化大生产。社会化大生产，又称生产的社会化，是指产业革命以机器大工业代替工场手工业以来人类社会所形成的与小生产相对立的组织化、规模化生产。建立在社会化大生产基础上的现代工业社会，既对合作主义劳资关系提出了要求，又为合作主义劳资关系提供了条件。

一　现代工业社会的合作是组织化的合作

农业社会建立在自给自足的小生产基础之上，农业生产者个体基本上全面地参与生产、交换、分配、消费全过程，与社会其他人合作的需求性较小，因而其社会联系一般局限于以血缘和地缘为纽带的宗法家族，合作是零散性的。而工业化生产作为社会化大生产，以分工与协作为基本特征，每个企业和劳动者都只是社会整个生产过程的一个片段或一个点，需要依靠与其他人合作才能完成社会全部的生产过程。工业社会打破了农业及手工小生产方式和田园牧歌式的生活方式，也割断了宗法式大家庭成员之间共生共济、相互依赖的纽带。工业社会使个体脱离封建宗法关系，获得独立和自由的同时，又使个体在社会面前变得空前的脆弱——离开他人便无法生存。工业化程度越高，社会分工越细微，生产过程越迂回，个人与社会的联系的中间环节就越多，个人也就越脆弱。从劳动关系上看，个体劳动者越来越少，"由于劳动条件以愈来愈庞大的形式，愈来愈作为社会力量出现在单个工人面前，所以，对工人来说，像过去在小生产中那样，自己占有劳动条件的可能性已经不存在了"[①]。于是政党、工会、协会等各种政治的、经济的、文化的社会组织建立起来，人们希望依靠组织的力量减少个体的脆弱性，增强个体的生存力，更好地实现个体的利益需求。在社会分工的推动下，政党、工会等社会组织逐步走向专业化和职业化。除此之外，在当今世界各国的社会生活中还活跃着许多非政府性、非营利性、志

---

① 《马克思恩格斯全集》第 26 卷（第 3 册），人民出版社 1974 年版，第 389 页。

愿自治性的社团组织，接续和补偿了宗法式大家庭的互助职能。而这时的社会组织化合作，已经不再是农业社会血缘之间零散的合作，而是使社会成员之间的合作通过职业化的管理者和组织机构代表个体的利益、意志、兴趣去实现个体与社会的合作，完全突破了农业社会以血缘为纽带的封闭的、狭隘的旧的合作关系。

总之，工业化生产使人与人之间的合作变得空前的广泛和深入，个人只有在社会组织中才能实现自身利益，使合作关系越来越具有组织化特征。

二　组织化的劳资合作才能平衡劳资利益

工业化生产使一个个以家庭为纽带的小农经济组织破裂、消失，小农经济释放的大量劳动力进入城市和企业，新的生产组织——企业兴起，工业社会产生了最基本的两大利益阶级——资产阶级和无产阶级。恩格斯指出："资本和劳动的关系，是我们现代全部社会体系所依以旋转的轴心。"① 他所说的"现代全部社会体系"，就是指西方工业化国家。西方工业化发展史，也是一部劳资关系发展史。

工人为了工作岗位而进行激烈的竞争，但在与资本较量的过程中，他们深切地认识到，面对高度组织化的资本，工人们只有成立组织化的工会，才能与资本相抗衡，维护自身的利益。马克思指出："竞争把他们的利害关系分开。但是维护工资这一对付老板的共同利益，使他们在一个共同的思想（反抗、组织同盟）下联合起来。"② 工人们通过组织工会调节内部的竞争，用统一的声音表达利益诉求，以争取自身更加稳定、更加长远、更加广泛的利益。

资本家虽然为争夺市场份额、原材料而激烈竞争，但是他们为了防止恶性竞争和对付工人的共同利益而联合起来。与工人之间的合作相比，资本家之间合作的程度更深。这是因为：第一，企业本身就是社会化大生产的产物，它既是社会化大生产的代表者，又是社会化大生产的推动者。马克思指出："单个资本的相互吸引力和集中的趋势比以往任何时候都更加强烈。"③ 在与自己的同盟者合作上，企业具有很强的合作意向和合作能力，于是卡特尔、辛迪加、康采恩、托拉斯等程度不断加深的企业联盟方式相继出现。第

① 《马克思恩格斯全集》第 16 卷，人民出版社 1964 年版，第 263 页。

② 《马克思恩格斯全集》第 4 卷，人民出版社 1958 年版，第 196 页。

③ 马克思：《资本论》第 1 卷，人民出版社 1975 年版，第 687 页。

二，企业是一种社会组织，使企业之间的合作更加便利。相对于工人的人数，企业的数目少得多，这为企业之间联合提供了便利得多的条件。它们不仅在避免原料供给和产品销售方面的过度竞争上发挥着越来越强的调节作用，而且在共同对付工人以防止生产成本上升上更加紧密地团结起来。正如亚当·斯密所指出："雇主随时随处都以一种默契的，但经常而又划一的结社来防止工人工资的上涨。"①

劳方和资方都由无数的个人组成，各方人员在共同利益的驱动下组织起来，形成工会和行会，这是现代工业社会的必然产物。工会和行会的形成，对劳资关系协调具有重要意义：第一，使各方众多个体利益得到整合，分别形成劳方和资方各自的共同利益。工会是一种社团，代表与会工人的共同利益，但又扬弃了每一个工人的私利；行会也是一种社团，代表与会企业的共同利益，但又扬弃了每一个企业的私利。这个共同利益是双方各自的根本利益，失去了根本利益，就会陷入千头万绪、千奇百怪的劳资纷争中，永远不可能找到劳资利益的平衡点。第二，劳动者人数众多，企业数目也不少。美国学者斯蒂文·萨维尔指出："如果涉及的当事人众多，所有这些人聚在一起谈判的可能性就很小，因为随着当事人人数的增加，协作就越来越困难。另外，谈判动机也随着人数增多而减弱。"② 劳资利益协调更需要在各自专业化的组织之间进行，否则社会成本会过高。如果劳资协调牵扯双方过多的精力和时间，那么双方都会失去耐心和兴趣，劳资关系协调也就无从谈起了。

三　劳资合作离不开国家这个组织的参与

现代工业社会的利益结构总的来看，是由个体利益、社团利益、公共利益三种利益构成的。个体利益包括个人利益和营利性组织利益，属于私利范畴；社团利益代表部分群众的共同利益，为社团内成员提供俱乐部产品和服务，具有半"公"半"私"性质。布坎南曾指出："有趣的是这样的物品和服务，它们的消费包含着某些'公共性'，在这里，适度的分享团体多于一个人或一家人，但小于一个无限的数目。'公共'的范围是有限的。"③ 公共

① ［英］约翰·哈罗德·克拉潘：《现代英国经济史》（上卷）（第一分册），姚曾廙译，商务印书馆 2009 年版，第 275 页。

② ［美］斯蒂文·萨维尔：《法律的经济分析》，柯庆华译，中国政法大学出版社 2009 年版，第 23 页。

③ Buchanan James. An Economic Theory of Clubs, *Economic*, Vol. 32, 1965.

利益是全体社会成员的整体利益、长远利益，属于公利范畴。在蒸汽革命、电气革命、信息革命等科技革命的推进下，专业化分工不断发展，各种生产要素之间协作不断密切，使生产过程各环节日益形成了一个不可分割的整体，社会公共利益越来越成为实现个体利益、群体利益的前提和条件。合作主义认为，现代工业社会的合作是私利与公利的结合。这样的合作承认私利的独立性，但不主张绝对的私利，而是从公利的角度寻找合理的私利，又通过实现合理私利来实现公利。

在全社会中，国家是公共利益的唯一代表，而且是最具有权威的社会组织。恩格斯指出："国家是承认：这个社会陷入了不可解决的自我矛盾，分裂为不可调和的对立面而又无力摆脱这些对立面。而为了使这些对立面，这些经济利益互相冲突的阶级，不致在无谓的斗争中把自己和社会消灭，就需要有一种表面上凌驾于社会之上的力量，这种力量应当缓和冲突，把冲突保持在'秩序'的范围以内；这种从社会中产生但又自居于社会之上并且日益同社会相异化的力量，就是国家。"[1] 工业化大生产使社会分化成为劳资两大利益集团，这两大利益集团具有天然的利益对抗性，尤其需要国家来调节两者间的利益，使社会不至于在劳资阶级斗争中毁灭。国家具有鲜明的阶级性，总是代表统治阶级利益，资本主义国家当然代表资产阶级的利益。但是，随着社会化大生产的深化，阶级斗争越来越对社会造成伤害并危及资产阶级统治，资产阶级国家也不得不出来调和阶级矛盾。马克思指出："要求承认生产力的社会本性的这种日益增长的压力，迫使资本家阶级本身在资本关系内部可能的限度内，越来越把生产力当作社会生产力看待。"[2] 如果没有法律规范和执法监督等国家权威，劳资两大分化的利益组织的斗争就不能进入可控制的轨道，劳资合作就不能形成。美国学者亨廷顿提出了政治学中一个著名的命题："首要的问题不是自由，而是建立一个合法的公共秩序。人当然可以有秩序而无自由，但不能有自由而无秩序。"[3] 在现代化的过程中，如果只是一味追求政治参与，而没有相应的制度化建设，社会将走向衰退。

国家通过制定法律以确认工会和行会的合法性、制定合作程序、引导合

---

① 《马克思恩格斯选集》第 4 卷，人民出版社 1995 年版，第 170 页。

② 《马克思恩格斯选集》第 3 卷，人民出版社 1995 年版，第 751 页。

③ ［美］塞缪尔·P. 亨廷顿：《变化社会中的政治秩序》，王冠华、刘为等译，世纪出版集团、上海人民出版社 2008 年版，第 6 页。

作进程、形成各方均可接受的合作成果、监督合作成果的落实。工会和行会在国家法律的规范和监督下进行对话、协商，最终形成的劳资合作协议——集体合同。这个合作协议不仅是劳资利益的平衡点，也是全社会利益的平衡点，既兼顾了每一个工人和企业的私利，又兼顾了劳资双方的群体利益，还兼顾了社会公共利益，把个人利益、群体利益、公共利益结合起来，实现了社会利益结构的平衡。

第三节　工资集体协商制度是合作主义 劳资关系的实现形式

工资集体协商制度，是指在代表国家的劳动立法、行政和司法部门引导、监督、调解下，代表职工的工会和非公有制企业及其组织（如行会、商会、企业联合会等）通过平等对话、民主协商，在以工资为主并包括奖金、津贴、补贴、工作时间、休息休假、劳动安全卫生、职业培训、保险福利等劳动关系的重大问题上达成共识、形成方案、保证执行的制度安排。在我国，"集体谈判"被称为"集体协商"。1902 年，英国学者韦伯夫妇在其出版的《产业民主》一书中首先提出了"集体谈判"（Collective Bargaining）的术语，并对其作出明确的定义："雇主也无须再分别与每个雇员签订一系列的个别劳动合同，而只需签订一份能够满足集体意愿、规定集体劳动条件的协议即可。"[①]"谈判"把对话破裂而采取罢工等集体行动作为一种结果，而"协商"倾向于"谈而促和"。当今时代，西方工会对罢工权的使用越来越谨慎，全社会更加注重化解劳资矛盾、避免劳资冲突，工资集体谈判越来越接近工资集体协商。本书对西方国家情况进行阐述时使用"工资集体谈判"，对我国情况进行阐述时使用"工资集体协商"，在综合起来阐述时使用"工资集体协商"。

1919 年，美国煤矿劳工联合会新任主席约翰·刘易斯为反对工资下降而激烈地斗争，但同样激烈地反对劳资协商，还解除了为较低工资而工作的矿工的会员资格。结果工资不仅没有得到提高，工会会员连工作的机会也没有了，这引起了劳工的强烈不满，劳工工会吸引力大减，逐渐走向衰落。刘易斯把劳资协商看成是工人对资本家的投降，而没有看到其内在的、深刻的进步性。工资集体协商制度是人类社会进入工业社会以来，在长期的劳资斗

---

① 参见程延园《集体谈判制度研究》，中国人民大学出版社 2004 年版，第 37 页。

争中所形成的并被证明是行之有效的文明成果，被誉为"自有劳资冲突以来最伟大的社会发明"。

一　以组织化对话增进劳资合作的质量

工资集体协商制度比较成熟的国家，都通过法律规范促进劳资展开组织化对话，保证组织化对话的质量，使劳资合作有序、高效。

（一）通过谈判主体资格认定，保障双方组织的代表性

工资集体协商流程的第一阶段就是谈判主体资格认定。各国对谈判主体资格都进行了明确的规定，如德国《集体合同法》要求谈判主体具有独立性、代表性和一定规模等条件。在谈判主体资格认定阶段，不仅有一个国家劳动部门确认谈判主体及代表资格的法律程序，而且有一个劳资双方相互确认的法律程序。这两个程序要求劳方和资方提高各自的组织化水平，完善组织体制，增进组织效率，具备相应权利能力的社团法人资格。为了顺利通过资格认定，劳资双方都积极进行组织准备，通过民主选举选出谈判委员会、谈判代表、首席代表，广泛收集会员意见，形成谈判草案后再征求会员意见，使内部意见得到最优化整合。如 2008 年德国五金工会开展集体谈判时，一方面工会理事会就当年的谈判事项对联邦和州政府提出建议，另一方面工会理事会对当年的宏观经济形势、物价指数以及产业和企业的生产经营情况进行分析，初步定下集体谈判的基调，并将谈判的事项通过各地区工会通告到 230 万名工人之中，进行了广泛的讨论。各地区工会将工人的讨论情况汇总后反馈给工会的集体合同委员会，再由集体合同委员会汇总整理各地收集的意见上报理事会，由理事会审议集体谈判合同的草案，最后通过草案，其中包括增长 8% 的加薪要求，随后通知各谈判区向企业发出要约。

谈判主体资格认定不是简单地给予劳资双方以结社自由，而是通过审查劳资双方组织的代表性来切实保障劳资双方的结社自由，对劳资组织既保护又监督，防止组织异化，保证双方成员利益得到公平公正的整合，为取得较好的谈判质量把好了第一道关口。

（二）只有谈判主体组织化，才可能实现谈判专业化

集体谈判的具体过程本身极其复杂，涉及经济、技术、政治、社会、心理以及法律等多个领域，以致在西方已经成为一个专门的学科，随着技术进步和经济发展，其丰富、复杂程度会越来越高。集体谈判通常需要较长的时间，一般都要半年，有的甚至长达一年。绝大多数普通劳动者是不可能全面掌握这些专业性很强的知识和信息的，也没有时间和精力直接参与谈判，这

就要求劳资双方谈判主体拥有一批专职化、专业化、专家型谈判人员。只有劳资双方各自组织起来,选出、聘请自己的谈判代理人,才能增强谈判能力,赢得自己的利益。在工资集体协商比较成熟的国家,劳资双方都配备如律师、劳务专家和会计师等一大批专业人才,还聘请专家对谈判队伍进行有关法律法规、谈判的技巧和规则等方面的培训;为了达到效果,有时还要进行模拟谈判。政府为了能够指导、调节劳资谈判,也需要组建高素质的谈判队伍,一般由政府部门和聘请的相关技术专业人员和法律专业人士如律师组成。工会、资方、国家三个组织谈判代表的专业化,使三方具有谈判行为能力,保证了集体谈判具有高水准。

(三)健全调解和仲裁机制,尽量减少集体行动发生

集体谈判相比于个体谈判,既有高效的一面,也有谈判破裂后破坏力更大的一面。经过一系列组织化过程,工会和企业联合会的号召力更强,罢工、关厂等集体行动更加迅速、规模更大、对社会的破坏力也更大。西方国家都既尊重劳资自治权,也保留了政府在必要的时候对集体谈判的干预权,成立了调解和仲裁机构、制定相应规则,在集体行动发生前积极进行干预,起到了良好的减震作用。

在调解上,有的国家在政府劳动行政部门设置调解机构,调解行为属于政府行为,具有行政效力,如日本的劳动委员会、瑞士的国家调解办公室、新西兰的雇佣关系服务局等。有的国家在劳动行政部门之外由政府专设一个调解机构,如美国的联邦调解调停局,这类机构更专业。有的国家设置独立于政府的民间调解机构,其调解效力更多的是依靠机构自身的威望让劳资双方信服,这类调解机构程序比较简单,调解更灵活,如英国的劳动咨询调解仲裁委员会。西方国家还设置临时调解机构,调解一些特殊的、影响较大的劳动争议,争议处理结束后,机构自动解散。

当调解不能解决谈判争议时,就启动仲裁程序。西方的仲裁机构主要有两种类型:一种是政府设立的专业仲裁机构,如美国的联邦调解调停局,工作人员是政府公务员,经费来源于政府财政拨款。另一种是独立于政府的公共仲裁机构,如英国的中央仲裁委员会、澳大利亚的联邦和州产业关系委员会,其成员由劳动关系领域、法律界和经济界的知名人士或高级专家组成。

由于集体谈判越来越规范,劳资双方越来越理性,多数集体谈判能在劳资自我调解中达成协议,一部分在国家调解下达成协议,只有少数进入仲裁程序,极少数才会出现仲裁失败的情况,因而罢工、关厂等集体行动仍会发生。西方国家对集体行动进行了许多约束,实质上持不赞成态度,如对于参

与罢工的雇员，国家停发其罢工期间的医疗费用、短时间工作报酬，罢工期间工人的损失由工会支付，企业关厂期间损失由企业联合会支付。德国规定，只有当工业行动的目的是为了签订集体合同时才是合法的，而且在举行正式罢工之前工会要向会员书面征询意见，只有在取得75%以上会员同意的情况下才能决定罢工。因此，劳资双方对集体行动权的使用都非常谨慎。同时，西方国家对某些可能危及国计民生的集体劳动争议实行强制仲裁，劳资双方必须无条件依照执行，如美国、日本等国家都有政府直接下达停止集体劳动争议的紧急命令的制度。2002年9月至10月，美国西海岸29座主要港口的一万多名码头工人同时罢工，引发了30年来历时最长的封港事件，给美国乃至亚洲、欧洲和拉美多个国家的经济造成重大的冲击。布什总统根据劳资关系法案启动紧急措施，联邦法院下令强制工人复工，劳资双方通过快速谈判达成新的协议从而宣告罢工结束。近年来，各国对强制仲裁也都采取了谨慎和尽量避免的态度。

二　促进国家为劳资合作营造外部保障

合作主义劳资关系是劳资自治和国家权威的统一，劳资合作对国家政策依赖度较高。劳资集体谈判仅有劳资两方是远远不够的，还需要国家力量提供全方位的外部保障。工资集体协商制度将国家力量有机地纳入劳资合作之中，为劳资合作营造必要的外部条件。

（一）促进国家为劳资合作营造良好的经济条件

国家的财税制度影响着劳资分配状况：一是如果税负较重，企业特别是抗市场风险能力弱的中小企业，就会将其转嫁给劳动者，导致税收侵蚀工资；二是如果国家对用工没有优惠政策予以引导，企业就会为降低成本而竞相压低工资。可见，国家参与社会分配、影响劳资分配，在较大程度上决定着劳资关系格局。工资集体协商，是一个三方协商机制，是国家、企业、工会相互表达诉求、相互提出要求的平台，这样就将政府也摆进劳资分配格局中来，促进政府为构建和谐劳资关系承担自己应尽的职责，规范政府经济行为，使国民收入在国家、企业、劳动者三者之间得到合理分配。

发达国家对中小企业所实行的完善、细致而长期的优惠政策，就是得益于成熟的三方协商机制。从世界范围来看，依法扶持中小企业的发展已经成为通行的做法。在税负上，国家通过立法制定涉及范围广、针对性强、方式多样的优惠政策，并注重保持政策的连续性、稳定性和协调性，如美国1981年修订了《经济复兴税法》，日本1963年颁布了《中小企业基本法》，德国1967年颁布了《关于保持稳定和经济增长的法令》，英国1983年颁布了《企业扩展计划》，法国1995年颁布了《振兴中小企业计划》。在用工上，国家用补贴和税收减免等措施鼓励中小企业增加就业和提高工资。如1996年法国政府规定，每创造一个就业机会，企业将获减1万法郎所得税，最高减免50万法郎，同时还将职工工资总额作为税收减免的因变量。英国从1997年开始，规定中小企业每招收1名工人可获得政府每周75英镑的补贴①，通过鼓励性政策引导企业主动改善劳资关系。

（二）促进国家为劳资合作营造良好的社会氛围

劳资矛盾是层出不穷的，经济形势变化、社会发展变化、企业经营变化、职工需求变化等，都会使劳资之间产生新的矛盾和问题，这就需要劳资之间及时沟通。随时沟通很难做到，但定期沟通很有必要。工会的基本职能就是代表职工与企业进行集体谈判，但在没有得到国家法律规范的情况下，集体谈判要么是工会与少数开明企业之间的"君子协定"，要么是罢工之后企业迫不得已而接受。这两种集体谈判方式都具有零散性、突发性等特点，因而很不稳定，不足以化解劳资矛盾。在工资集体协商制度比较成熟的国家，定期协商是一项基本规定，使集体协商成为劳资双方的习惯性行为，以形成集体协商的浓厚社会氛围。在美国，集体合同的签订周期上通常是四年，在集体合同到期前的3—6月，最长一般不超过一年应提出新的集体谈判。在丹麦，集体谈判一般每3年一次。在德国，大多数的集体谈判每年进行一次。在日本，每年4月1日新财政年度预算起步之前，全国性、行业性和企业内的劳资双方都会就本财政年度工资调整问题进行谈判，故而这种谈判被称为"春斗"。在瑞典，自1952年签订首个中央协议起，平均每两年进行一次集体谈判，签订集体合同。在法国，1982年颁布了一项新的劳资协议法案，明确规定劳资双方每年必须就工资、工时、工作环境进行谈判。这些规定使经过一段时间形成的劳方和资方新的诉求得到沟通，使积累起来的劳资新矛盾找到新的解决方案，避免矛盾日积月累以致酿成大的矛盾和破坏性冲突。

（三）促进国家为劳资谈判提供法律保障

每一次劳资集体协商都是一次利益的重新分割，火药味不可能不浓。没有法制规范，很容易节外生枝、陷入僵局、充斥阴谋。在体育运动中，肢体

---

① 参见《国外促进中小企业发展的税收政策》，http：//www.npc.gov.cn/npc/zxft/gyjyzjy/2009 – 12/22/content_ 1531307. html。

碰撞越多的比赛，裁判的作用越重要。劳资集体谈判形同贴身肉搏的拳击比赛，没有国家制定比赛规则并且担当裁判，就会出现惨烈的伤亡事件。博弈论的经典模型——"囚徒困境"揭示：在一次性、不透明的博弈下，双方都不可能实现利益最大化。劳资是博弈的两方，但不是两个只进行一次博弈的"囚徒"，而是长期博弈的关系，这就为合作提供了可能。亚当·斯密指出："这两方的利害关系绝不一致。劳动者盼望多得，雇主盼望少给。劳动者都想为提高工资而结合，雇主却想为减低工资而联合……就长时期说，雇主需要劳动者的程度，也许和劳动者需要雇主的程度相同。"① 要使劳资在长期博弈中从冲突走向合作，就需要解决博弈不透明的问题，具体来说需要具备一个条件：双方不诚实行为能及时地被察觉、制止，并受到严厉惩罚，这就需要抑制双方短期行为的制度。当短期不合作行为不仅不能捞取短期利益，而且会受到惩罚，那么双方就会为着共同利益而采取合作态度。日本学者青木昌彦指出："制度的本质是对均衡博弈路径显著和固定特征的一种浓缩性表征，该表征被相关域几乎所有参与人所感知，认为是与他们策略决策相关的。这样，制度就以一种自我实施的方式制约着参与人的策略互动，并反过来又被他们在连续变化的环境下的实际决策不断再生产出来。"② 只有促进劳资合作的制度，劳资合作才可能出现。而能提供制度、对违法者实施处罚的主体只有社会上唯一具有立法权、执法权的组织——国家。

　　例如，美国在 1947 年颁布的《劳资关系法》中设置了"强制性议题"条款，防止雇主避重就轻。"强制性议题"包括"薪酬率、薪酬、工作时间或者其他劳动条件"，其中薪酬除职工正常的工资收入外，还包括其他与劳动报酬有关的收入，如非奖励性企业红利、雇主加薪的内部规定、雇主提供的生活设施等。工作时间，则包括雇主对工作时间表的调整、周末是否加班等内容。如果企业的实际劳动条件发生了改变，也作为强制性的内容，在集体谈判中都要求涉及。如果没有对涉及职工切身利益的问题"必须谈"的强制规定，集体谈判的效果和效率将会大打折扣。《劳资关系法》还制定了保证谈判过程中诚信的条款，如果工会觉得需要雇主提供关系到劳动者权益维护的有关信息，雇主必须提供；发生分歧和冲突时应在法律框架范围内反复博弈谈判，不得自行决定退出谈判；如果劳动条件改变对雇员的利益产生

① ［英］亚当·斯密：《国民财富的性质和原因的研究》（上卷），郭大力、王亚南译，商务印书馆 2009 年版，第 61 页。

② 参见 ［日］青木昌彦《比较制度分析》，周黎安译，上海远东出版社 2001 年版，第28 页。

重大影响，雇主不得单方做出决定，必须与工会协商，征得同意。日本《民法》对集体谈判作出了"公序良俗"规定：如果工人因为参加工会活动、工资集体谈判或是罢工等产业行动而受到雇主的打击报复，如解雇等刁难，该雇主将因不符合"公序良俗"规定而受到法律的处罚，同时该行为无效。日本《民法》还规定，一旦集体合同签订，在合同有效期内劳资双方都不得采取争议行动以修改已经达成一致的事项，并且禁止以任何理由采取争议行动。如果违反该义务而采取争议行动，不能豁免民事、行政或者刑事责任。对集体合同所约定的劳动条件，低于或者高于该条件的劳动合同都是无效的，除非集体劳动合同本身做出了约定。同样地，与集体协议冲突的劳动规章制度也是无效的。西方发达国家通过制定谈判规则、严格执法，有效地抑制了短期行为，从而促进劳资从短期对抗博弈走向长期合作博弈。

三 多层次协商适应劳资合作的多样性

劳动者千差万别，企业也千差万别，各自的需求也千差万别，劳资合作呈现出多样性的特点。在长期的发展演化中，西方国家形成了多样性的工资集体谈判形式，以适应劳资合作的多样性。

从纵向上看，集体谈判一般分为三个层级，即全国一级、行业一级和企业一级。由于历史、文化、法制等种种原因，各国在谈判层级上各有侧重。一些北欧国家如瑞典、挪威和芬兰等由于其工会和雇主组织的组织程度很高，所以多采用全国一级的谈判。德国、英国等国由于其行业工会强大，谈判多以行业一级为主，而美国和日本则多以企业一级谈判为主。虽然侧重不同，但三种层级的集体谈判都是存在的。例如，日本虽然以企业一级的谈判为主，但钢铁、化工等行业一级的集体谈判所确定的工资增长水平对企业一级的谈判有很大影响，实际上成为后者的"参照系"，国家公务员的增资水平也以此为参考。欧洲国家行业一级的集体谈判比较普遍，但企业一级的谈判也仍然存在，如法国的雷诺汽车公司、德国的大众汽车公司和荷兰的飞利浦公司就定期与企业工会进行集体谈判。

从横向上看，同一层级集体谈判中又有工种、职业、地域类别的谈判。行业层级的集体谈判就是各行业分门别类的谈判活动。德国的集体谈判带有明显的区域特征，全国性的产业工会组织一般不会与雇主组织直接谈判，行业谈判主要以地区级谈判为主，这既考虑地区差异，也使得不会因一个地区谈判破裂而对全社会造成冲击。德国还通过开展区域谈判，将集体合同覆盖到职业流动大、人数少的多种多样的中小企业。在日本，一个企业内部可以有多个工会，每个工会都享有集体协商和罢工的权利。在瑞典，国家级主要有三大工会，分别是由蓝领工人构成的瑞典工会联合会，由白领工人组成的瑞典职员中央组织，还有一个由知识分子构成的瑞典专业人员中央组织，分别开展集体谈判。

各种谈判各有利弊。企业级谈判中，工会力量较弱，谈判所制定的劳动标准往往较低，但操作简便、成本低，能关注职工最直接、最切实的问题；行业谈判能体现职业特点和需求，工会力量较大，制定劳动标准较高，能弥补企业级谈判中劳动标准较低的问题，促进行业内公平竞争；国家级集体谈判的议题一般比较宏观，解决劳资关系中原则性、基本性问题，对行业级、企业级谈判具有引导性、促进性，但屏蔽了行业和企业职工的一些具体诉求，因而需要行业级、企业级谈判予以弥补。职工内部是分层的，一线工人、白领职员、知识分子的工作状态是不一样的，诉求和需求也是不一样的，需要岗位性集体谈判。企业有大型企业、中型企业、小微企业之分，它们的经营方式、技术水平、抵抗风险能力是不同的，劳资关系也因而不同，大中型企业易于开展企业级谈判，小微企业需要区域谈判或行业谈判。西方工资集体谈判是一个纵横交错的体系，使各有利弊的各级各类集体谈判相互取长补短，最大限度地促进劳资合作。

本 章 结 论

本章运用历史分析和理论分析的方法，以西方工业化先发国家为主要研究对象，阐述了劳资关系从激烈对抗走向合作主义的历史发展规律，而工资集体协商就是在这个历史发展过程中所凝集而成的制度成果。综合本章论述，可以概括出以下三个综合性结论：

第一，对抗性和合作性在任何时候都统一于劳资关系之中。既不能因为劳资关系发展早期的激烈对抗而否认其具有合作性的一面，也不能因为当前西方发达国家劳资关系表现为合作伙伴关系就否认其对抗性的一面。当对抗性强于合作性，劳资关系就表现出对抗性；当合作性强于对抗性，劳资关系就表现出合作性。从一次分配或短期看，劳资关系对抗性大于合作性；从长期看，劳资关系合作性大于对抗性。劳资关系究竟呈现出合作性还是对抗性，关键取决于国家政策。第一次世界大战期间，一些国家为了应对战争，主动协调劳资矛盾，劳资关系就呈现出合作的景象；战后又恢复自由放任政策，劳资冲突也再次兴起。

第二，国家在构建劳资合作关系中具有至关重要的作用。劳资合作，是指劳资双方在平等博弈、求同存异的基础上，形成劳资双方共谋发展的关系。一是由于劳方天生弱势，实现劳资平等博弈需要国家采取适当向劳方倾斜的政策。从西方劳资关系发展看，劳资关系激烈对抗和相互对峙时期，都是国家偏袒资方、限制劳方抗争的时期；而劳资关系缓和和成为合作伙伴关系时期，都是国家削强补弱，保护劳方合理抗争而适度削弱资本权力的时期。二是由于劳资天生的利益对抗性，实现劳资诚信博弈需要国家制定博弈规则、监督规则执行、惩戒违规者。西方国家劳资合作关系的形成无不是伴随着劳动法制的健全。因此，在工业社会日益分裂为劳资两个利益集团的情况下，国家没有机会独善其身。在现代西方集体劳资谈判中，国家显得很洒脱、很逍遥，这是以健全的适度向劳方倾斜的一系列劳动法为前提的。离开了这个前提，中立和自由放任实质上都是对资方的偏袒，如果再加上故意偏袒，劳资矛盾就会极度恶化，最终将导致劳方揭竿而起。

第三，工资集体协商制度是最符合劳资关系特点和工业化大生产要求的制度安排。劳资双方互利共赢的空间，就好比是以劳资关系为圆心，以集体协商的有效性为半径，画出的圆形区域。集体协商开展得越深入、越充分，劳资双方互利共赢的空间就越大。首先，工资集体协商制度将劳资关系带入一种"定期博弈、短期震荡、长久和谐"的状态。劳资关系具有对抗性，只有通过博弈才能通往合作；同时，劳资关系具有合作性，可以通过制度规范这个短期震荡的博弈过程，形成劳方、资方、国家的共识，实现长期和谐的劳资关系。其次，工资集体协商制度充分体现了工业社会合作的特点。工业社会既赋予了每个人独立的利益，又将人们更加密切地联系在一起。工业社会的主旋律是合作，主张独立利益基础上的合作。劳资关系是工业社会最重要的社会关系，如何让众多的独立利益的劳动者、企业实现合作是一个长期困扰社会的难题。在长期的磨合中，找到了工资集体协商制度，该制度通过组织化、制度化，首先使劳资双方在各自利益集团内部进行利益整合，然后将劳方利益、资方利益、社会利益再次整合，找到各个利益的最佳平衡点，从而构建起关乎全社会稳定和发展的劳资合作关系。

第六章

中国劳资关系的基本特点是
合作倾向强但合作水平低

我国的工业化进程是随着外国资本的进入而兴起的，与西方国家工业化自然发生的历史不同，因而工人运动从一开始就不仅包含着反资本剥削的内容，而且包含了反帝国主义侵略和救亡图存的内容，这就使工人阶级与民族资产阶级既有剥削与被剥削的对立性，又有共同反帝、反封建的合作性。改革开放后，社会主义制度为缓和劳资矛盾、促进劳资合作提供了有利的社会环境。特殊的历史发展条件，使我国劳资之间具有很强合作意向。但是，由于缺乏社会自治传统、社会法制意识较低、非公有制企业普遍发展水平不高等原因，我国劳资合作尚处于较低层次，还很不成熟。

第一节　革命时期和新中国成立初期中国共产党领导
下的劳资合作生机勃勃

明朝末年，我国就出现了资本主义萌芽，但由于受到封建主义的抑制，直到鸦片战争爆发基本上处于工场手工业阶段，与现代工业生产相去甚远。鸦片战争后，在通商口岸外国资本家开设的工厂中，产生了近代中国第一批工人阶级。19 世纪六七十年代，受到鸦片战争失败的刺激，一些洋务派官僚、开明地主和商人开始引进西方先进生产技术，投资兴建近代企业，开启了中国民族资本主义发展的历史。1872 年，归侨陈启源在南海创办中国第一家民族资本主义工业——"继昌隆"缫丝厂。1895 年甲午战争惨败，彻底暴露出清王朝的腐朽，国内发展现代工业的愿望更加高涨，加上巨额赔款，为扩大财源，解决财政困难，清政府被迫减轻和放松了对民族资本主义工业发展的限制，19 世纪末中国出现了一个兴办民族工业的高潮。

在半殖民地半封建的旧中国，无论是清政府，还是北洋政府或蒋介石领导的国民党政府，都与国内外资本家沆瀣一气，残酷地压榨工人阶级。历代封建王朝为了维护专制统治，均严厉禁止人民结党立会。清政府作为少数民族统治政权，为了防止汉人反抗，对结社的禁令尤严。1908 年，清政府颁行了《结社集会律》，虽然对结社有所松动，但规定无论何种结社，民政部、本省督抚、巡警道、局、地方官都可以维护公安为由饬令解散或令暂时停办，还规定了对违反者处以罚金、拘留、监禁的处分。1912 年，北洋政府颁行《暂行新刑律》，作出了同盟罢工"首谋处四等以下有期徒刑、拘役或三百元以下罚金，余人处拘役或三十元以下罚金"等规定；1914 年又颁行《治安警察条例》，认定工人集会是强索报酬、扰乱安宁秩序、妨害善良风俗，并规定违反者"处以五个月以下之徒刑，或五元以上五十元以下之罚金"。1922 年 2 月 24 日，孙中山领导的国民广州政府国务会议通过《工会条例》，规定 16 岁以上的劳动者可组织工会。这是中国历史上第一个正式承认和保障工会权利的单行法规。可是，蒋介石背叛了孙中山三民主义遗志，抛弃了联俄联共扶助农工的政策，发动"四·一二"反革命政变后，实行压迫工农、镇压工人运动的方针政策，大搞白色恐怖，实行血腥屠杀，仅在 1927 年和 1928 年就杀害了工农群众 33 万之众，在 1931 年前被害人数达到 100 万人。

在帝国主义、封建主义、官僚资本主义三座大山的重重压迫下，工人阶级自发地成立工会，掀起了反帝、反封建、反剥削的斗争，斗争的主要方式是罢工。中国共产党一经成立，就把自己同工人阶级紧密联系在一起，1921年 8 月 11 日在上海成立中国劳动组合书记部，勇立工人阶级运动的潮头，将罢工斗争推向新的高潮。"据不完全统计，一九二〇年全国罢工四十六次，罢工人数近五万左右；一九二一年罢工四十九次，罢工人数达十多万人。（比一九一六年罢工十七次，一九一七年罢工二十七次，一九一八年罢工三十次，都有了大幅度的提高。）"[①] 自中国共产党建立了革命根据地之后，面临着一个重大的现实课题：在自己领导的土地上，如何处理劳资关系？罢工斗争的方式是否依然可行？是否应该彻底消灭劳资关系？从革命和新中国成立初期我党领导革命根据地和解放区的历史经验来看，中国民族资产阶级和工人阶级都具有较强的合作倾向，只要得到国家权威的适度调节，劳资合作就会显示出蓬勃的生机和活力。这是因为：第一，工人阶级比民族资产阶级更早感受和熟悉现代工业生产，对工厂生产适应力较强，因此双方

---

① 肖效钦、李良志：《中国革命史》（上册），红旗出版社 1983 年版，第 48 页。

的矛盾并不像西欧那样与生俱来。第二，在帝国主义的垄断资本和封建官僚买办资本的夹缝中求生存的民族资本，也具有强烈的反帝反封建的意愿，这使得中国民族资产阶级与工人阶级更具有利益相关性，双方更易于形成合作。与清政府、北洋政府和蒋介石领导的国民党政府不同，中国共产党关注劳工利益，同时为了革命和新中国成立初期国家发展的需要，能够兼顾双方利益，在工业化早期就开创了劳资合作的伟大实践，这在世界工业化发展史上都是绝无仅有的。

一　土地革命后期积极开创了劳资合作的伟大探索

在土地革命的前中期，我党在处理劳资关系问题上采取了过"左"的政策。在革命根据地，不少人认为在共产党领导下，工人阶级当家做主了，就应该对资产阶级实行专政，否则就不能显示共产党是一个"革命"的政党。在这种思想指导下，资方的政治权利被剥夺。1931年1月15日，中国共产党六届四中全会指出："在苏维埃政权之下，一切资本家，地主及剥削者皆无选举与被选举之权。"① 中华苏维埃工农兵第一次全国代表大会通过的宪法大纲也作出了相关规定。1931年11月，由中央工农民主政府颁布的《中华苏维埃共和国劳动法》尽管允许中小工商业继续存在，但在法令上和实际政策上予以了重重压力，鼓励工人与资本家抗争，鼓励罢工，使企业经营非常困难。苏区的工人提出了许多不符合实际的、过高的工资待遇和劳动福利的要求，怠工现象增多，不少资本家不得不逃跑、关门，工人失业，给苏区的经济和红军的供给带来了很多的困难，直接对革命战争的进行和苏维埃政权的巩固造成了严重影响。

1932年冬，时任全国总工会苏区中央执行局委员长刘少奇敏锐地发现苏区劳资关系中的"左"倾错误，坚决地予以反对和纠正。在刘少奇的推动和张闻天、陈云的支持下，1933年10月15日，临时中央政府颁发了《关于重新颁布劳动法的决定》，宣布废止原《中华苏维埃共和国劳动法》。新《劳动法》修改和废除了原《劳动法》中脱离苏区实际的过高的经济要求条文，兼顾了劳资双方的利益，有力地保护、促进了苏区经济的迅速恢复和稳定发展。刘少奇还提出要订立适当的合同来兼顾劳资双方的利益，不赞成照搬以往罢工的经验，他指出："实现工人的要求，在苏区采用总同盟罢

---

① 中央档案馆编：《中共中央文件选集》第7册，中共中央党校出版社1991年版，第43页。

工的方式，是错误的。"①

在土地革命后期，在工业化水平极低的情况下，我党就通过实践认识到了"劳资合作"的必要性，并实行了"劳资合作"的政策，这在世界劳资关系发展史上是前所未有的。可惜的是，由于当时战事吃紧，特别是 1934 年 10 月第五次反围剿失败，红军被迫长征，根据地丢失，这些好的思想和政策没有得到全面贯彻和巩固，成效没有得到充分显现。

二 抗日战争时期实行了比较成熟的劳资调节政策

抗日战争时期，我党确立了抗日民族统一战线的策略方针。在这项方针指导下，我党提出了调节劳资关系的思想和政策。毛泽东指出："为了团结抗日，应实行一种调节各阶级相互关系的恰当的政策，既不应使劳苦大众毫无政治上和生活上的保证，同时也应顾到富有者的利益，这样去适合团结对敌的要求。"② 在具体措施上：第一，提高了私营工商业主的政治地位，改变了苏维埃一大《宪法》中关于资本家不享有公民权的规定，在政治上承认工商业资本家享有公民权，保护和激发了他们在根据地投资创业的热情。第二，保障劳方的基本待遇和劳动条件。1940 年 4 月，陕甘宁边区政府制定了《陕甘宁边区政府劳动保护条例（草案）》，对劳方权益做出了全面而适度的保护。例如，与原《中华苏维埃共和国劳动法》相比，虽然在劳动时间上仍然规定工人每日实际工作时间为 8 小时，14 岁至 18 岁的青工为 6 小时，采用昼夜轮班制度的所有工人班次至少每星期更换一次，但取消了土地革命时期工人每周有 42 小时连续休息日，工人继续工作到 6 个月以上时至少要有两周例假的规定。再如，在医疗工伤上详细地规定了工人因工受伤或致残的医药费、休假期间的工资、残废津贴、工人因公死亡及因病死亡的遗属抚恤金等问题，取消了过去工人生小病和家属生病均由雇主负担医药费的规定。第三，教育工人为了未来的彻底解放而暂时忍受一定的剥削。1940 年 12 月，《中央关于各抗日根据地劳动政策的初步指示》指出："根据地的劳动政策，应当以支持长期抗战，争取抗战胜利为原则，否则既不能保存工人已得利益，更不能彻底解放工人阶级，因此工人阶级眼前利益必须服从于

---

① 中共中央文献研究室、中华全国总工会：《刘少奇论工人运动》，中央文献出版社 1988 年版，第 159 页。

② 《毛泽东选集》第 2 卷，人民出版社 1991 年版，第 525 页。

永久的全部的利益。"①

在上述政策的引导下，不少新创设的私营工厂一开始就以当时旧中国鲜有的劳资关系新面貌出现——劳资双方主动彼此关照对方利益，形成了互利共赢的良好局面。截至1945年底，各种私营工厂、作坊达14000多家，职工45000多人。棉布自给率达到73%，其他日用品也实现了自给或半自给。② 经济的发展为陕甘宁边区的巩固和发展、为抗日战争和解放战争的胜利奠定了坚实的物质基础。尽管这些调节劳资关系的政策在很大程度上克服了土地革命前期"左"的错误，但是"仍然存在着单方面强调保护工人利益的倾向"③，对劳动者应尽的义务，如提高劳动热情，遵守劳动纪律、维护生产秩序等方面亦很少强调，也未作出具体规定，这在一定程度上制约着边区经济特别是私营经济的发展。

三 解放战争时期劳资两利政策使劳资合作更成熟

解放战争时期，我党确立了人民民主统一战线。抗日战争结束后，我党正确地分析了资产阶级的革命倾向，指出他们中除了极少数右翼分子存在着反动的政治倾向外，绝大多数是可以参加新民主主义革命或保持中立的，因而是人民统一战线需要极力争取的一部分人。同时，经过抗日战争时期陕甘宁边区劳资调节政策的实践，我党在处理劳资关系上思路更加清晰。1947年12月25日，毛泽东在《目前形势和我们的任务》中第一次正式提出，要把劳资两利当作新民主主义国民经济的指导方针之一。他指出："新民主主义国民经济的指导方针，必须紧紧地追随着发展生产、繁荣经济、公私兼顾、劳资两利这个总目标。"④

劳资两利政策使劳资合作更加成熟：第一，明确劳资争议的解决程序和调解仲裁及判决主体。解决劳资纠纷的方式，应该以订立集体合同为主。劳资争议的手续为：先由劳资双方直接协商，协商不成再由市劳动局调解仲裁。中共中央规定："一切有关劳资纠纷问题，均须集中到市一级机关，即

---

① 中央档案馆：《中共中央文件选集》（第12册），人民出版社1991年版，第571页。
② 参见中央档案馆《陕甘宁边区抗日民主根据地文献卷》（上），中共党史资料出版社1990年版，第21页。
③ 史莉芳：《简述抗日战争时期中国共产党处理劳资关系的政策》，《兰州学刊》2005年第5期。
④ 《毛泽东选集》第4卷，人民出版社1991年版，第1256页。

由市劳动局、市总工会、市工商局来统一解决。"① 劳资双方形成的解决纠纷的口头或书面的契约，必须经市劳动局批准备案后方为有效。对劳动局的仲裁不服时，劳资双方都可以向法院起诉。法庭判决为最后程序，双方必须服从。这套解决劳资纠纷的调解仲裁和判决规程，很快就改变了解放区劳资纠纷的无政府状态。第二，劳资双方通过签订"劳资合作契约书"或"劳资合作合同"的方式合理分红。如在东北解放区，劳资双方在当地政府的积极帮助下进行民主协商，签订"劳资合作契约书"或"劳资合作合同"。工厂由劳资双方合作经营，年终按比例分红。分红标准以"公私兼顾、劳资两利"为原则，或对半分，或四六或三七不等。这种做法先在哈尔滨市两家最大的私营企业——老巴夺烟厂和同记商场进行试行，然后推广到全区。同时，党和政府还对私营工商业采取诸如减免税收、发放低息贷款、加工订货、调剂原料、推销产品等扶植政策，使广大解放区和新解放城市的私营工商业迅速得到了恢复和发展。如1947年11月石家庄刚解放时，全市仅有私营工业和手工业700多家，一年以后，就发展到1700余家；私人商业则由1500多家发展到2100多家。1948年2月哈尔滨市登记在册的12092家私营工厂和手工作坊中，一年间获得盈利的占62%，收支相抵的占30%，亏损的仅占8%。②

合同分红制是一个伟大的创举，它将私营企业变成了劳方以劳动入股、资方以资本和管理劳动入股的股份合作制企业，开创了劳资合作的新型企业制度。直到20世纪90年代才在美国等发达国家部分企业中实行的向普通雇工授予股票期权的薪酬制度，在经济发展落后、劳资关系起步晚的中国就已经创造出来，这不能不归功于代表中国工人阶级利益和中华民族根本利益的政党——中国共产党的领导。但是在解放战争时期，我党没有相应的专门性的政策法规来保证私营工商业利益，"左"的思想没有得到彻底清除，一些进城的党员照搬农民运动中"打土豪、分田地"的经验，侵犯民族资产阶级利益的现象仍时有发生。"在土改高潮的实际斗争中，在人民解放军占领的一些中小城市进行的职工运动中，仍然发生了'左'的偏向。"③

① 中央档案馆编：《中共中央文件选集》第14册，中共中央党校出版社1987年版，第671页。

② 参见王炳林《中国共产党与私人资本主义》，北京师范大学出版社1995年版，第211页。

③ 李彩华：《解放战争时期党的劳资两利政策的制定与实施》，《北京工商大学学报》（社会科学版）2009年第1期。

四　新中国成立初期劳资合作既有成功经验又有失败教训

新中国成立到 1956 年底，劳资关系发展经历了跌宕起伏的三个阶段，既有成功，也有失败，都是后人可资借鉴的历史经验。

第一阶段：劳资关系混乱紧张阶段（1949 年 10 月至 1950 年 3 月）

新中国成立后，为稳定人心、弥补战争带来的财政亏空，我国进行了一场"统一财经运动"，内容包括稳定物价、紧缩银根、增加企业税收、发行公债等。党内一直存在的一举消灭资产阶级的"左"倾思想又有所抬头，借机吞并私营企业、提出过高劳动待遇要求、私分企业财产的行为时常发生，大量私营企业倒闭歇业，引发了生产萎缩和失业剧增。"据总工会当时统计，3、4 月间，全国新增加的失业职工约 10 万人，单是上海一地就增加了 5 万人。"① 集体解雇及遣散费的争执引发大量劳资矛盾，而工人生活也因失业陷入困顿，"有的喝粥汤度日，有的以豆渣、豆饼、糠秕、野菜充饥，有的情况甚至比这还更艰难一些"②。党和政府也因此承受着巨大的经济政治压力。

第二阶段：劳资两利的合作阶段（1950 年 4 月至 1951 年底）

权衡利弊后，1950 年 4 月初我党决定成立劳资协商会议③，重新恢复到"劳资两利"状态，不去干涉和限制资方的经营管理权，并提出"降低工资、劳资团结、渡过难关"的号召，如北京私营企业的工人每人工资降低 19%—27%④。私营工商业自 1950 年下半年开始摆脱困境，迅速得到恢复和发展。1951 年被称为"黄金年"，这一年与 1950 年相比，全国私营工业户数增加 11%，生产总值增加 39%，私营商业户数增加 11.9%，零售总额增加 36.6%。⑤ 随着私营工商业的快速发展，许多工人得以纷纷复工，生活明显改善，劳动争议显著减少，大多数劳资争议也能通过双方协商解决。1950 年，全国 30 个城市的劳资争议案件中通过劳资协商会议妥善解决的比

---

① 柳随年、吴群敢：《恢复时期的国民经济（1949—1952）》，黑龙江人民出版社 1984 年版，第 39 页。

② 《失业与失业救济》，《人民日报》1950 年 6 月 30 日。

③ 参见《北京劳动局等商讨决定逐步建立劳资协商会议，贯彻全国劳动局长会议精神》，《人民日报》1950 年 4 月 2 日。

④ 《成立劳资协商会议协力克服困难，京私营企业出现新气象，工人自动降低工资提高生产效率，资方积极改善经营方法扩充设备》，《人民日报》1950 年 5 月 25 日。

⑤ 参见胡绳《中国共产党的七十年》，中共党史出版社 1991 年版，第 292 页。

例高达80%。①

第三阶段：资方被全面压制直至消亡（1952年初到1956年底）

1951年底，在党和国家机关内部开展了"反贪污、反浪费、反官僚主义"的"三反"运动。1952年初，在"三反"运动高潮中，经毛泽东提议，在大中城市发动一场反对资产阶级行贿、偷税、盗骗国家财产、偷工减料、盗窃经济情报的疾风骤雨般的"五反"运动，斗争矛头直指私营企业及资本家阶级，劳资关系演变成激烈的阶级斗争关系，致使少数资本家跳楼自杀。"五反"运动错误地把可以通过完善制度加以纠正的个别不法资本家的行为当作整个资产阶级不可更改的性质。"五反"运动之后，经济严重下滑，失业迅速增多。"华北地区1952年2月份的税收比1月份减少了一半。天津市新歇业的私营工商户有4000家，影响到40万人的生计。"② 虽然其间国家对资方的全面压制做了一定调整，但是资本家阶级已经很难再进行自主生产和管理。1954年1月，中共中央批准中央财经委员会《关于1954年扩展公私合营工业计划会议的报告》和《关于有步骤地将十个工人以上的资本主义工业基本改造为公私合营企业的意见》，大规模的企业公私合营运动开始了。到1956年底，公私合营全部完成，资本家从生产资料所有者变成了单纯的利益分割者和自食其力的劳动者，以私有资本为基础的资本家已经被消灭，劳资关系也在长达22年的时间里退出了历史舞台。

在革命时期和新中国成立初期，我国开创了劳资调节、劳资两利这种劳资合作的伟大实践，为我党革命和建设事业立下了汗马功劳，在世界劳资关系发展史上书写了光辉的一页，在马克思主义发展史上也书写了新的篇章。"劳资两利思想，是中国共产党人在新民主主义革命时期对马克思主义劳资关系理论的一种有益探索，其理论意义在于在马克思主义劳资关系发展史上第一次把劳资矛盾当作人民内部矛盾来处理。"③ 革命时期和新中国成立初期的伟大劳资合作实践还证明，中国共产党具有领导劳资合作的独特政治优势。非常遗憾的是，在革命和建设时期，我们党没有充分认识到工业化和劳资关系不可分，始终把劳资合作作为一种权宜之计，"左"的思想没有得到完全克服，因而总是处于摇摆不定的状态，最终不可避免地抛弃劳资合作、

① 参见中国社会科学院、中央档案馆《1949—1952：中华人民共和国经济档案资料选编（综合卷）》，中国社会科学出版社1990年版，第153页。

② 薄一波：《若干重大决策与事件的回顾》（上），中共党史出版社2008年版，第119页。

③ 陈微波、张锡恩：《从冲突到合作：构建社会主义和谐劳资关系的理论演进》，《西南民族大学学报》（人文社会科学版）2010年第9期。

消灭劳资关系，使社会主义建设事业遭受到严重的损失。

第二节 社会主义制度是改革开放后
劳资总体合作的制度基础

马克思曾指出："在一切社会形式中都有一种一定的生产决定其他一切关系的地位和影响，因而它的关系也决定其他一切生产的地位和影响。这是一种普照的光，它掩盖了一切其他色彩，改变着他们的特点。"[①] 社会主义制度就是这种"普照的光"，在一定程度上削弱了劳资关系的对抗性，使其合作性得到强化，展现了社会主义制度的优越性。

一 农村土地集体所有制为农民工劳资合作提供了有力保障

农村土地集体所有制是社会主义改造的重大成果，它被作为社会主义基本制度的重要组成部分而得以建立。当时人们怎么也不会想到，农村土地集体所有制在 22 年后中国改革开放的进程中，会对缓解劳资矛盾、促进劳资合作发挥出积极的作用。

（一）使中国劳资关系形成跨越了残酷的原始积累阶段

什么是原始积累？马克思指出："所谓原始积累只不过是生产者和生产资料分离的历史过程。"这里所说的生产者是直接生产者，拥有自己土地和劳动工具的小土地所有者，即自耕农。"这个过程一方面使社会的生活资料和生产资料转化为资本，另一方面使直接生产者转化为雇佣工人。"[②] 在最典型的原始积累样本——英国原始积累之前，自耕农人数众多且过着怡然自得的小康生活。"用自己双手耕种自己的田地并满足于小康生活的小土地所有者……当时在国民中所占的部分比现在重要得多……至少有 16 万个土地所有者靠耕种自己的小块 Freehold［自由地］〈Freehold 是完全自由支配的财产〉为生，他们连同家属在内要占总人口的 1/7 以上。这些小土地所有者的平均收入……估计为 60—70 镑。根据计算，耕种自己土地的人多于租种别人土地的人。"[③] 正是这种惬意的小农生活使农民根本不愿意背井离乡

---

① 《马克思恩格斯选集》第 2 卷，人民出版社 1995 年版，第 24 页。
② 马克思：《资本论》第 1 卷，人民出版社 1975 年版，第 783 页。
③ ［英］马考莱：《英国史》第 1 卷，载马克思《资本论》第 1 卷，人民出版社 1975 年版，第 784—785 页。

进城受人雇用，于是一部"血与火"的历史上演了：整个乡村在圈地运动中遭到灭顶之灾，大量的人突然被强制地同自己的生存资料分离，被当作不受法律保护的无产者抛向劳动力市场。农民流离失所，无以为生，沦为城市流浪汉，而英国政府为了迫使这些不习惯城市生活和工厂严格纪律的流浪汉接受雇佣劳动剥削，他们披着法律的文明外衣炮制了"流浪汉"的罪名，采取了毒辣而血腥的酷刑——鞭笞、监禁、割耳、烙印和处死等来迫使农民就范。"在亨利八世统治时期（1509—1547），就有七万二千人因流浪汉的罪名被判处死刑。"①

改革开放后，我国非公有制经济从无到有、蓬勃地发展起来，而其雇用的劳动者也主要是农村剩余劳动力，劳资关系于是在中国大地上得以形成，而这些进城打工的第一代农民工就构成了当代中国第一批雇佣劳动者的主体。同样是从农村走入城市受人雇用，但中国农民与英国农民的境遇是完全不同的，前者是半工半农，在农村有土地作为根基，而后者是从土地上连根拔起地被赶向城市。两者的差异在于中国实行农村土地集体所有制。1956年底，农业社会主义改造废除了自耕农土地私有制，建立了农村土地集体所有制。改革开放后，家庭联产承包责任制并没有改变土地的集体所有制性质，它不是重新回到土地改革时期的土地制度即恢复自耕农土地私有制，而是在所有权不变的情况下给予农民耕种土地的自主权和收益权。外出打工的农民没有被剥夺作为集体一分子拥有土地、耕种土地和居住的权利，农民工只要愿意随时都可以返乡种田和居住，家乡永远是他们最后的港湾，不存在像英国农民那样离开土地后一旦在城市没有工作就只能流离失所的情形，这样就使得我国劳资关系的形成没有经过或者说直接跨越了工业化初期残酷的原始积累阶段。虽然近些年来，一些地方出现了强制征收农民耕地作为工业和城市发展用地的做法，但这种做法主要集中在城乡接合部的近郊农村，不具有全国范围的普遍性，在政策上也是受到否定的，而且得到了较快的纠正。

（二）使中国劳资关系避免了发展初期易发的尖锐冲突

世界工业化先发国家的劳资关系无不经过了一个发展初期的尖锐对抗，而后逐步走向合作的过程。之所以出现这种状况，从内部原因看是因为企业正处于创业期，资金和技术力量都比较薄弱。资金薄弱使资本积累欲望特别强烈，技术薄弱使企业社会财富创造能力较低，因而企业总是千方百计地降

———————
① 瞿季木、黄鸿剑：《世界近代史》，南京大学出版社 1989 年版，第 8 页。

低成本，不惜牺牲工人的利益、健康、生命来获取绝对剩余价值。从外部原因看，在劳资关系发展初期，社会还没有形成一套完备的管理和规范劳资关系的制度体系，资本缺乏约束和规范，剥削性表现得最为露骨也最为残酷，导致劳资尖锐对抗。

我国的非公有制企业大多起点低、规模小，技术水平落后；而在改革开放后的一段时期里，在对非公有制企业的管理和规范上也出现了不少的空白区，加上受到自身维权意识和维权能力的制约，农民工遭受到了很不公平的对待，工资低，工时长，基本上被排除在社会保障之外等。从总体上看，虽然劳资争议不少，但劳资矛盾的程度和范围都比较小，没有发生像 19 世纪三四十年代欧洲三大工人运动那样规模浩大、时间持久的劳资冲突。这其中的原因是什么呢？有学者指出，农民工"之所以能承受这种工资水平，并且不享有任何的社会福利和养老保障，其中一个重要原因在于他们并没有和农村的土地割断联系。土地在当前的打工经济中发挥着重要的背后支撑作用，虽然离开了农业，但很多农民工并没有离开土地的保障"[1]。的确，农村土地集体所有制为农民提供了基本生活保障，在一定程度上弥补了一定时期社会保险制度的不足，增强了农民工对劳资关系形成初期相对恶劣状况的耐受程度，从而在劳资关系发展初期避免了易发的尖锐冲突。

（三）使中国劳资关系伴随着工业化城市化进程协调发展

一边是现代气派的城市，一边是城市周边大片的贫民窟，这是拉美、中东等许多发展中国家在工业化进程中出现的一种普遍现象。这些工业化后发国家与英国等先发国家不同，后者是在技术层次低、人口高死亡和可以大量海外殖民的情况下发展工业化的，而当前者发展工业化时所处的境况是技术层次高、人口低死亡而又无海外殖民空间，因而面临着人口过剩特别是农村人口严重过剩的问题。当农村剩余人口向城市迁移的速度快于工业化城市化的速度，那些不能被工业和城市吸纳的农村人口只有在城市边缘地带生存，于是就形成了大片的贫民窟。而造成贫民窟问题的最根本原因是土地私有制。尽管拉美国家 20 世纪 70 年代中期以来进行了土地改革，让部分农民得到了小块土地，但是没有改变土地集中于大、中地产者的状况，更没有改变土地私有制度，甚至农村土地在私有制和市场化作用下向外国人手中集中，"新的土地外国化的浪潮将造成大量土地集中的进程，使土地的价格失去控

---

① 郭亮：《需坚持农村土地集体所有制》，《中国社会科学报》2010 年 1 月 5 日第 5 版。

制，比如乌拉圭的土地最近 10 年价格上涨了 6 倍"①。拥有小块土地的农户在农业现代化进程中无法与大、中地产者竞争，破产后的农民只有拖家带口地流落城市，住进贫民窟里苟且求生，造成城市人口过量，进而造成就业形势严峻、工资低下，使劳资分配长期向资本倾斜，这时一次解雇就可能使一个家庭遭受毁灭性打击，这些都在一定程度上增加着劳资关系的紧张度。

改革开放时，我国面临的农村人口过剩问题比拉美等国家严重得多，可谓世所罕见。我国历来就是一个人多地少的矛盾十分突出的国家。英国地广人稀，允许存在大量的自耕农，就是那些受雇于地主的佃农"实际上也是自耕农，因为除了工资，他们还分得四英亩或更多一些的耕地和小屋"②。而在新中国成立前，人均耕地面积就只有 2.8 市亩③，仅相当于英国在工业化前一个佃农所拥有的私人土地的 10%，因而已经积蓄了大量的农村剩余人口。如果我国农村剩余人口也像拉美、中东等国一样在短时间内举家搬迁到城市，那么贫民窟的规模将是超级巨大的，必然引发剧烈的社会动荡。这种可怕的情景并没有出现，原因就在于我国实行的是农村土地集体所有制。在中国人地矛盾十分突出的情况下，土地细碎化使小土地所有者无力抵抗天灾人祸等自然灾害，更无力抵抗市场风险，如果实行土地私有制，那么变卖土地成为佃农或者颠沛流离是绝大多数农民必然的宿命。由于有了农村土地集体所有制，中国农民向城市的流动是以土地为保障、以农村为基地的，这不同于拉美国家农民"单向不可逆"的进城方式，而是一种可进可退、适时而动的候鸟式的农业人口流动。

农村土地集体所有制不允许土地所有权市场化买卖，农户都能基于村庄成员资格获得土地经营权。一些城市生存能力较强的农民先让自己在城市里安定下来，然后再将家眷带进城里，老人们则大多选择待在农村。而一些城市生存能力相对较弱的农民即使不能在城市定居下来，但他们随时可以回到农村的栖身之地，也不用担心家眷是否有容身之地。这种农村剩余人口转移的渐进性使之与城市化同步，解决了城市短时间无法吸纳大量农业剩余劳动力的难题。在人口最多的中国，迄今为止没有出现拉美式的城市化问题，在国际上被称为"可同美国科技进步并论的二十一世纪最伟大的两项成就之

① 赵凌云：《以深刻变革赢得未来——学习十七届五中全会精神》，http://www.hbllxx.com/typenews.asp? id=4503。

② 马克思：《资本论》第 1 卷，人民出版社 1975 年版，第 785 页。

③ 参见宁可《中国封建社会的人口问题》，载《宁可史学论集》，中国社会科学出版社 1999 年版，第 282 页。

一"，而这个成就的根基就是农村土地集体所有制。也正是有了这个制度，我国劳资关系在形成时不是西方国家在工业化初期的那种一无所有的劳动者与资本的关系，而是拥有一定农业生产资料的工人与资本的关系。随着工业化城市化发展，劳资关系进一步发展为不断增多的有较强的城市生活能力的农村转移人口与资本的关系，这大大降低了劳资关系这个新生的社会关系对社会的冲击，实现了经济体制改革的平稳过渡和发展。

二 社会主义劳动保障制度为下岗职工劳资合作提供了条件

20 世纪 90 年代中期到 21 世纪初，在公有制企业改革大潮中有 6000 万之众的下岗职工，他们中的许多人一下子从"国家工人"转变为"雇佣工人"，这种变化可谓"沧桑巨变"。其间虽然引发了一定数量的劳动争议案件，但总体来看，这个历史性转变是比较平稳的。学术界对此的解释有这样几种论点：一是"分化论"，认为国企减员首先是从内部"择优"开始的，使职工群体在年龄、技术层面上发生分化，无法团结起来采取行动。二是"顺从论"，认为中国人习惯于顺从国家意志，缺乏组织起来抗争的传统和意识。三是"限制论"，认为目前中国的政治体制限制了工人组织起来保护自身利益的能力。四是"自愿论"，认为相比于改革开放前，大多数工人对现在的劳动待遇是满意的，能够接受当前的劳资状况和工资福利待遇，也愿意加班加点以提高自己的收入，因而劳资之间不存在重大的矛盾和冲突。五是"时机论"，认为当前非公有制企业的工人还没有形成成熟的阶级意识，因而爆发大规模的工人运动的时机还没有成熟，随着工人的阶级意识和权利意识的觉醒和成熟，劳资对抗终究会演变为大规模工人运动。"分化论"、"顺从论"、"限制论"把广大工人群众置于被动的地位，不相信人民群众有自己的判断能力和行动能力；"自愿论"对于我国劳资现状的认识过于理想化，淡化了劳资矛盾和冲突；"时机论"照搬西方资本主义国家工业化早期劳资关系发展模式来看待我国劳资关系，不能揭示出我国劳资关系的特殊性质。中国相对平稳地完成了劳动关系的巨变，原因当然是多方面的，历史传统、思想认识、政治体制、改革路径等因素都会产生一定的作用，但是这些都不是最关键原因。长期形成的社会主义企业劳动保障制度使城市职工有保障地实现了身份转换，是我国成功实现劳动关系变革最关键的因素。

改革开放前，城市职工享受着衣、食、住、行等全方位保障，尽管保障水平不高，但基本生活无忧。职工普遍住有所居，这就使他们下岗后不会流离失所，这一点对于社会稳定起到了非常重要的作用。同时，在经过从企业保障到社会保障的短暂空白期之后，我国自 20 世纪 90 年代末开始，快速地建立起"三条保障线制度"，即下岗职工基本生活保障、失业保险制度和城镇居民最低生活保障制度，其后养老、医疗、工伤等保险制度相继建立。在劳动关系的变革中，职工开始对自己的保障承担起一定责任，但国家始终没有放弃保障城市职工基本生活的职责，不论下岗职工是否再就业，只要每月按时缴纳一定的养老保险金，都能在法定退休年龄按月领取退休金。这让下岗职工对未来产生了良好预期，极大地安抚了因下岗失业而产生的焦虑情绪。虽然在非公有制企业里拿到的工资不高，但他们还享有下岗职工基本生活保障、养老保障，相当于带着游泳圈"下海"，增强了他们抵御市场风险的能力，起到了缓和劳资矛盾的作用。

三　中国共产党的坚强领导为劳资合作奠定了坚实的政治保证

从西方劳资关系发展史来看，劳资关系与政治息息相关，在劳资关系上从来就没有逍遥的国家。一般来说，工业社会的政治是政党政治，即通过政党来行使国家权力。因此，劳资关系状况与一个国家执政党的政纲和政策直接相连。中国共产党是中国工人阶级的先锋队，同时是中国人民和中华民族的先锋队。在党的坚强领导下，中国人民坚定不移地走中国特色社会主义道路，为劳资合作奠定了坚实的政治保证。

（一）中国共产党是中国人民根本利益的忠实代表，促进劳资合作共赢、增进全民族福祉是基本政策

在 1935 年 12 月瓦窑堡会议上，我党就提出了"两个先锋队"的命题——中国共产党是无产阶级的先锋队，同时又是全民族的先锋队。"两个先锋队"的提法，是我们党以马克思恩格斯关于"工人阶级只有解放全人类才能最终解放自己"的思想为指导，分析党的性质和使命得出的科学结论。中国共产党不但是工人阶级利益的代表者，而且也是中国最大多数人民利益的代表者，因而是全民族利益的代表者。在革命战争年代，生产力水平极其低下，人民生活极其困苦，中国人民的根本利益就是发展生产。工人阶级是先进生产力的代表，私营企业则有利于吸纳投资、扩大生产、丰富市场、提供就业，对提高生产力、改善人民群众生活具有重要作用。既代表工人阶级利益又代表全民族利益的性质，决定了我们党既要维护工人的利益，又要维护企业的发展，促进劳资在合作中共赢，通过调动工人和资本家两个积极性最大限度地增进全民族的福祉。西方国家工业化早期无一例外地经历了劳资矛盾尖锐对抗的阶段，而在我党的领导下，革命根据地和解放区虽然

工业化发展程度很低，却开创了劳资合作之先河，提出了"劳资两利"的思想，这在世界劳资发展史上都是绝无仅有的。

一个代表人民根本利益的政党是一个敢于承认和纠正错误的政党。从1952年初到1978年底，由于治国经验不足，我们党以为社会主义制度建立后，就可以通过生产关系不断升级来推动生产力快速发展，取缔了非公有制企业，消灭了劳资关系。初衷当然是良好的，但违反了工业化发展规律，结果事与愿违，大幅拉开了与发达国家和新兴工业国的差距。痛定思痛，1978年底党的十一届三中全会纠正了"左"的错误，拉开了改革开放的序幕。邓小平认为，共同贫穷不是社会主义，共同富裕是中国人民的根本利益，因而是社会主义的根本原则，但只有首先允许一部分人先富起来，以先富带动后富，才能最终实现共同富裕。为着实现共同富裕，这就是我们党允许、鼓励、发展非公有制经济的逻辑前提。2010年上半年深圳富士康公司发生了"十二连跳"事件，社会舆论一片谴责，有的人甚至有把富士康赶出大陆而后快之意。在深圳，就有42万人在富士康工作，赶走富士康，42万群众也能被一起赶走吗？快意恩仇很简单，赶走资本家也不难，但解决群众生计却不易。在党的引导、调节下，富士康公司从2010—2012年连续三次加薪，其中深圳地区基层员工的基本薪资从900元升至4000元。提高资方合作意识，而不是取缔非公有制经济，这才是最符合人民群众根本利益的政策选择，这是我们党对正反历史经验的深刻总结，体现了党在思想上和理论上的成熟。当然，富士康"跳楼事件"也反映出我们党在处理劳资关系上还有许多值得反思和总结的地方，但是促进劳资合作这个基本方针是正确的。

人民群众的根本利益是整体利益、长远利益，在始终代表人民群众根本利益的中国共产党的领导下，劳方的利益和资方的利益都包含在根本利益之中，劳资关系与人民群众根本利益是局部和整体、短期和长期的关系。劳资矛盾是根本利益一致上的矛盾，这就为劳资合作奠定了共同的利益基础。

（二）在中国共产党领导下，私营企业主集团是社会的一个阶层，不可能成为剥削阶级，从而能够促进劳资合作

邓小平指出："如果我们的政策导致两极分化，我们就失败了；如果产生了什么新的资产阶级，那我们就真是走了邪路了。"[①] 在西方工业化早中期，资本的剥削性异常残酷，一个重要的原因就是资本家是作为统治阶级，利用国家政权的力量压榨工人阶级，劳资矛盾表现为激烈的阶级斗争。在党

---

① 《邓小平文选》第3卷，人民出版社1993年版，第111页。

的领导下，我国私营企业主不可能发展成为一个阶级，更不可能成为统治阶级。

列宁指出："阶级这个概念是在斗争和发展中形成的"[①]；他还指出："革命将第一次使各个阶级受到真正的政治洗礼。通过革命，这些阶级将显现出它们的明确的政治面貌，它们不仅会在自己的思想家的纲领和策略口号中，而且会在群众的公开的政治行动中表现它们自己。"[②] 这里指的斗争不是经济斗争，而是有意识、有组织地用革命的方式夺取国家政权的政治斗争。我国私营企业主集团，是指境内民营企业、混合所有制企业、私人资本所有者及其代理人、港澳台和外资企业聘请的中国籍代理人所构成的代表私人资本利益的集团。在党的领导下，一方面工人阶级的生产、生活条件也随着劳动法规、社会保障制度的完善而得到不断改善；另一方面私营企业主的经济利益得到了社会主义制度的肯定和社会主义法律的保护。我国劳资争议的数量居高不下，也时有群体性罢工事件出现，这当然应该予以高度重视，但从整体上看，以 2012 年为例，全国 64 万余个劳动争议案件相对于 740 万余家非公有制企业来说，劳资矛盾并不激烈、尖锐，因而劳资两个利益集团不可能发生严重的冲突，更不可能发展成为政治斗争。在政治上，我党为私营企业主提供了人大、政协、各民主党派等的各种参政议政渠道，党的十六大报告更进一步提出私营企业主集团中优秀分子可以加入党组织。私营企业主集团的政治参与权得到尊重和保障，并被纳入我国社会主义的政治制度之内，不可能成立一个独立的政治组织，威胁党的领导和社会主义制度。

党的领导是中国特色社会主义最本质的特征。改革开放和四项基本原则几乎是被同时提出来的。1978 年 11 月，邓小平曾语重心长地说："如果现在再不实行改革，我们的现代化事业和社会主义事业就会被葬送。"[③] 1979 年 3 月 30 日，邓小平在党的理论工作务虚会上提出了四项基本原则："要在中国实现四个现代化，必须在思想政治上坚持四项基本原则。这是实现四个现代化的根本前提。这四项是：第一，必须坚持社会主义道路；第二，必须坚持无产阶级专政；第三，必须坚持共产党的领导；第四，必须坚持马列主义、毛泽东思想。"[④] 这四项基本原则是我们党长期以来所一贯坚持的。并

---

① 《列宁全集》第 38 卷，人民出版社 1986 年版，第 338 页。
② 《列宁全集》第 11 卷，人民出版社 1987 年版，第 2 页。
③ 《邓小平文选》第 2 卷，人民出版社 1994 年版，第 150 页。
④ 《邓小平文选》第 2 卷，人民出版社 1994 年版，第 164—165 页。

且，邓小平着重阐述了坚持党的领导在四项基本原则中的核心地位。党的领导贯穿于中国特色社会主义事业的全过程和各个领域，并以工农联盟为基础的人民民主专政为坚强后盾，私营企业主集团在党的领导下开展经营活动。资本有一定剥削，但私营企业主不能成为剥削阶级，这就是我国劳资关系不同于西方国家的一个重要方面，从而限制了资本的剥削性，促进了劳资合作。

（三）中国共产党具有高度的凝聚力和战斗力，能够有效地推行促进劳资合作的政策和法制建设

"遍观当今世界数以千计的政党，若论凝聚力和战斗力，无出中国共产党其右者。"[①] 鸦片战争后，中华民族在惨遭侵略、山河破碎、民不聊生的近百年痛苦后，是中国共产党团结一切可以团结的力量，推翻了帝国主义、封建主义、官僚资本主义"三座大山"的压迫，废除了一切不平等条约，让中国人民从此站了起来！新中国成立后，面对巨大的战争创伤和资本主义阵营的封锁，还是中国共产党凝聚全国人力、物力、财力，在一穷二白的基础上建成了独立的比较完整的工业体系、国防体系和国民经济体系，让中国人民永远不再依附于人！还是中国共产党，敢于正视自己的错误，坚定地依靠自己和人民的力量认真纠正错误，善于吸取历史经验教训，将其化作不断前进的精神财富和巨大动力，探索出了一条中国特色社会主义的发展之路。改革开放后，我国在30多年里所走过的工业化路程相当于西方工业化先发国家100多年走过的路程，这意味着西方国家100多年工业化进程中所遇到的如劳资矛盾等不可避免的问题，在我国将浓缩到短短30多年的时间里。而且，我国还面临着从计划经济体制向市场经济体制转型的挑战，面临着在全球化浪潮中作为一个人口众多的发展中国家争取发展空间的挑战，更使解决工业化进程中矛盾和问题的难度大大增加。在这样一个艰难的工业化进程中，没有一个人民群众高度信任和坚决支持的执政党、没有一个敢于担当和能力强大的执政党是不可能推进下去的。中国共产党面对国内外种种严峻挑战，带领人民沉着应对，不断战胜前进道路上的各种艰难险阻，不仅没有出现苏联东欧剧变解体的悲剧，而且成功实现了香港和澳门回归，仅用了9年时间就解决人民群众的温饱问题，用了22年时间基本实现小康，用了33年时间就使中国成为世界第二大经济体。

①　任仲平：《守护人民政党的生命线——论深入开展党的群众路线教育实践活动》，《人民日报》2013年10月14日第1版。

正是有了中国共产党领导，我国劳资关系在从无到有，直至成为社会劳动关系主体的历史过程中，总体发展状态是良好的，劳资合作始终是主流，没有出现西方国家在同一发展阶段上工人运动此起彼伏、整个社会动荡不安的状况，这充分体现了社会主义制度的优越性、中国共产党的先进性。在前进的道路上，问题总是难免的。中国共产党始终代表人民群众根本利益，是一个敢于纠正问题、不断自我革新的政党；中国共产党具有高度的凝聚力和战斗力，在纠正问题上行动快速而坚决。1999 年将"公有制为主体、多种所有制经济共同发展是我国社会主义初级阶段的一项基本经济制度"写进宪法，彻底纠正了"左"的错误；1992 年和 2001 年两次修改《工会法》，从 2003 年底至 2004 年底仅用了一年时间基本解决欠薪问题。2006 年十六届六中全会针对增多的劳资矛盾问题提出"发展和谐劳动关系"，其后两年就力排众议颁布了《劳动合同法》，使用工乱象问题得到很大纠治，随后颁布了《工伤保险条令》、《社会保险法》、《女职工劳动保护特别规定》、《关于审理劳动争议案件适用法律若干问题的解释（一至四)》、新《职业病防治法》等一系列法律法规，工资集体协商制度的覆盖面快速提升，促使劳资关系向着和谐方向发展。

第三节　中国特色的工会体系为促进劳资合作提供了有力支撑

中国工会始终伴随着中国工业化进程，已经发展成为从中华全国总工会到企业基层工会的一整套完备的工会体系，组织化、专业化程度较高。虽然中国工会在发展历程中，也经历过波折和低潮，目前职能作用还没有充分发挥出来，但它从近代中国的历史深处一路走来，形成了完备的工会体系，在促进劳资合作中发挥着重要作用。同时，中国工会蕴藏着巨大的社会能量，是促进劳资合作的一支重要的社会力量。

一　中国工会从产生之日起就与中华民族命运紧紧联系在一起

中国工人阶级产生于帝国主义用坚船利炮轰开中国封建主义大门后，在半殖民地半封建中国直接经营的工业企业。这种独特的历史背景，决定了工会从产生之日起就把自己的前途和命运与民族反帝反封建的历史任务紧紧联系在一起。

1845 年，英商在广州黄埔建立的柯拜船坞，产生了中国第一批近代产业工人。为了保障和维护自身利益，他们效法欧美工人阶级的做法，成立了工会组织。1851 年成立的广州打包工人联合会，是最早的具有工会性质的组织。广州打包工人联合会成立后，就积极领导工人进行反对英、法等国侵略和压迫的罢工斗争，随即遭到镇压，被清朝地方当局勒令解散。但是，工人阶级并没有被吓倒，工会如雨后春笋般纷纷成立。1921 年，仅广州地区已经拥有 130 多个工会组织。其他地区影响较大的工会组织有：广东机器研究公会（1909 年）、中华民国铁道工会（1912 年）、上海缫丝女工同人会（1912 年）、制造工人同盟会（1912 年）、唐山公益社（1913 年）、沪宁和沪杭两路同人会（1913 年）、中国沿海船员会（1916 年）、中东铁路工会（1917 年）等。工会组织的反对外国殖民主义和封建主义统治、剥削的斗争一直没有间断过，有的罢工声势浩大，在当时的世界上产生了影响，如香港工人的前后两次罢工（1844 年、1884 年），港澳工人大罢工（1858 年），上海反掠卖华工斗争（1859 年），自贡盐工斗争（1860 年），东北朝阳矿工起义（1861 年），上海小车工人抗捐斗争（1877 年），开平煤矿罢工（1882年），汉阳铁厂罢工（1889 年），江南制造局工人罢工（1890 年），等等。[①]工会为中华民族解放事业作出了巨大贡献，在中国近代历史上有着特殊的历史地位，赢得了社会威望，具有很强的社会号召力。同时，这样一种独特的历史背景，也使得中国工会能够自觉地把维护中华民族的整体利益作为自己的任务和使命，这种全局观为在中国共产党领导下实现劳资合作奠定了良好的工会基础。

二 中国工会在党的领导下发展成为一个团结统一的战斗集体

与西方国家工会体系派别多元、解体和组建变动频繁相比，我国工会体系是在中华全国总工会领导下的统一的、规范的整体。这种独特的工会体系，形成于我国工会特殊的发展历程。中国工人阶级产生于世界资本主义走向帝国主义阶段，这意味着新生的稚嫩的工人阶级要与具有丰富阶级斗争经验的强手对抗，决定了中国工人阶级反对国际垄断资本剥削的斗争异常艰巨。同时，中国工人阶级的产生早于民族资产阶级，最早感受现代工业文明，所受到的压迫和剥削的深重性远远大于西方工人阶级，这决定了中国工人阶级具有最彻底的革命性。可是，工人阶级自发形成的工会只能产生工联主义，不能担负起把自己的革命性引向创造一个新世界的历史重任。中国工

[①] 参见常凯《中国工运史辞典》，劳动人事出版社 1990 年版，第 79—86、249—256 页。

人运动尤其需要一个同样具有彻底的革命性，同时以工人阶级彻底解放理论——马克思主义为指导的政党来领导。

1921年7月，由无产阶级彻底解放的学说——马克思主义武装的中国共产党成立。中国共产党自成立起就把自己同工人运动联系起来，1921年8月11日就在上海成立了领导工人运动的总机关——中国劳动组合书记部。在党的领导下，工人运动的面貌焕然一新。1922年初爆发的香港海员罢工，掀起中国工人运动的第一次高潮。同年5月，第一次全国劳动大会在广州召开，到会代表172名，代表12个城市的110个工会、27万多名工人会员。大会发表了宣言，提出了争取8小时工作制、打倒军阀、打倒帝国主义等目标口号，通过了《罢工援助案》等10项决议案，标志着中国工人阶级开始走向团结统一。1925年5月1日，在第二次全国劳动大会上中华全国总工会成立，标志着中国工人运动和工会实现了政治与组织上的统一。由于有了思想上、政治上、组织上的统一，工会的战斗性和影响力得到空前提高，推动了大革命从广州策源地向全国发展。1925年5月，日、英等帝国主义在上海制造"五卅惨案"。在党和全总的领导下，各地工会声援上海，形成了全国规模的反帝运动高潮。仅1925年，就连续爆发了上海日纱厂罢工、青岛日纱厂罢工、"五卅运动"中的罢工、汉口惨案和沙基惨案引发的罢工、省港大罢工、安源大罢工等震惊世界的事件，沉重地打击了帝国主义和封建主义势力。其中，1925年6月至1926年10月的省港大罢工，规模大，持续时间长，在中国工运史上空前，在世界工运史上罕见。在全总的有效发动与领导之下，广大工人群众还以主人翁的姿态积极参加了广州革命政府东征、南讨和镇压滇桂军阀叛乱的行动，为中华民族的统一和进步做出了更大的贡献。

历史证明，在共产党领导下的团结统一的工会更能代表工人阶级的整体利益，更具有战斗力。多元化的工会易于产生山头主义，导致工人阶级内部的分裂，因而资本主义国家一般支持多元工会体系。中国工会体系组织规模及其严密性，在世界上是独一无二的，这正是我国的优势。在具有高度凝聚力和战斗力的党的领导和支持下，中国工会的魄力、号召力和执行力，在世界工会中都是绝无仅有的。2010年，中央组织部和全国总工会联合提出了"党建带工建、党工共建"的工会建设思路，把工会组织建设纳入到各级党建总体规划和目标考核体系，实现党建、工建同步规划、同步实施、同步考核，进一步提高了工会建设能力。2010年7月，全总提出"两个普遍"工作计划，即"依法推动企业普遍建立工会组织、依法推动企业普遍开展工资集体协商"，要求2011—2013年全国企业法人建会率达到90%以上，已建工会组织的企业 80% 以上建立工资集体协商制度，其中实现世界 500 强在华企业全部建立工资集体协商制度。2013 年底，"两个普遍"任务已顺利完成。截至 2012 年底，工会会员总数达 2.8 亿人；全国基层工会组织总数 266.5 万个，覆盖基层单位 616.7 万家，建会率达 93.1%，职工入会率达 87.6%。与 2008 年工会会员总数 2.12 亿人相比，平均每年净增会员 1700 万人。世界 500 强在华企业建会 3053 家，建会率为 91.9%。截至 2013 年 6 月底，全国共签订集体合同 244.6 万份，覆盖企业 584.8 万家，覆盖职工 2.76 亿人；签订工资专项集体合同 130.2 万份，覆盖企业 324 万家，覆盖职工 1.5 亿人。[①] 在发扬中国工会体系巨大优势的基础上，积极推进工会体系改革，中国工会必将能够更好地发挥维护职工权益、促进劳资合作、推动民族振兴的功能和作用。

三　中国工会兼具依法维护职工权益和组织参与经济建设职责

早在 1934 年 1 月，毛泽东就在江西瑞金召开的中华苏维埃第二次全国代表大会的报告中指出："工会是工人群众的共产主义学校，是使苏维埃与广大工人群众取得密切联系，并供给苏维埃以大批领导干部的组织。"[②] 这段话精辟地指明，在无产阶级政权下工会的职能是巩固党的群众基础、维护职工利益、教育动员群众。

2001 年《工会法》第六条规定："维护职工合法权益是工会的基本职责"；第七条规定："工会动员和组织职工积极参加经济建设，努力完成生产任务和工作任务。"这两条规定表明，中国工会具有依法维护职工权益和动员组织职工参与经济建设双重职能，意味着中国工会既要为职工维权，又要促进劳资合作，在维护职工利益中促进劳资合作，在促进劳资合作中维护职工利益。这是中国工会不同于英、美等西方国家工会的重要特性。

社会主义改造完成后，在计划经济体制下，国家行政权力统一掌握和分配包括劳动者在内的所有社会资源。政府掌握劳动力分配权，企业行政掌握劳动者管理权。在这种高度集权的经济政治体制中，工会成为各级单位行政机关的副手，基层工会依附于各级企事业单位行政，各级总工会依附于政府

---

① 参见樊曦、齐中熙《我国工会世界最大 500 强在华企业建会率超九成》，http://politics. caijing. com. cn/2013 - 10 - 17/113431552. html。

② 江西省档案馆、中共江西省委党校：《中央革命根据地史料选编》（下），江西人民出版社 1982 年版，第 53 页。

行政。工会丧失了维护职工基本权益的职能，其职责以生产为中心，并集生产、生活、教育三位于一体。在"文化大革命"中，"左"的错误思想认为在无产阶级专政下工会没有存在的必要，全国各级工会组织先后受到严重的冲击，中华全国总工会的各项工作陷入瘫痪。1967年1月，中华全国总工会停止一切工作和活动。

1978年4月，中华全国总工会八届七次执委扩大会议和全国劳动模范座谈会召开，停止了11年多的全国工会系统的组织活动正式恢复。1978年9月召开的中国工会九大是我国工会历史性转变的新起点，邓小平在大会致辞中鲜明提出：工会必须坚持教育动员职工为"四化"做贡献，要为工人说话办事，为工人的民主权利而奋斗。① 1983年10月，中国工会第十次全国代表大会明确提出，工会坚持以经济建设为中心与维护职工权益为主要任务的工作方针，标志着对工会工作拨乱反正的任务基本完成。随着非公有制企业的发展和公有制企业转型改制，社会利益和阶层开始分化，劳动争议剧增，迫切需要工会发挥维权职能。适应实践发展的需要，1988年10月中国工会第十一次全国代表大会提出，新时期工会工作的四项基本职能是维护、建设、参与、教育。改革开放后，工会维护职工权益的职能首次被提出来，并位于四项职能之首，这是对工会工作的重大突破。1992年4月3日颁布的《工会法》、1995年1月1日颁布的《劳动法》、2001年10月27日修订的《工会法》，都不断突出和强调工会的维权职能。与此同时，工会肩负动员和组织职工积极参与经济建设，即协助生产的职能一直被保留下来。

从我国工会发展的历程来看，除了少数时期工会活动受到"左"倾错误的干扰，工会组织自工人阶级以独立的姿态登上中国政治舞台后就持续存在。从苏区革命根据地到当今中国，工会职能的演进总体来说经历了一个否定之否定的发展过程，每一步都既有传承，又有创新。正是在这种螺旋式渐进发展过程中，形成了中国工会独特的职能。这是历史的选择、国情的选择、国家性质的选择。当前，我国工会的计划经济体制遗痕还比较浓厚，行政化过强而维权能力不足，这是需要大力改革的地方。但同时也应认识到，一味强调维权而否定劳资合作，一味强调自治而否定党的领导，也绝不是工会改革的方向。

① 参见《邓小平文选》第2卷，人民出版社1994年版，第136—138页。

第四节　整体主义的民族思维方式为
劳资合作提供了文化基础

中华文化源远流长，其中最具特色的，也是最核心的是整体主义思维方式。这种思维方式注重从一个事物存在的背景中来认识这个事物。美国制度经济学家诺思指出："社会强有力的道德和伦理法则是使经济体制可行的社会稳定的要素。"[①] 在革命年代工业化程度很低和改革开放后工业化快速推进的情况下，我国劳资合作都有着很强的生命力，党的领导当然是关键原因，但其中中华民族整体主义的思维方式也是不可小觑的力量。

一　中华民族整体主义思维方式的形成及其特点

中华民族整体主义思维方式产生的原因，引起了国内外研究者的浓厚兴趣。这种思维方式之所以能产生，究其原因，是中华民族在神州大地上繁衍生息的漫长的发展历程中各种因素作用的结果。

（一）漫长的小农生产历史是整体主义思维方式形成的生产方式

西欧是随着铁器的发明和使用，在较高的生产力水平下进入奴隶社会的，因而西欧小农生产的分工程度比较高，商品生产和商品交换比较发达，为走上资本主义道路创造了良好的条件，进而封建社会延续的时间相对比较短。而中国是随着青铜器的制造和使用，在较低的生产力水平下进入奴隶社会的，社会分工程度比较低，商品生产和商品交换不够发达，不易于走上资本主义道路，因而封建社会的历史特别长。中国小农生产的起点早于西欧，而结束晚于西欧，延续的时间特别长，长于西欧 1200 年。

物质资料生产方式决定思想上层建筑，小农生产方式是整体主义思维方式产生的物质基础。一是小农生产缺乏分工，生产活动独立而且具有封闭性，一个家庭可以完成各种生活所需的生产过程，因而形成了整体的、系统的、重宏观的思维方式。二是小农生产借助经验就可完成，因而形成了直觉的、形象的、混沌的、变通的、定性分析的思维方式。三是小农经济分散、封闭、弱小，虽然他们经济性质相同，但却不能形成阶级，形成全国性的组织，不能以自己的名义保护自己的利益，近则依靠家庭、氏族，远则依靠强

---

① ［美］道格拉斯·C. 诺思：《经济史中的结构与变迁》，陈郁等译，上海三联书店、上海人民出版社 1994 年版，第 51 页。

有力的以皇权为代表的国家，因而形成了重视伦理、推崇人治、讲求关系、崇尚和谐的社会观。"所以，归根到底，小农的政治影响表现为行政权支配社会。"[①] 小农生产产生整体主义思维方式，整体主义思维方式又巩固了小农生产，两者相互促进绵延数千年，凝结为中华民族的文化特性。

（二）在治理长江黄河的过程中中华民族形成了整体主义思维方式

不少学者认为，中华文明发源于治水。历史学家、民俗学家顾颉刚指出："战国、秦、汉之间，造成了两个大偶像：种族的偶像是黄帝，疆域的偶像是禹。"[②] 大禹治水的故事千古流芳，它所称颂的不仅是大禹本人，更是中华民族千百年来众志成城、团结一心治理水患的历史。我国疆域纵贯南北、横跨东西的格局，就是在中华民族一同治理长江黄河的过程中形成的。

水是生命之源，是农业生产的命脉。长江、黄河在哺育两岸人民的同时，也给两岸人民带来了严重的水患。治理水患，成为两岸人民的共同祈盼。禹被部落联合体议事会委以治水重任的同时，还有 21 人被委以其他公共事务，这说明尧舜时期部落联合体已有公共管理机构，具备了国家的雏形。这时华夏民族走到了从原始社会进入文明社会的历史关头，大禹成功治水将华夏民族推进到了文明社会，而其治水的理念也成为影响中华文明的源头。禹的父亲鲧采取围堵的办法治理洪水，加高了一国的堤岸，洪水却更凶猛地冲向他国。这种"以邻为壑"的治水方式引起了诸侯国的强烈反对，鲧因此被杀。禹吸取了父亲血的教训，采取疏导的方式，可是江河两岸名川三百、支流三千、小国无数。浩大的水利工程具有广泛的公共性，这与诸国林立、各行其是的状况发生了严重的冲突，不统一诸侯国，没有中央集权，就不能治理水患。伊河河水疏通后，大禹在涂山召开诸侯大会，通知各地部落首领务必到会，防风氏首领因会议迟到当场被杀，禹借此震慑各邦国，树立威信。这些前来参加大会的万国首领，对大禹朝贡，行君臣之礼。涂山之会，具有划时代的意义，标志着夏王朝建立。建立了中央权威，大禹疏通治水的理念得到了顺利贯彻实施，水患终于得到解除。防风氏首领被杀，只是让诸侯臣服的一个手段而已；让诸侯心悦诚服的根本原因是他们在备受水患折磨之后深刻认识到，没有统一就不能自保，以邻为壑无异于自杀。江河奔腾不息、流域宽广，把两岸人民紧紧地联系在一起，使他们成为命运共同

---

① 《马克思恩格斯选集》第 1 卷，人民出版社 1995 年版，第 678 页。

② 顾颉刚：《秦汉的方士与儒生》，上海世纪出版集团、上海古籍出版社 2005 年版，第 130 页。

体,产生了站在整体、大局的角度考虑问题的整体主义思维方式,因而中华民族的血脉里始终流淌着民族统一、国家权威的信念。中国历史上也屡遭国家解体、外敌入侵,但中华民族总是以巨大的牺牲和坚决的斗争去实现民族和国家的统一。

(三)　中国古代唯物辩证法是中华民族整体主义思维方式的哲学渊源

东方和西方哲学都曾经历过古代朴素唯物辩证法发展阶段,体现出历史阶段性——由于知识匮乏和技术落后,人们不能深入考察事物的细节,只能从整体上概括世界的状态。古代唯物主义思想家力求从自然界的本来面貌来寻找世界的本原,自然界四季更替、新陈代谢的状态收入他们的眼底,因而古代唯物主义哲学往往把整体观和辩证法结合在一起。辩证法认为世界是普遍联系和运动发展的,其核心内容是对立统一规律,东西古代唯物主义哲学家们都对这个核心规律进行了阐述,但有着明显差异。分别以中国和希腊两个辩证法大师老子和苏格拉底为例,老子精辟地指出了矛盾双方相互依存的关系,如“有无相生,难易相成,长短相形,高下相倾,音声相和,前后相随”等,而苏格拉底则通过针锋相对的诘问,用逻辑的力量引导对方认识自己思维的片面性,发现事物之间的关联性;老子主张无为而治,自己隐居山林,而苏格拉底整天找人辩论,蒙冤被判死刑,却甘愿以死的方式与当局斗争到底;老子认为“上善若水”,提倡像水一样具有包容性,而苏格拉底则认为世界上观点有很多,但真理只有一个。总之,正如有学者指出:“在矛盾问题的解决上,中国传统辩证法更注重矛盾的调和与消解,西方辩证法更偏向于通过矛盾对立面的斗争以实现‘扬弃’。”[①]

古代哲学思想打上了民族烙印,又固化了民族烙印,并传承了民族烙印。恩格斯指出:“在希腊哲学的多种多样的形式中,差不多可以找到以后各种观点的胚胎、萌芽。”[②] 同样,中国古代唯物辩证法思想也是中华民族文化的源头,在一代代传承中,重整体、重变通、重和解的辩证思想成为中华民族的文化基因。

二　整体主义思维方式消解了劳资多元主义思想

西方古典辩证法是“斗”的辩证法,强调矛盾双方的对立性,认为

---

① 李学林、郭承茂:《试论中西辩证法的差异》,《西南师范大学学报》(哲学社会科学版) 1999 年第 1 期。

② 《马克思恩格斯全集》第 20 卷,人民出版社 1971 年版,第 386 页。

只有通过斗争才能统一。当西方社会进入工业社会，社会利益结构多元化，古代"斗争"哲学思想就在工业化初期演化为多元主义思想——强调个人利益和社团利益，主张通过对抗来维护自身的利益。这种思想在劳资关系上，就表现为工人阶级通过不断的罢工来表达利益诉求，而资产阶级通过不断镇压来表达利益诉求，双方都付出了惨痛的代价，而且越镇压，罢工声势越大。随着社会化大生产不断深化，劳资对抗对双方的损害更大，往往是"杀人一千，自伤八百"，不仅不能使对方屈服，反而激化矛盾，最终使实现一己之利的初衷落空。第二次世界大战后，英国劳资关系向劳方倾斜，但这时工会还是频繁地组织罢工，搞得民怨载道，结果把工党送下台。经过一系列历史波折后，西方多元主义开始转向合作主义。合作主义既承认个人、组织利益的独立性，但又不主张绝对的私利，而是主张从公利的角度寻找合理的私利，又通过实现合理私利来实现公利，这种思想更符合现代工业社会的要求，更有利于实现社会各个阶层、各个人的利益最大化。

中国古代辩证法是"和合"的辩证法，强调矛盾双方的统一性，提倡在统一中争取利益。这种矛盾观在对待劳资关系上，会自觉地将劳资看成是一个利益共同体，看到劳资双方是"你中有我、我中有你"的利益关系，劳资两利政策最受劳资双方欢迎，这其实就是一种合作主义劳资观。

笔者2015年初到三家非公有制企业调研，分别在职工中发放问卷71份并全部收回，对"您对企业主的看法"和"您对劳资关系的看法"两项的回答情况分别见表6—1、表6—2。

表6—1 　　　　　　　　非公有制企业职工对企业主看法的调查情况

序号	问 题 项	是		否		不清楚	
		份数	占比（%）	份数	占比（%）	份数	占比（%）
1	企业主也很不容易的，谋求企业发展是很艰难的	65	91.55	0	0	6	8.45
2	企业主是很有能力和水平的，很值得敬佩	59	83.10	3	4.23	9	12.67
3	当生意好时，企业主会提高员工的福利	53	74.65	8	11.27	10	14.08
4	企业主总是想方设法剥削员工	4	5.63	55	77.64	12	16.90

表6—2　　　　　　　非公有制企业职工对劳资关系看法的调查情况

序号	问 题 项	同意		无所谓		不同意		不知道	
		份数	占比（%）	份数	占比（%）	份数	占比（%）	份数	占比（%）
1	员工想工资高，企业想利润高，劳资关系不可能和谐	8	11.26	1	1.41	60	84.51	2	2.82
2	企业赚钱离不开员工，员工拿工资也离不开企业，劳资关系应该和谐	71	100	0	0	0	0	0	0

从表6—1可以看出，绝大多数职工能够站在企业的角度体谅企业创业的不易，职工对企业主能力的认同度比较高，对企业主处理劳资关系的信任度比较高。从表6—2可以看出，只有少数职工对劳资能够和谐表示怀疑，但绝大多数职工则表示相信，而100%的职工认为劳资关系应该和谐。可见，希望劳资和谐、相信劳资和谐、支持劳资和谐，是职工劳资观的主流思想。有了这样的群众基础，又何愁在工资集体协商中职工会提出过分主张或聚众闹事呢？

这种劳资观是在中华"和合"文化的基因中自发生长起来的，自然而然地消解了劳资多元主义思想，减少了劳资冲突。在我国劳资关系中，劳方"合"的意愿更强烈，而资方受资本本性的影响，"合"的意愿相对弱一些，但是只要加以合理引导，潜在的"和合"思想就会被激发出来。当劳资发生矛盾时，双方和解的意愿也比较强，因而改革开放后出现的罢工事件往往持续时间比较短。不需要像西方工业化国家那样经过长期波折、付出巨大代价，就能形成合作主义劳资观，这是中华文明的优势，是老祖宗给我们留下的宝贵财富。我们应该用好这笔财富，提升劳资合作水平，将中华文明的文化优势、社会主义的制度优势、中国共产党的政治优势更加充分地展现出来。

三　整体主义思维方式有助于国家发挥主导作用

崇尚多元主义的古希腊，国家林立，国土面积较小，并长期处于分裂状况。崇尚整体主义的中国社会，在对待人与自然的关系上，形成了"天人合一"的自然观，认为人是自然的一部分，应当顺应自然的规律；在对待人与社会的关系上，形成了以社会为本体的社会观，认为个人只有在社会中才有价值，个人应该为社会尽责。在人与社会的关系中，"整体"概念既可以指家庭、家族、氏族，也可以指民族、国家和天下。由于以家、族、国利益为重，中华民族具有很强的生命力、凝聚力，每一次从分到合，国土面积都得到扩大，中华文明因此成为世界上唯一没有被中断的古老文明。

崇尚国家权威，是中华民族整体思维方式中最重要的组成部分，融入了中华民族的血脉。作为一个工业化后发国家，强有力的国家权威是实现跨越式发展的必然要求，对于中国这样一个地域辽阔、人口众多、发展极不平衡的国家来说尤为重要，整体主义思维方式不仅没有被削弱，而且得到进一步强化。中国共产党执政地位合法性的一个重要来源就是在风雨飘摇的旧中国，重拾了旧山河，实现了国家统一，重新确立了国家权威，符合中国人民的心愿和国情需要。崇尚国家权威仍然是当代中国社会的一个重要的观念。

合作主义反对多元主义，强调为实现社会整体利益而减少和控制冲突，主张组织化利益的有序实现，这就需要各个利益集团以社会整体利益为重，尊重国家的权威，自觉地进行自我管制，同时需要国家积极地发挥制定规则、监督执行的主导作用。这在崇尚多元主义的西方国家工业化发展初期是很难自觉做到的。在此时期，西方国家反对国家干预劳资关系，主张国家只是一个维护社会稳定的"守夜人"。在劳资关系天然不平等的情形下，国家成了维护资产阶级剥削的"守夜人"，恶化了劳资关系，工潮汹涌澎湃，不仅没有维持社会稳定，反而使社会动荡不安，现实迫使国家采取干预措施。但由于多元主义影响至深，国家干预始终"犹抱琵琶半遮面"，躲躲闪闪的。直到1929年资本主义世界经济大萧条，资本主义国家才开始全面承担起调节劳资关系的责任。而在中国，整体主义思维方式使劳资双方能够比较自觉地服从国家调节，国家调控意识和能力较强，为劳资合作奠定了良好的整体意识和国家权威保障。

第五节　工资集体协商制度不健全使中国劳资合作水平比较低

整体主义思维方式有利也有弊，重整体却轻个别、重变通却轻规章、重人治却轻法治；重混沌却轻精细，在使劳资关系具有较强合作倾向的同时，也使劳资合作的组织化、法制化、制度化程度比较低。当前，集体劳动合同签订率有了明显提升，但形式主义还比较突出，存在着职工不敢和企业对话、企业不愿和职工对话、工会不会代表职工和企业对话的窘境。近年来群体性劳资争议事件，基本都聚焦在工资决定权上，而争议解决一直延续"罢工、谈判、增资"模式，这说明运行十几年的工资集体协商还没有形成有效机制。由于工资集体协商制度不健全，我国劳资的合作层次主要局限于生产资料与劳动力的简单结合，而缺乏管理、利润和所有权参与等高层次的合作。工资集体协商制度不健全主要体现在以下四个方面：

一　集体协商主体不健全

企业层次的集体协商需要工会代表企业职工和企业协商，行业层次的集体协商需要劳资双方在自愿、自主的基础上形成各自的组织——行业工会和企业协会。但是，我国工资集体协商所需要的充分代表劳资各自利益的工会组织和企业协会都还没有完全形成。同时，工资集体协商是一项政策性很强的具体工作，目前无论是工会还是企业及企业协会都没有一支具备相应业务能力的专门人才队伍。

（一）市民社会发育不全使职工和企业自组织程度低

马克思在阐述国家和社会的关系时，使用了"市民社会"概念。"在过去一切历史阶段上受生产力制约同时又制约生产力的交往形式，就是市民社会。"[①] 为什么马克思要在"社会"前加上"市民"两字？因为这样可以更加清晰地表明社会产生和发展的原因。社会是在人们的生产和交往所产生的生产关系和交往关系中形成的共同体。人们因为交换而交往，推动交往范围扩大和程度加深的是商品交换。商品交换形成城市，产生市民。"市民社会包括各个人在生产力发展的一定阶段上的一切物质交往。它包括该阶段上的整个商业生活和工业生活。"[②] 市民的出现标志着社会发展到一定阶段，市民数量越多表明这个社会发展程度越高。小农生产阶段也有商品生产和商品交换，但范围和程度有限，市民社会开始出现，但很不成熟。只有到工业社会，市场化、城市化迅猛发展，市民社会才真正成熟起来，而这时社会形态从封建社会发展到资本主义社会。因此，马克思有时就用"市民社会"指资本主义社会。

---

① 《马克思恩格斯选集》第 1 卷，人民出版社 1995 年版，第 87—88 页。

② 同上书，第 131 页。

根据马克思对国家和社会关系、市民社会的阐述，市民社会是指人们在一定的商品生产和交换中所形成的以物质交往为主的各种人际交往的共同体。这个共同体与国家既对应又对立。从对应上说，有什么样的市民社会，就有什么样的国家形态。小农生产基础上产生的市民社会产生封建主义国家，工业大生产基础上产生的市民社会产生资本主义国家。从对立来看，市民社会具有自发性的特点，不同于具有强制性的国家权威。各种利益群体自发形成的自组织是市民社会成熟的标志。合作主义是国家权威与社会自治的结合，因此劳资合作需要劳资双方都在自愿、自主的基础上形成各自的组织——工会和行会。

可是，我国数千年的小农生产使商品生产和商品交换程度低，加上漫长的封建专制统治对社会自治的排挤，市民社会几乎没有发育的土壤，导致社会对国家的依赖根深蒂固。计划经济体制更加强化了国家权威，一切社会组织都被纳入国家行政化管理体系中来，使本来发育就很滞后的社会完全停止了发育。改革开放后，经过放权让利、发展市场主体等一系列改革，社会重新开始发育，有了一定的发展，但受到历史传统和计划经济的影响，公民的个人权利意识和民主、自治等制度架构都十分匮乏，市民社会发育仍然很不充分。非公有制企业职工的主体是农民工，融入城市时间不长，农民意识浓而市民意识弱，现代产业工人意识则更加薄弱。工资集体协商所需要的充分代表劳资各自利益的工会组织和雇主组织都还没有完全形成。

（二）工会覆盖面不全，行政化过强，职工代表性不足

当前较大规模的非公有制企业中多已成立工会，但是在许多小型企业还没有建立工会组织。在已建工会的企业里，工会建设质量上还存在许多问题，突出地表现在工会的职工代表性不足，具有很强的行政依附性。有的企业，找几个职工填表就算组建了工会，没有推荐选举的过程，工会成立后即成为无场地、无经费、无活动的"空会"，职工甚至不知道工会的存在。有的企业的工会领导或者是人力资源管理部门的负责人，或者是企业管理人员的亲属。由于工会主席及其工会成员与企业是雇佣与被雇佣的关系，经济地位不独立，难免受制于人，在"端谁的饭碗受谁管"的经济理性驱动下，会选择站在企业一边，而不是工人一边，不能代表职工的利益与企业进行货真价实的谈判。工会的主要工作在丰富职工文化生活等方面，虽然在一定程度上缓和了劳资关系，但在企业与职工利益对立的领域基本上软弱无力，甚至成为企业的帮凶。由于企业工会实际地位较低，很多企业老板根本不把工

会代表放在眼里。在协商过程中，一些企业老板在协商桌上搞"一言堂"，个别老板甚至在协商前就定下了调子，只是让工会代表开开会、表表态，举举手、走走过场，致使集体协商流于形式。

各级总工会在体制机制、干部素质、工作方式上都还不能胜任市场经济体制下为职工维权的职责。不少工会干部习惯于计划经济体制下上传下达式的工作方式，把自己当作朝九晚五的公务员，而体恤职工的情感、勇于创新的精神、熟谙法规的素养都还比较缺乏，脱离群众的倾向还比较突出，工会干部不敢维权、不愿维权、不会维权的问题还比较普遍。目前我国的工会体系是自上而下的垂直体系，横向联合的行业工会目前多为区总工会的一个下属工作部，独立工作的体制机制还远未成熟。

（三）企业协会行政化过强，企业代表性不足，区域性、行业性集体协商中雇主组织严重缺位

我国企业代表组织的种类较多，如工商联、企业联合会、雇主协会、外商投资企业协会、青年企业家协会、女企业家联谊会、私营企业协会、三资企业经济发展联合会等。目前全国各类行业协会已达 4 万多家，占我国社会团体总量的近 1/3。[①] 较有影响的非公有制企业组织主要有工商联、行业协会、中国企业联合会、中国企业家协会。中华全国工商联成立于 1953 年，到"文化大革命"之前，从全国到地方县级的工商联体系已完全行政化，其唯一作用就是帮助共产党对民族资产阶级实行统一战线。改革开放后，工商联的性质被明确定位为经济性、统战性、民间性，但是仍直接受各级政府和统战部门的领导，其工作人员福利参照公务员，各级领导享受同级行政干部的待遇。中国企业家协会成立于 1984 年 3 月；中国企业联合会原名为中国企业管理协会，成立于 1979 年 3 月，更名于 1999 年 4 月 24 日，是国际劳工组织和中国政府承认的中国雇主的代表性组织。目前，在已建立劳动关系三方协商机制的省、市（区、州、盟）中，主要是由企业联合会作为企业组织代表参与三方协商，但在区、县、乡镇以及街道一级组织不健全。

我国企业协会存在以下问题：一是组织庞杂，交叉重叠，造成力量分散，影响力较弱。二是行政倾向依然较重，自治性较弱，企业代表性不足。"政府并未将在理论上已属于行会的权力完全交给行会。其结果，一方面，使后者仍在不同程度上依赖于、受制于政府；另一方面，大部分此类行会由

---

① 参见顾瑞珍《我国目前各类行业协会已达 4 万多家》，http://www.people.com.cn/GB/shizheng/1026/3041991.html。

于先天不足而不能真正为其成员服务。"① 企业倾向于把这些协会当成是与政府接触的谋求企业发展的渠道，而没有将其视为劳资关系中雇主的代表。三是这些企业协会在全国一级比较完善，但随着组织层次的下移，其健全程度越来越弱，受到组织不健全、会员单位少、专职人员少、经费不够等问题的困扰，难以胜任代表企业开展工资集体协商和指导企业合理进行工资分配的职责。从实际效果看，区域性、行业性工资协商的效果远比单个企业开展工资协商要更有效，但由于区域性、行业性企业协会机构涣散，有时进行区域性、行业性集体协商甚至找不到企业方代表。

二 集体协商法制不完备

目前工资集体协商主要通过一种自上而下的方式来推行，相关的法律法规还很不健全，远远滞后于市场经济发展对集体协商制度建设的要求，通过集体协商促进劳资合作尚缺乏足够的法制保障。

（一）法律层级较低，约束性不强

目前在专门实施工资集体协商方面，具有最高法律效力的只有原劳动和社会保障部2000年10月颁布的《工资集体协商试行办法》和2004年1月颁布的《集体合同规定》两个部颁规章，立法层次低。1996年5月17日，劳动部、全国总工会、国家经贸委、中国企业家协会联合颁发《关于逐步实行集体协商和集体合同制度的通知》；1997年，劳动部发布了《外商投资企业工资集体协商的几点意见》；1998年，全国总工会发布了《工会参加工资集体协商的指导意见》；2009年7月，中华全国总工会下发了《关于积极开展行业性工资集体协商的指导意见》，还有一些省份制定了相应的"工资集体协商意见"，这些政策法规都是以"办法"、"通知"或者"意见"的形式颁布的，约束力不足。《工会法》、《劳动合同法》相关规定多是一些选择性、可为性条款。如《劳动合同法》第51条规定："企业职工一方与用人单位通过平等协商，可以就劳动报酬、工作时间、休息休假、劳动安全卫生、保险福利等事项订立集体合同。"《工会法》第20条规定："工会代表职工与企业以及实行企业化管理的事业单位进行平等协商，签订集体合同。"其中的"可以"二字，使该条款并非强制性条款，降低了法律约束力。有的条款缺乏必要的罚则，如《工会法》第53条规定："无正当理由

① 马秋莎：《比较视角下中国合作主义的发展：以经济社团为例》，《清华大学学报》（哲学社会科学版）2007年第2期。

拒绝进行平等协商的，由县级以上人民政府责令改正，依法处理”，但没有具体说明什么是正当理由或不正当理由，也没有具体规定如何依法处理，企业和政府的职责都不明确，因而使集体协商缺乏终极保护。一些企业钻其漏洞，借口经营困难、前期投入过大、资金周转不开等规避集体协商。在我国，集体协商尚未成为劳资双方在一定条件下必须开展的法定义务，对"钉子户"无可奈何。

（二）法律内容粗略，针对性不足

工资集体协商涉及面很广，要求法律规范全面、细致，尽量考虑到双方可能失信的行为并事先做出规范。当前在工资集体协商法制上，还有许多的空白点。例如，对企业工会成员限制不规范。《工会法》把"以工资收入为主要生活来源"作为工会成员的标准，很有可能将企业高层管理人员囊括在内，而这些人代表的是资本的利益，由他们把持的工会是不可能为职工说话的。再如，为了维护既得利益，企业总是以商业秘密等为借口拒绝如实提供原材料、产品定价、企业职工工资占企业成本的比例、职工工资在产品中所占比重等相关重要信息，由于缺乏法律上相应的硬性规定，工会往往只能通过日常对企业的观察，揣测其所报利润是否真实，难以掌握话语权，导致在谈判中陷入信息不对称的被动、弱势境地，这样的协商效果也就难以理想。又如，行业性、区域性工资集体协商主体、协商方式、协商中各主体法律责任、集体争议处理程序和方法，都还没有明确规定，这导致在推行工资集体协商中许多工作无法可依。

三　劳资协商地位不平等

由于劳资在经济地位、组织程度上存在着天然的不平等，加上企业工会行政化倾向较强，劳资集体协商的天平明显倾斜于资方。在许多企业，劳资协商是否能够开展、进展程度、实际成效取决于企业的态度。经济效益好时，劳资集体协商开展得较为顺利；经济效益不好时，基本上不开展劳资集体协商。规模较大、管理正规的企业，劳资集体协商开展得较好；不少小微企业从未开展劳资集体协商。企业主开明的企业，劳资集体协商开展得比较好；企业主专断意识较强的企业，要么取消劳资集体协商，要么走走形式和过场，应付了事。

不少企业认为，工资管理是企业单方面行为，应由企业董事会或经理层讨论决定，授权企业管理部门操作执行即可，没必要与职工协商。于是有的企业并没有按照法律规定的"提出要约、产生代表、研究草案、讨论通过、报送审查、公布备案"等步骤进行工资集体协商，而是走形式、走过场。有的企业合同文本不经过任何协商，直接由企业法定代表人和工会主席签字生效；有的企业尽管进行协商，但协定草案却不经过职代会讨论通过。这种制式的劳动集体合同不是劳资协商的结果，职工只有签字的义务，没有发言的权利，有的合同条款避重就轻，没有真正解决职工最关心的工资标准、增长幅度、福利待遇等关键问题。不少企业只是把签订集体合同作为政府部门和工会组织布置的任务，上边抓得紧就谈一谈，抓得松就不谈了；有的把工资集体协议当成一种摆设，定一套做一套，主要用来应付上级检查。集体合同在内容上大而化之，不少是摘抄法律条文的制式文书，合同趋同度高，行业和工种的特殊性体现不足，不能够充分保障职工权益，这样的"集体合同"已经失去了执行的价值了。

四 调解仲裁机制不规范

2007 年 12 月 29 日，我国颁布了《劳动争议调解仲裁法》，该法从促进劳资合作的立场出发，明确了劳资争议调解和仲裁的相关规范。但是在实践中，调解和仲裁机制不健全，普遍存在着工作人员专业化、职业化程度低，机构不稳定、权威性不足等问题，严重影响了法律实施。

注重调解是我国处理劳动争议的一个基本原则，体现了"以和为贵"的中华传统文化。《劳动争议调解仲裁法》以期调动多方调解资源参与到劳资争议中来，如第十条规定："发生劳动争议，当事人可以到下列调解组织申请调解：（一）企业劳动争议调解委员会；（二）依法设立的基层人民调解组织；（三）在乡镇、街道设立的具有劳动争议调解职能的组织。"但是在实际工作中，这些组织并未发挥出应有功能。企业设立调解委员会并没有法律强制，企业考虑到成本问题，基本上不设调解委员会。即使有的企业设立了调解委员会，调解委员会在人力、财力上依附于企业，很难做到客观、公正。民间调解组织的调解员在劳动法规、政策方面的专门知识比较欠缺，影响了在劳动争议调解上的权威性。乡镇、街道的劳动争议调解组织面临缺编缺人的窘境，需要处理的劳动争议案件多，不堪重负。

劳动争议仲裁委员会缺乏独立性。劳动争议仲裁委员会是依法成立的专门处理劳动争议的特别机构，设在劳动行政部门，是诉讼的前置程序，起到分流、提高处置效率、促进劳资和解的重要作用。1993 年原劳动部颁发的《劳动争议仲裁委员会组织规则》规定了三方机制："仲裁委员会由下列人员组成：（一）劳动行政主管部门的代表；（二）工会的代表；（三）政府指定的经济综合管理部门的代表。"但在实践中，仲裁委员会与劳动行政主管部门的劳动争议处理机构是"一套人马、两块牌子"，行政性太浓，独立性不足，容易受到行政干扰。由于没有专门的机构、编制和经费，工会代表和政府指定的经济综合管理部门的代表不参与仲裁委员会的日常事务，使劳动争议仲裁委员会不具有实体性，数量严重不足。有的地方将其与监察、信访等部门合并，甚至取消了办案职能，导致办案效率低下，甚至劳动者投诉无门。

本 章 结 论

我国劳资关系在半殖民地半封建社会中产生，历经社会主义革命、建设、改革历程，植根于中华文明的深厚土壤，形成了独有的特点——合作倾向强但合作水平低，这为构建和谐劳资关系打下了良好的基础，也构成了严峻的挑战。在我国劳资关系发展上应把握好以下三个出发点：

第一，始终坚持劳资两利思想，积极促进劳资合作。在革命和建设时期，我党对于劳资关系一直交织着正确和错误两种思想认识，曾创造性地提出了"劳资两利"的思想，实行了劳资合作的政策；也曾把资本家和劳资关系视为"异类"，实行了压制资本乃至消灭劳资关系的政策。正反历史经验充分证明，什么时候劳资合作开展顺利，什么时候革命和建设事业就兴旺发达；什么时候否认劳资合作，试图消灭劳资关系，革命和建设事业就会遭受严重的挫折。

第二，计划经济体制要破除，但其中所体现的社会主义劳动观要继承。计划经济体制及其劳动制度具有较大弊端，确实需要改革，但同时也要看到，没有它为农民和城市职工提供的基本劳动保障，改革开放就不可能顺利进行。它所体现的尊重劳动、尊重劳动者的社会主义劳动观更是一笔宝贵的思想财富，使我国在较短的时间内就建立起与市场经济相适应的新的劳动保险制度，也促使我们不断纠正前进中的问题，因而需要进一步发挥和秉承。

第三，充分发挥中国共产党的政治优势、社会主义制度优势、中华文明的文化优势、中国工会的组织优势。改革开放后，在社会大变革过程中，在工业化快速推进的过程中，在从无到有的发展过程中，我国劳资关系呈现出整体合作的态势，世所罕见。这不是无缘无故的，而是中国共产党的政治优势、社会主义制度优势、中华文明的文化优势、中国工会的组织优势共同作用的结果。我们只要充分发挥好这四大优势,吸收国外优秀文明成果,克服各种问题和挑战,大力推进工资集体协商制度建设,就一定能够构建起和谐的劳资关系。

第七章

大力推进工资集体协商制度
建设的重大意义

当前工资集体协商制度建设面临着一个严峻的挑战，是各方都存在协商意识不强的问题。企业"不愿协商"，有的担心会削弱对企业的控制权，存在抵触心理；有的担心"协商一次，工资上涨一次"，影响企业发展和竞争力，经营状况不好时难以承受。职工"不敢协商"，部分职工受传统观念影响，认为工资问题是老板说了算，没有协商的意识；有的工会干部和职工担心与企业产生矛盾，承担失业风险，不敢积极协商。政府担心"鸡飞蛋打"，有的地方政府担心推进协商工作会与企业"闹翻"，影响招商引资，被其他地方"挖了墙脚"，对重点企业、大企业存在迁就照顾的思想。产生以上这些顾虑的一个重要的原因就是，人们对工资集体协商还存在着不少片面的认识，这是一个需要重点解决的问题。大力推进工资集体协商制度建设，对于切实维护劳动者权益、推动经济社会全面进步都具有十分重要的意义。

第一节　弥补市场机制形成劳动力
价格的缺陷

工业化离不开市场化，市场化是工业化的推进剂和润滑剂。人们对市场经济的认识经历了从盲目崇拜到理性看待的过程，逐渐看到市场和世界上一切事物一样有利有弊，在某些方面存在着失灵和缺陷。劳动力价格仅通过市场机制是不能形成均衡价格的，需要通过集体协商予以矫正。1985 年世界银行经济考察团在中国考察时就曾指出："工资在极少数国家中是完全由市场力量自由决定的：即使在资本主义国家，一般也是由（1）市场力量，（2）工会代表工人进行谈判，（3）以及有关最低工资的立法这三方面进行某种程度的结合而决定的。"① 这是经历过市场经济发展历程的西方学者对初步踏上市场经济道路的中国的善意提醒。

一 弥补买方垄断造成的合作剩余分配不公问题

美国经济学家克拉克运用边际分析方法，提出"每一个单位劳动的价值，是等于最后单位劳动的产量"。② 如图 7—1 所示，假设资本量一定，AB 表示第一个单位劳动的产出，A_1B_1 表示第二个单位劳动对第一个单位增加的产出，即第二个单位劳动的边际产量。由于边际收益递减规律，随着单位劳动量增加，边际产量逐次递减。当边际产量大于边际工资，企业有利可图，就会增加劳动量。直到边际产量等于边际工资，边际收益为零，企业得到最大收益，这时企业就停止招工。企业从追求利润最大化原则出发，就会将最后 D 单位劳动的边际产量确定为劳动力的工资。

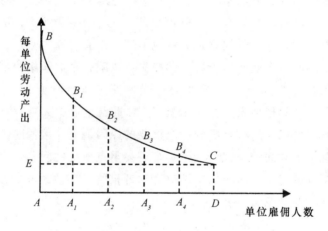

图 7—1 单位劳动力价值示意图

克拉克同时用边际分析方法提出，单位资本的利息决定于最后单位资本的边际产量。如图 7—2 所示，最后 D 单位资本的边际产量等于单位资本量，企业得到最大收益，这时企业就停止投资。企业从追求利润最大化原则出发，就会将最后 D 单位资本的边际产量确定为资本的利息。克拉克因此

---

① 世界银行 1984 年经济考察团：《中国：长期发展的问题和方案（主报告）》，中国财政经济出版社 1985 年版，第 176 页。

② 参见 [美] 约翰·贝茨·克拉克《财富的分配》，陈福生、陈振骅译，商务印书馆 1983 年版，第 161 页。

得出这样的结论：资本和劳动力都是按照边际生产率获得各自报酬，各得其所，不存在资本剥削劳动。

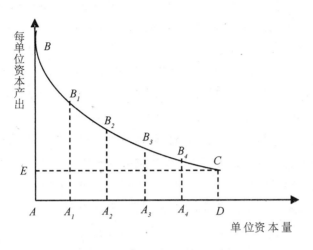

图 7—2 单位资本利息示意图

且不论资本不能创造新价值的问题，在图 7—2 中，工人所生产的全部产量是 *ADCB*，但他们只得到了 *ADCE* 量的工资，而 *ECB* 这部分产量被企业家集团获得。在图 7—2 中，资本所生产的全部产量是 *ADCB*，资本家集团不仅拿到了全部 *ADCE* 量的利润，而且拿到了 *ECB* 这部分产量。按照克拉克的逻辑，*ECB* 这部分产量是资本和劳动在合作中共同创造的，是资本和劳动的合作剩余，但是由于资本垄断生产条件，因而全部被资本家集团拿走。克拉克的逻辑完全是资本的逻辑，只承认资本追求利润最大化的权利，否认劳动者对企业利润增长的贡献和参与合作剩余分配的权利，这对劳动者来说是非常不公平的。对此后来的经济学家提出了不同的意见：一是 1972 年阿尔钦和德姆塞茨提出 "团队生产理论"，指出企业实质上是一种 "团队产品"，由企业内若干成员协同生产出来的，每一个成员的真实贡献都不可能精确度量。二是 20 世纪 70 年代，美国经济学家马丁·魏茨曼认为，传统工资制度把工人的工资看做同厂商的经济活动无关的外在因素如货币或生活消费指数所决定，而要消除滞胀问题，则需要把 "工人的工资与某种能够恰当反映厂商经营的指数（例如厂商收入或利润）相联系"[①] 的利益分享工

---

① ［美］马丁·魏茨曼：《分享经济：用分享制代替工资制》，林青松、何家成、华生等译，中国经济出版社 1986 年版，第 2 页。

资制度。

市场价格机制的一个基本要求是商品买卖双方地位平等，可是在劳动力市场上，由于企业与劳动者地位具有天然不平等性，因此市场机制所形成的工资可称为"生存工资"，将工资维持在让劳动者及其家人勉强生存、勉强糊口的水平上，否认了劳动者对企业经济增长的贡献，不能真实地反映劳动者的贡献，侵害了劳动者权益，体现了市场机制在劳动力价格形成上的缺陷。而合作剩余的分配，即各种生产要素贡献的划分，不似生存工资那样显而易见，需要劳动者形成具有垄断性的劳方组织——工会，克服单个劳动者的劣势地位，成为与企业平等的谈判主体，然后双方坐下来摆一摆各自对合作剩余分割方案的理由，找到双方均可接受的平衡点。这个平衡点上的工资基本上反映劳动者的真实贡献，由生存工资和利润分成构成，是对劳动力市场价格的有力矫正。工会力量越薄弱，职工参与合作剩余分配的份额越小，这个国家的贫富差距就越大。美国工会在西方发达国家中是最薄弱的，而且力量呈下降趋势。1980 年美国工会组织率由 1955 年的历史最高点 40% 下降到 22%。目前，美国工会会员人数仅为员工总数的 10% 左右。西方发达国家的基尼系数一般在 0.3 左右，而美国高达 0.45。由于我国工资集体协商制度不健全，劳动者仅拿生存工资，合作剩余基本上为企业占有，导致劳动者和企业经营者的收入悬殊，贫富差距拉大。如 2006 年，我国上市公司年度报酬总额平均为 236.70 万元，较 2005 年的 176.13 万元上涨了 34.39%。①而全国总工会与国家统计局联合开展的第六次全国职工队伍状况调查数据表明，2007 年有 26.7% 的工人 5 年未增加过工资，63.2% 的工人两年没有增加工资。②

二 弥补买方垄断造成的劳动力价格不均衡问题

英国经济学家罗宾逊夫人也不同意克拉克提出的资本、劳动力按边际生产率各得其所的分配理论，她认为由于劳动力买方垄断，劳动力价格不可能存在供求均衡点。

如图 7—3 所示，D 是企业用工的边际收益曲线，企业按照边际收益决定劳动力需求量，因而也是劳动力需求曲线。S 是平均工资曲线，劳动者以

① 参见应尤佳《揭秘 2006 年上市公司高管薪酬》，《上海证券报》2007 年 4 月 30 日 T05 版。
② 参见《全总通报第六次全国职工队伍状况调查情况》，http://acftu.people.com.cn/GB/5732474.html。

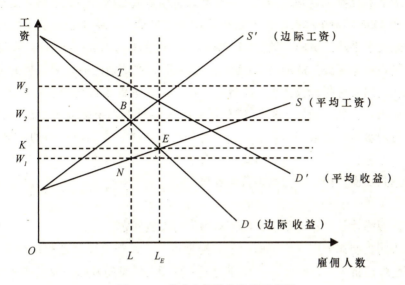

图7—3 劳动力价格非均衡示意图

此决定供给量，因而是劳动力供给曲线。从长期来看，E 点是理论上劳动力价格的均衡点。S' 是边际工资曲线，由于边际工资递减，因此它在曲线 S 的上方。D' 是企业长期的收益曲线，由于企业占有了劳资合作剩余，因此它在曲线 D 的上方。按照利润最大化原则，从短期来看，劳动力价格的市场均衡点在 B 点，这时工资为 W_2，所需雇佣人数为 L，而工资在 W_1 时市场就可以提供这个数量的雇佣人数。由于企业垄断生产条件，劳动者迫于就业压力，只好接受 W_1 量的工资。同时，L 量的雇佣人数为企业带来了 T 点的平均收益，企业应该提供 W_3 量的工资，而实际上只支付了 W_1 量的工资。线段 TN 就是企业对劳动者的总剥削量。罗宾逊夫人提出，将理论均衡点 E 点对应的工资 K 设定为最低工资，此时工资等于边际收益，就可以消除企业垄断所造成的剥削。罗宾逊夫人接受了西方边际经济学关于劳动力价格等于边际生产率的观点，赞同庇古的剥削定义：当工资低于劳动的边际产品价值时，就产生剥削。在西方经济学界，能够鲜明地提出买方垄断产生剥削，这是难能可贵的。但是，庇古和罗宾逊夫人与马克思的剥削理论有着本质的不同。马克思认为，无论工资高低，劳动者都必须为资本生产剩余价值；工资高低只决定剥削的程度，不能消灭剥削。罗宾逊夫人所提出的将工资 K 设定为最低工资的观点并不能消除资本固有的剥削。

由于企业为了追求利润，使劳动力价格较大程度地偏离了均衡价格，侵害了劳动者权益，这是市场机制在劳动力价格形成上的又一大缺陷。据全国总工会 2005 年对 10 省 20 市万名职工调查，2002—2004 年企业职工工资低于当地社会平均工资的人数占 81.8%，低于社会平均工资一半的占 34.2%，低于当地最低工资标准的占 12.7%。① 这表明，在此期间劳动力市场的天然缺陷在我国表现得比较突出。多数企业职工工资远低于市场均衡价格 B 点，部分职工工资低于最低工资标准 E 点，在 N 点徘徊。要弥补市场缺陷，就需要劳动者组织起来，与企业形成对等的协商主体，在国家法律的保障下，劳资双方进行长期的沟通、协商，使劳动者的诉求得以表达，才能使劳动力价格达到均衡价格，切实维护劳动者权益。

三 弥补信息不对称造成的劳动力价格失真问题

市场机制充分发挥作用的一个前提是每一个经济主体都是理性经济人。所谓理性经济人，就是经济主体在充分掌握相关信息的基础上以经济利益最大化为原则进行决策和行事。因此，市场经济有一个假设，这就是信息对每一个经济人都是充分的。而事实上，信息不对称现象普遍存在，每个人所掌握的信息是非常有限的，即使在当前的信息社会也远没有彻底解决这个问题。

企业招聘和劳动者求职时，都面临着信息不对称问题。双方都拥有对方不知道、而对对方决策具有重要意义的信息。企业不可能从经过有意、无意粉饰的求职函上完全了解求职者实际的工作态度、工作能力；而求职者也无法从企业具有一定粉饰的口头介绍中全面了解企业实际的工作环境、工资待遇。作为经济人，不乏存在利用彼此的信息不对称性而产生机会主义行为，做出损人利己的事情。一般来说，相比于企业了解求职者信息而言，求职者更难了解企业信息。企业往往利用这种信息不对称，避重就轻，少谈甚至不谈工作的危害、加班时长，或者夸下无法实现的承诺等，侵害初来乍到者的劳动利益。然而，工资在双方都不够了解的情况下就要事先确定下来，这样的工资是不能够真实反映劳动者工作后的实际劳动付出的。如果企业和员工定期进行集体协商，由于员工在企业工作过一段时间，对企业信息的掌握比求职者多许多，加上国家通过法律对集体协商中企业信息披露作出相关规范，求职者按照已有的集体合同与企业签订劳动合同，就可以大大降低因信

---

① 参见李长安《企业分配不公是和谐发展"隐形炸弹"》，《上海证券报》2007 年 5 月 16 日第 A04 版。

息不对称所造成的求职风险。

同时，企业和劳动者的情况在不停地发生着变化，如企业盈利、经营方向发生变化对劳动者素质提出更高要求、劳动者在工作和学习中增长了才干等，都意味着劳动者的贡献增加了，也需要劳资双方定期进行集体协商。如果单个员工与企业协商也会存在信息不对称问题，管理方一般文化层次高，掌握与谈判相关的知识、技巧的信息量大，而工人一方大多是一线的员工，学历较低，掌握相应的信息量小，这就需要员工组织起来，通过职业化的工会克服自身素质、能力的不足。在协商初期，劳资双方都有自己最终可接受的谈判条件，并且都不愿意将谈判条件告诉对方。在协商过程中，双方的底牌逐渐亮出，信息越来越对称，劳资双方越来越接近市场机制假设的理性经济人，可以弥补市场的失灵，使劳动者的付出和贡献得到切实的回报和认可。

第二节　推动中国经济可持续发展的重要保障

马克思曾指出："什么是'公平的'分配呢？难道资产者不是断言今天的分配是'公平的'吗？"[1] 人们站在不同的利益角度，会有不同的公平分配观。那么，究竟什么是公平分配呢？根本的判断标准就是生产力标准，因为生产力是社会一切进步的根本基础。工资三方协商机制将工资由企业单方面决定改为劳资共决，之所以是一个更加公正的分配方式，是因为它有利于推动我国经济可持续发展。而以牺牲公平为代价的经济增长"往往会忽视增进公平所带来的长期效益。增进公平意味着经济运行的效率更高，冲突更少，信任更多，制度更合理，同时对投资和发展方面具有动态的效益"[2]。下面从企业微观层面和国民经济宏观层面进行阐述。

一　非公有制企业快速发展的重要保障

企业是国民经济的细胞，非公有制企业已占到企业总数的近90%。只有非公有制企业有活力，整个国民经济才能有活力。不少非公有制企业主及其经理人对工资集体协商颇有微词。有的认为，企业承揽订单、改进技术、扩大市场等这些"求生存、谋发展"的事情都忙不过来，哪有时

---

① 《马克思恩格斯选集》第3卷，人民出版社1995年版，第302页。
② 世界银行：《2006年世界发展报告：公平与发展》，清华大学出版社2006年版，第3页。

间和精力来搞协商、签协议这些不出效益的事情！有的认为，签合同解决不了什么问题，效益好的企业认为没有必要签集体协议，效益差的企业又担心签了协议也难兑现，还不如不签，不签协议没有负担，少麻烦。还有的认为，企业是自己的，自己说了算，对集体协商采取或明或暗的抵触态度。这些看法都是源自对工资集体协商缺乏必要的认识。下面从单个企业、行业企业和全国企业三个角度分析工资集体协商对于企业保持持续快速发展的重大意义。

（一）调动劳动者的生产积极性，提高企业的经营效率

"企"离开"人"就是"止"。人是生产力中最积极能动的因素，企业要获得长期持续的发展，就必须树立"以人为本"的理念。

1. 有利于减少企业生产成本

劳动者是人，不是物，因此劳动合同与货物合同是不一样的。货物合同是完全契约，购买方拥有货物的完全产权；而劳动合同是不完全契约，企业只是得到了一段时间内对劳动者劳动的支配权，但并没有得到劳动力产权。劳动能力蕴含在劳动者身上，这是企业永远无法取走的，因而劳动者拥有出工不出力的机会。当劳动者感到自己的劳动不会得到相应的回报时，就会心生不平之感，通过尽量少出力来自我弥补损失。企业管理的一个很重要的方面就是防止劳动者怠工行为的发生，但是防不胜防，因为监督者的精力是有限的。而且，越是严厉的监督，越是激发劳动者的反抗情绪，劳动者越是想方设法地怠工。监督是需要成本的，监督越多，所付出的成本就越大。劳资矛盾激化，劳动者会选择辞职或罢工。罢工会损害劳动者利益，但企业利益损失更大。2010年5月本田佛山汽车零部件工厂持续一个月的罢工中，企业每天损失2亿元产值，而最终给职工增加的工资远低于这个数额。无论职工辞职还是企业解雇职工，企业都要到市场上招聘新员工，招聘也是需要成本的，并且将一个生手培养成为熟手还要承担产品质量下降的风险，这也需要成本。2012年我国劳动力人口数量首次下降，比上年末减少345万人。① 人口红利将越来越稀薄，如果企业不能拴心留人，在招工上支付的成本将越来越大。美国学者奥利弗·威廉姆斯指出，在市场经济运行中，交易双方存在着广泛的信息不对称性，不确定性

---

① 参见李子君《人保部：中国劳动力无限供给时代将结束》，《北京商报》2013年12月13日第1版。

和经济人的有限理性将双方的交易费用放大。① 企业不相信劳动者会积极生产，于是加大监督力度，却提高了监督成本和招聘成本，而且劳动者消极怠工的损失还是不可避免；劳动者不相信企业会支付合理报酬，于是通过消极怠工来减少损失，结果很可能被解聘而不得不承担重新找工作的成本。在缺乏信任的劳资关系中，没有赢家。如果经过集体协商，企业分配方案得到劳动者认同，劳动者基本满意于工资待遇，而且知道企业越盈利，自己的回报就越多，他就会安心工作、努力工作，不愿再去冒被解雇及支付重找工作的成本风险。工资集体协商可以大大减少劳资双方信息不对称性和因此产生的双方行为不确定性，形成稳定的、信任的劳资关系，从而降低企业的生产成本，提高劳动者工作积极性和生产效率。

2. 有利于增强团队凝聚力，提高企业效益

企业采取组织化生产形式，因而一个企业就是一个生产团队。美国学者阿尔钦、德姆塞茨指出，企业生产的实质是团队生产，由于团队生产中个人贡献不易计量，这就不免出现怠工和"搭便车"的行为，而这种低效的生产行为造成的额外生产成本将由其他努力工作的员工来共同承担，势必影响企业的利润和整个团队生产的效率。② 在团队生产中，一个人的贡献是不易计算的，他努力工作所产生的产值为团队成员共享，而他怠工所产生的损失也由团队分担，作为经济人他会倾向于怠工，这就为劳动者怠工提供了又一个可乘之机。而当一个努力工作的人看到有人怠工，就会认为自己在为别人的怠工行为埋单，他也会选择怠工。在一个团队中，怠工行为具有传染性，而且有愈演愈烈之势。企业管理之难，就在于要杜绝任何一个怠工行为的发生。阿尔钦、德姆塞茨的分析有一个前提，这就是劳动者认为企业盈利与我无关，而企业因怠工行为而减产却会让我分担，所以他会选择随波逐流。说到底，还是劳资之间信息沟通不畅的问题。管理者不可能随时随地发现怠工行为，但是怠工行为逃不过工友的眼睛。如果实行工资集体协商，让工资在得到劳动者认可的情况下切实随着企业经济效益波动，这样就把劳动者的利益与企业的利益紧密地联系在一起。这时怠工动机会大为减少，即使有人怠工，工友们也不会再选择随波逐流，而是会劝告、指责、排斥甚至举报怠工

---

① 参见［美］奥利弗·威廉姆森《资本主义经济制度——论企业签约与市场签约》，段毅才、王伟译，商务印书馆2002年版，第76页。

② 参见［美］阿曼·阿尔钦、哈罗德·德姆塞茨《生产、信息成本与经济组织》，载盛洪《现代制度经济学》（上卷），中国发展出版社2009年版，第126页。

者。在一个团队中，积极进取的氛围会感召和带动每一个人，使整个团队呈现出一种积极进取状态，企业何愁不发展呢？

3. 有利于发挥每一个劳动者独有的信息优势

及时发现怠工者就是劳动者所拥有而不被管理者拥有的信息优势。劳动者的信息优势不止于此。劳动者在一个岗位工作时间越长，岗位技能越娴熟，掌握了与这个岗位相关的信息越多，如每一个客户的偏好、工作的技巧等，而这些信息也是管理者所不可能完全拥有的。另外，每一个劳动者有着独特的知识和社会背景，这其中包含的信息量也是管理者不可能完全拥有的。有的企业主总认为"我的地盘我做主"，恐怕这是一厢情愿。当不能掌握全部信息时，又如何做主呢？因此，管理者应当认识到自身信息量的不足，尊重劳动者，不能仅仅将企业和员工的关系看成是契约关系，而更应看成是信息交流和反馈关系。劳动力虽然是商品，但有着货物商品所没有的创造力。劳动者不仅会获取信息、利用信息，而且会创造新信息。工资集体协商是尊重劳动者、与劳动者交流沟通的最好方式，有利于把劳动者的工作积极性激发出来，让他们充分发挥独有的信息优势。而管理者则应把重心放在对这些信息进行加工整理，促进优质信息共享，使个人的知识和能力转化为组织的知识和能力。一个企业所拥有的员工是不同的，所形成的团队的创造力也是其他企业学不到、模仿不来的，这就是企业的核心竞争力。

企业要在竞争激烈的市场中保持优势，不仅需要企业家的学识和勤奋，而且需要与各利益相关者长期形成的默契以及共同进步。在众多的利益相关者中，最基本和最重要的是企业的员工。大力推进工资三方协商机制建设，使劳资双方通过沟通、对话、签订集体劳动合同以形成和谐稳定的劳动关系，这不仅是维护劳动者权益的需要，也是维护企业持续发展的需要，与其说是在保护劳动者，不如说是在保护企业最核心的竞争力。据广州市总工会与广州大学联合开展的一项调查，实行工资集体协商的企业职工工资普遍比同行业未实行工资集体协商的企业高10%—15%，同时，企业效益也增长20%—30%。[①] 正如有学者指出："所谓劳动力成本低是一种短视的'伪优势'而已，它不能提高核心竞争力也不具有长期竞争力。"[②]

（二）有助于促进行业内平等竞争，为企业发展搭建良好平台

竞争是市场机制的源泉，正如任何事物都要在一定的范围内才能良好地

[①] 肖思思：《广州调查显示：实行工资集体协商有利于企业利润增长》，http：//news. xinhuanet. com/newscenter/2008 - 08/20/content - 9545449. htm。

[②] 马艳、周扬波：《劳资利益论》，复旦大学出版社 2009 年版，第 261 页。

发挥作用，如果竞争过度，就会演变为恶性竞争，会对市场机制造成伤害。企业为了占有市场，竞相降低成本。企业降低成本有两个途径：一是降低人工成本，二是改进技术、提高劳动生产率。改进技术需要资金投入，还要冒一定的市场风险。改革开放后，我国非公有制企业多是在资金匮乏、技术低下的条件下起步的，因而多数企业将降低成本的途径主要放在了降低人力成本上。但是，长此以往造成了一种恶性循环：越是依赖于低工资，越是不愿改进技术。低工资率必然导致低劳动生产率，劳动者连温饱都难以顾及，更别谈自我提升和学习了。企业只给社会提供低工资，社会也只会给企业提供低素质的劳动力，而这又进一步导致产品的低技术、低价位、低效益，结果整个行业技术升级缓慢，长期停留在技术水平低下的状况之中，企业留不住人，职工跳槽频繁。

改革开放后，非公有制企业云集的加工制造业的优势，主要是劳动力价格低廉。1996—2008 年，珠江三角洲主要就业大军——外来农民工月平均工资仅增长了 68 元，农民工月平均工资绝大多数在 600 元左右。[1] 考虑物价上涨因素，农民工工资不升反降。因为人力资源低廉，在生产中"人海战术"被用到极致，企业想方设法地以人力替代技术和资本，复杂的工艺被尽量分割为简单的操作，工人日复一日地重复着简单的动作，几乎没有任何发展和进步的空间。依靠"低劳动力成本"优势维系的近 30 年的工业化进程却没有孕育出一支成熟的产业工人队伍，整个工业体系主要依靠没有经过专业培训的农民工，这样的劳动力素质是绝对不可能支撑起一个有竞争力的工业的，在国际产业链条上中长期被定格在低端。日本的百元店、欧美的一元店基本上是中国制造的商品。越是低端商品市场，竞争越激烈，越容易受到国际市场波动的影响，也越容易遭遇国外贸易保护主义的壁垒，因而利润也就越稀薄。有资料表明，我国整体贸易条件从 1993 年到 2000 年下降了 13%，占出口大头的制成品下降 14%，初级产品下降 2%。[2] 1958 年印度经济学家巴格瓦就提出"贫困化增长"的概念，即有一种产出增长反而会恶化该国的贸易条件，使收益和损失得不偿失。我国依靠价廉的劳动力资源而获得的粗放式、数量型的贸易增长实质上就是一种"贫困化增长"，产业技术升级停滞不前，利润空间却被不断压缩。

---

① 参见范修礼《对农民工工资二十年不变的思考》，《科技广场》2008 年第 4 期。
② 赵亚敏、郭培兴、王婷：《总体趋于恶化——中国贸易条件变化趋势分析》，《国际贸易》2002 年第 7 期，第 18 页。

日本也是一个劳动力充裕的国家，人口约为 1.3 亿，是中国的 1/10，但国土面积只有中国的 1/25，人口密度大大高于中国。第二次世界大战后，在日本这样一个以贸易立国的国度里，完全比中国更有理由、更有条件地走一条"低成本优势"的经济增长之路，可是日本企业却普遍遵守终身雇佣制度，一般不轻易解雇工人，同时每年都有例行的被称为"春斗"、"秋斗"的企业工资集体谈判以及行业工资集体谈判，前者往往以后者确立的工资为标准。与战后日本经济高速增长相伴随的是工人工资的高速增长，1954—1960 年日本制造业工人年均工资增长率达到 3.61%，1961—1970 年更是高达 6.75%。和谐的劳动关系造就了日本经济的良性循环，推动了日本经济结构快速升级，十年一个台阶：50 年代经济恢复，60 年代经济起飞，70 年代经济发展，80 年代成为经济强国。当然，产业升级、经济发展是综合因素作用的结果，不止和谐劳动关系这一个因素。第二次世界大战后日本经济30 年的快速发展至少说明，工资随着企业、行业的发展而增长，并不会降低企业和行业的竞争力。

通过行业工资集体协商，在行业内部制定统一的基本工资标准，每个企业都遵照执行，切断恶性竞争的后路，营造透明、公平、有序的竞争环境。行业工资集体协商所制定的工资是基本工资标准，并不妨碍优质的劳动者获得更高收入，也不妨碍优质的企业通过高工资吸引优质的劳动者，不仅不会妨碍市场竞争，而且促进了市场良性竞争。对职工来说，在行业内哪一家企业里工作都拿一样的基本工资，他就不会频繁跳槽，而愿意在一个企业长干，以积累人脉、资历等优势。定期的行业工资集体协商可以随着行业劳动生产率的提高，不断为行业的发展设定与之相适应的"准入门槛"，淘汰那些仅仅依靠劳动力成本优势的低端企业，从而把更多的企业引导到依靠技术进步、提高管理水平上来，促进产业升级和长远发展。浙江省上虞市崧厦镇被称为"中国伞城"，曾一度由于企业主克扣工资，打工者的合法权益受到侵害，报复企业主等事件时有发生。2002 年 11 月，崧厦镇开展了制伞行业工资集体协商试点工作。经过一年的努力，到 2003 年底 129 家制伞企业签订了行业工资协议。2012 年初，全镇制伞企业已发展到 1100 多家，行业发展态势良好，销售达 5000 万元以上的伞业企业 15 家，亿元以上的企业 8 家。2011 年全镇实现伞业产值 79.86 亿元，同比增长 11.38%。①

① 顾水泉：《市企业商会提出新年工作目标》，《上虞日报》2012 年 1 月 20 日。

（三）有助于投资和消费保持合理比例，扩大企业生产可能性边界

劳动者既是生产者，又是消费者，因而工资虽然也是生产成本，但与机器、厂房、原材料不同，它还是市场需求。如果所有的企业都压低工资，那么生产需求也被严重地遏制了，生产的越多，滞销的也越多，企业不得不压缩产量，整个国民经济将陷入低工资、低消费、低产值的恶性循环之中。

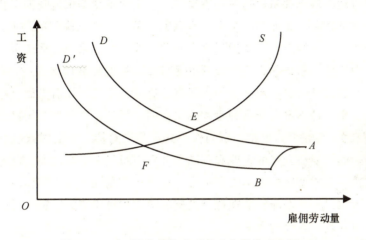

图7—4 无工资集体协商下劳动力供给示意图

如图7—4所示，劳动力供给曲线D表明，工资越低，企业雇用劳动者的意愿越强。这符合一般商品的供求规律：价格越低，购买量越大。一些经济学家常常以此来反对工资集体协商，认为高工资会带来高失业率。但是，工资从单个企业来看是生产成本，从国民经济来看是市场需求。工资降低，利润增加，企业扩大生产，带动了原材料、设备的市场需求，经济一度呈现出繁荣的景象；但同时，随着工资下降，市场需求也逐渐降低，一段时间之后，有的企业产品开始滞销了，不得不压缩生产，减少原材料、设备的购买，这进而导致原材料、设备生产企业减产，整个社会生产逐步走到了临界点A，许多企业破产、倒闭，生存下来的企业也不得不减产，大量的工人失业，由于需求量减少，工资降低，呈现出就业率和工资率"双低"的局面，于是劳动力供给曲线D变为曲线AB。当工资低到B点时，即工资为维持劳动者及家庭最低生理需求时，利润较大增长，企业又开始扩大生产，市场又开始繁荣起来，整个社会的劳动力需求曲线恢复正常形状，变成曲线D′。马克思指出："一切真正的危机的最根本的原因，总不外乎群众的贫困和他们的有限的消费，资本主义生产却不顾这种情况而力图发展生产力，好像只

有社会的绝对的消费能力才是生产力发展的界限。"① 企业以为只有把工资压到最低,即马克思所说的"社会的绝对的消费能力"时,企业才能最大限度地扩大生产。而事实是,这时社会生产可能性边界也从 D 下降为 D′,劳动力供求均衡点也从点 E 降到点 F,不仅工资更低,就业率也更低。一些经济学家关于"低工资高就业"的阐述适用于在 A 点以上的情况,而在 A 点以下劳动力供求关系则是另一番情景了。企业不受约束地降低工资,直接受害人是劳动者,企业和社会也不是赢家,是一个"三输"的局面。

即使有睿智的企业主认识到这个问题,他也不敢给职工涨工资,因为在别的企业不涨工资的情况下,他哪怕涨 1%,就意味着增加了 1% 的市场风险。涨工资的风险自己承担,却为所有的企业共享的市场需求做贡献,作为经济人,企业是不愿意做这种亏本的买卖的。可见,要使整个国民经济跳出"三输"的局面,就需要把工资当作公共产品来对待,要么国家出面制定最低工资标准,要么众多的企业和劳动者分别组织起来进行协商,制定出一个共同认可、共同遵守的基本工资标准。这个工资标准整合了劳动者、企业、社会的诉求,是一个能够实现社会投资和消费相对均衡的工资,对扩大生产可能性边界具有重大的意义。

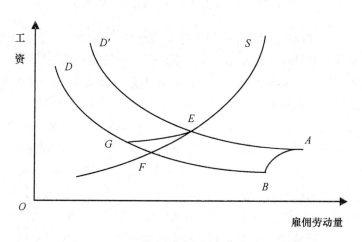

图 7—5 在工资集体协商纠偏下劳动力供给示意图

如图 7—5 所示,如果一个国家由于长期低工资导致社会生产可能性边界下降,那么这时通过工资集体协商,工资由 F 点升到了 G 点,虽然工资

① 马克思:《资本论》(第 3 卷),人民出版社 1975 年版,第 548 页。

增加了，但对长期被压抑的市场需求形成了较强刺激，市场需求扩大，企业生产也扩大，对劳动力的需求量也随之扩大，这样就使劳动力需求曲线形状发生改变，成为曲线 GE，形成了一个高工资、高就业"双高"的局面。当工资到达 E 点时，即市场承受商品价格增高的临界点，超过这个点，市场需求就会萎缩，这时劳动力需求曲线恢复正常状态，变成曲线 D′，社会生产的可能性边界也从 D 上升为 D′，而且工资增加了，就业也增加了，形成了劳动者、企业和社会"三赢"的局面。

有的企业主把工资集体协商看成是劳动者涨工资的手段，因而很排斥和抵触。工资集体协商并不意味着工资上涨，而是保持社会投资和消费平衡的重要途径。当国民经济和企业经营出现困难时，工资集体协商则有利于取得劳动者理解，实现工资减少或停止增长，帮助企业摆脱困境。如我国 1950 年 4 月召开劳资协商会议时，为了帮助私营工商业摆脱困境，北京私营企业的工人每人工资降低 19%—27%。[①] 日本在 20 世纪 90 年代经济陷入低迷状态时，也通过工资集体协商得到工会理解和支持，工资较低增长，有时在物价大幅上涨的情况下还出现了实际的工资负增长。由于我国工资长期较低，劳动者要求工资上涨的愿望比较强烈，而且国民经济一直保持中高速增长，工资集体协商后工资上涨是情理之中的事，是对劳动权益的合理维护，也是保持社会投资和消费合理比例的必然要求。

综上所述，当前工资集体协商虽然在一定程度上会使工资上涨，但能够通过调动劳动者工作积极性、促进行业良性竞争、扩大生产可能性边界而获得更高利润，对企业来说同样是有益的。有关研究人员在对美国数千家公司调查研究后得出这样一个结论："一个企业的员工如果非常投入，会产生三个积极的效果：会有较高的客户满意度、更高的生产能力和更高的人力能力。"[②]

二 中国经济实现转型升级的重要保障

我国从一个经济大国向经济强国转变，成功跨越"中等收入陷阱"，必须实现经济转型升级，即从外需拉动型向内需拉动型转变，从主要依靠拼资

[①] 参见《成立劳资协商会议协力克服困难，京私营企业出现新气象，工人自动降低工资提高生产效率，资方积极改善经营方法扩充设备》，《人民日报》1950 年 5 月 25 日。

[②] 牛励耘：《认可责任敬业忠诚——中美（2005）员工激励与企业活力高端论坛精彩回放》，《人力资源开发》2005 年第 6 期。

源消耗和低廉劳动力向主要依靠科学管理和科技创新转变，从低端加工业向高端制造业转变。经济转型升级，说到底，就是经济结构优化。经济结构是一个有机体，经济结构优化离不开消费结构、就业结构的转型升级，而消费结构、就业结构的转型升级又离不开劳资关系的转型升级，即构建合作主义劳资关系。

（一）成功跨越"中等收入陷阱"的重要保障

2013 年我国人均 *GDP* 为 6857 美元（笔者根据《国家统计年鉴》和 2013 年底汇率计算所得），按照世界银行 2010 年收入划分的标准——低收入经济体为 1005 美元或以下者；下中等收入经济体在 1006—3975 美元；上中等收入经济体在 3976—12275 美元；高收入经济体为 12276 美元或以上者，我国已经进入上中等收入国家行列，同样面临着"中等收入陷阱"的挑战，迫切需要经济结构转型升级。

成功跨越"中等收入陷阱"的国家都较好地解决了贫富差距问题。所谓"中等收入陷阱"，是指一些国家进入中等收入阶段后，原有的发展动力开始乏力，需要新的发展动力时，却固守原有发展模式而缺乏创新，于是陷入经济增长下滑或者长期停滞的现象。尽管有些陷入"中等收入陷阱"的国家也有所发展，如墨西哥 2012 年人均 *GDP* 达到 10265 元，2010—2013 年平均增长 4%[1]，但与成功跨越"中等收入陷阱"的国家相比，从 3000 美元中等收入到 10000 美元高收入所用时间长得多，如墨西哥用了 46 年，而韩国只用了 8 年，而且两国在发展后劲上也有较大差距。导致"中等收入陷阱"的原因很多，其中最重要的原因是贫富差距过大。1980—1989 年，墨西哥的基尼系数一直处于过大区间，并从 0.506 上升为 0.550[2]，而 1980—1988 年，韩国的基尼系数一直处于合理区间，并且从 0.367 下降至 0.320。[3]在影响经济发展的诸多因素中，消费是最重要的影响因素，而且生产规模越大，对消费的依存度越高。穷人消费倾向高于富人，如果穷人过多，必然抑制社会消费，导致生产过剩，经济结构升级困难，进而使经济发展受阻。社会大多数家庭和人口依靠劳动报酬为生，如果在初次分配中，工资在劳资分配中长期低迷，合作剩余全部为企业占有，就会导致贫富差距过大，市场消

---

① 徐世澄：《墨西哥经济乐观因素多》，《人民日报》2014 年 5 月 22 日第 22 版。

② 参见江时学《"拉美化"透视》，载张小川《走进拉丁美洲》，人民出版社 2005 年版，第 86—90 页。

③ 参见洪丽《韩国居民收入差距的演变及影响因素分析》，载程恩富、简新华《中国经济规律研究报告》，经济科学出版社 2012 年版，第 651 页。

费疲软，制约经济向高层次发展。

（二）解决产能过剩问题的重要保障

当前，我国经济面临的最大问题，也是制约经济转型升级的最大难题就是产能过剩。据调查，2013 年上半年我国工业企业产能利用率不足 79%，低于 80% 至 90% 的国际通常水准，其中钢铁、电解铝、水泥、平板玻璃、船舶等行业的产能过剩问题尤为严重，产能利用率仅在 70% 左右。① 而且，近一个时期以来，光伏、风电设备等新兴的产业也出现了产能过剩。② 消费需求数量少，必然使产业结构升级困难，如我国钢铁行业是"先进产能"而非"落后产能"的过剩，2012 年主要生产高端钢材——板带材的 80 家重点大型钢铁企业利润只有 15.8 亿元，同比下降 98%，销售利润率只有 0.04%，亏损面 23%。③ 产能过剩越来越成为我国经济运行中的突出矛盾和诸多问题的根源，企业经营困难、财政收入下降、金融风险积聚、生态恶化加剧等，都与之密切相关。

产能过剩即生产能力的总和大于消费能力的总和，因而产能过剩的另一面就是内需不振，而内需不振是企业职工工资，特别是非公有制企业职工工资长期过低造成的恶果。消费是商品价值的最终实现环节，消费能力下降必然造成企业产品销售不畅，特别是抑制高端产品生产。1998 年，泰国制造业平均人工成本为 2688 元，我国不到其 50%。④ 我国占社会消费率主体的居民消费率持续下降。根据《中国统计年鉴》相关年度的数据计算，我国居民消费率仅在 1978—1981 年有所上升，从 48.59% 升至 54.03%，此后一路下降，1997 年降至 47%，2003 年、2004 年又降至 42.5% 和 41.02%，2013 年只有 37.4%，均远远低于同期大多数发展中国家水平。于是，当世界其他国家一般在人均 GDP 3000 美元出现生产过剩时，我国在 1997 年人均 GDP 仅 770 美元时，就开始出现生产过剩问题，到如今更是陷入严重的产能过剩怪圈中不能自拔。大多数职工工资没有与企业发展同步，也没有与经济增长同步，而且远远低于同期发展中国家的水平，内需怎么可能提振呢？

①　参见韩雪萌《化解产能过剩：2014 年任务依然艰巨》，《金融时报》2014 年 1 月 18 日。

②　参见李彪《发改委主任张平：新兴产业也存在产能过剩》，《每日经济新闻》2013 年 3 月 7 日。

③　参见冯立果、高蕊《当前我国部分行业产能过剩情况调查及其化解》，《中国发展观察》2013 年第 6 期，第 21 页。

④　参见国家统计局国际信息统计中心《2003—2004 中国与世界：经济发展回顾与展望》，中国统计出版社 2003 年版，第 102—103 页。

提振内需必须坚持走群众路线，提高占劳动者绝大多数的广大非公有制企业职工的工资水平是扩大内需的根本源泉。假设 2007 年的劳动报酬占 GDP 比重维持在 1996 年的水平，当年劳动者的收入可增加 3 万多亿元[①]，这将带来巨大的消费效应。扩大内需，需要构建行业工资集体协商制度，提升非公有制企业职工在工资决定上的话语权，使工资与企业发展、经济发展同步增长。在如何解决产能过剩问题上，不少人的思路还是关停并转，并且努力回避工资增长问题，认为人工成本增加会导致企业外迁或倒闭，加大经济下行压力和失业风险。2008 年 1 月 1 日颁布的《劳动合同法》就是在众说纷纭中出台的，至今还有不少人认为该法让中国丧失了劳动力资源禀赋，是导致企业外迁的罪魁祸首。进入 2015 年后，社会上出现了一种说法："中国制造熬得过 2008，熬不过 2015"，还有"中国制造业倒闭潮已开始，东莞温州'失色'"、"台资触摸屏企业关闭东莞工厂"等新闻报道。就以外资制造业云集、被称为"世界工厂"的东莞为例，2014 年东莞外资企业关停 428 家，其中电子及仪器仪表制造业企业 195 家，占 45.56%；纺织、服装鞋帽类企业 59 家，占 13.79%；塑料制品企业 43 家，占 10.05%；金属制品企业 33 家，占 7.71%，其余则分布在电器机械、家具文教玩具、皮革羽绒等行业，占 22.89%。东莞有外资企业超过一万家，2014 年关停企业数与 2013 年基本持平。在 428 家关停企业中，287 家为劳动密集型的传统加工贸易企业，占近七成；投资额 300 万美元以下企业 384 家，占近九成。关停的 428 家企业投资额为 6.5 亿美元，而东莞新增外资企业 465 家，投资额 43 亿美元，一出一进实际新增投资 36.5 亿美元。外资服务业项目从 2008 年 110 个提升到 260 个，第一次超过了制造业的引进项目。[②] 规模小、低端制造、技术创新力弱，经受不住人力成本上升的压力，是这些企业关停的原因，这正是我国产业升级的必然结果。中国制造业不能总是停留在低端制造业，因而不能因为低端制造业和少数大企业关停或迁厂就一叶障目。中国制造业正在开创一个更加广阔的新天地。据商务部的最新统计显示，2014 年在全球跨国直接投资下降 8% 的情况下，中国利用外资实现了正增长，以 1196 亿美元的规模首次成为全球第一，服务业领域利用外资比例已经高达 55.4%，高于制造业 22%，而在制造业中服装、玩具等传统型行业占比持续下降，

① 参见宋晓梧《调整收入分配结构，加快经济发展方式转变》，载中国（海南）改革发展研究院《中国收入分配改革路线图》，国家行政学院出版社 2010 年版，第 19 页。
② 张安定：《东莞成中国吸引外资量质双升缩影》，《东莞日报》2015 年 4 月 11 日第 A03 版。

技术密集、附加值高的行业则大幅攀升，像通信设备、计算机等三大行业占到了制造业实际利用外资的 1/3。① 更多优质的外资企业来到中国，其中一点就是看中了中国日益扩大的内需、市场。改变劳动报酬占 GDP 比重过低的状况是势在必行的。

当然，工资并非越高越好，工资过高，商品价格就会升高，同样会抑制消费，进而制约生产。在我国经济从高速增长进入中高速增长的转型过程中，在文化水平、技术能力较低的劳动力还大量存在的条件下，什么才是合理的工资率和消费率？扩大就业和产业升级之间的平衡点在哪里？对于这些问题，不是单个的企业、单个的职工或者仅靠政府就能回答和解决的，需要依靠全社会的力量共同回答和解决，工资集体协商机制为此提供了良好的平台。

实现经济转型升级，首先要在思想上实现转型升级。随着我国经济体量不断加大，经济联系不断加深，工资越来越具有公共产品性质，要求超越单个企业单方面决定工资的局限，构建合作主义劳资关系，使工资由市场、政府、企业、职工等多种力量共同决定，实现城乡居民人均收入实际增长与经济增长同步，劳动报酬增长和劳动生产率提高同步，保持合理的投资和消费比例，通过提高居民消费率消化过剩产能，通过消费结构升级推动产业结构升级。

第三节　构建社会主义和谐社会的
关键性环节

党的十六届六中全会通过的《中共中央关于构建社会主义和谐社会若干重大问题的决定》明确提出："社会和谐是中国特色社会主义的本质属性。"② 社会和谐的本质是社会各种利益关系的和谐。劳资关系是社会各种利益关系的重中之重。当前 80% 左右的职工在非公有制企业就业，劳资关系与大多数群众的生活息息相关，影响着他们的工作状态、生活状态和精神状态。没有和谐的劳资关系，就没有和谐社会。和谐劳资关系对于构建社会主义和谐社会的关键作用主要体现在以下四个方面：

---

① 张安定：《东莞成中国吸引外资量质双升缩影》，《东莞日报》2015 年 4 月 11 日第 A03 版。
② 《十六大以来重要文献选编（下）》，中央文献出版社 2011 年版，第 648 页。

一　扭转社会贫富差距过大问题

世界银行1984年经济考察团在我国考察时，对我国改革开放政策曾提醒道："对中国这个社会主义国家来说，收入分配问题——更全面地说就是生活水平问题——极为重要，因为中国最重要的经济目标不仅仅是取得快速增长，还要把增长带来的效益广为散布。"① 从平均主义盛行的状态快速转变成贫富差距过大的状态，对国民的冲击尤其大。当前，贫富差距过大问题已经成为人们关注的首要问题，也是影响社会和谐的首要问题。2012年11月，《新京报》"京报调查"与清研咨询公司联合推出调查结果中，排名第一位的社会问题是"贫富差距拉大"，关注度高达81.3%。② 据国家统计局公布的数据，2014年全国居民收入基尼系数为0.469，实现了自2008年的最高峰0.491的"六连降"。这表明近年来出台的一系列改革举措发挥出了较好的作用，我国收入差距有所缩小。但是，我国基尼系数仍然高于国际警戒线，收入分配改革还需要深入推进。

收入差距只是贫富差距的冰山一角，财产差距则更为惊人。北京大学中国社会科学调查中心2014年7月发布的《中国民生发展报告2014》显示，2012年中国家庭净财产的基尼系数达到0.73，顶端1%的家庭占有全国1/3的财产，底端25%的家庭拥有的财富总量仅为1%左右。③ 贫富差距过大，是多种原因共同作用的结果，但其中最重要的原因是什么呢？全国总工会有项调查显示，61%的职工认为普通劳动者收入偏低是最大的不公平。④群众的眼睛是雪亮的，劳资分配失衡的确是导致贫富差距快速扩大的一个重要原因。

首先，劳资分配属于初次分配领域，范围最广，涉及人数最多，对贫富差距的影响最大。再分配尽管能够在一定程度上缓解贫富差距，但其作用在于维持社会道德和稳定的底线，力量毕竟有限。劳资分配失衡，使绝大多数劳动者收入长期偏低，社会贫富差距必然迅速拉大，这是再分配所不可能扭转的。

---

① 世界银行1984年经济考察团：《中国：长期发展的问题和方案（主报告）》，中国财政经济出版社1985年版，第42页。

② 参见高明勇《八成受众：未来十年最需解决"贫富差距"》，《新京报》2012年11月10日第B02版。

③ 参见冯蕾、邱明《基尼系数的警示》，《光明日报》2014年7月31日第15版。

④ 参见尹卫国《劳动者收入偏低是最大不公》，《工人日报》2010年5月18日第7版。

其次，劳资分配失衡是拉大城乡差距和地区差距的重要因素。农民工多数来自农村，特别是中西部农村，而他们打工的地点多在城市，且较多集中在东部城市。农民工的成长、教育、养老都由中西部及其农村负担，却将一生中最优质的劳动力贡献到东部及其城市。劳资分配失衡就像一个巨型的水泵，源源不断地将中西部及其农村的社会投入抽送到东部及城市，必然拉大城乡差距和地区差距。

抓住劳资分配就抓住了贫富差距过大问题的源头。劳资分配失衡的背后是劳资权利的失衡，工资由企业单方面决定，职工话语权缺失，在资本逐利本性的刺激下，"只涨利润不涨工资"就是一件必然的事。工资长期低位徘徊，进而导致劳动报酬在 GDP 中的比重持续走低。2008 年 1 月 1 日颁布实施的《劳动合同法》，规范了企业用工行为，保障了职工权益，用工乱象问题得到了一定程度的整治，是促使基尼系数"六连降"的重要因素之一。但是，法制毕竟只是劳资关系的外部因素，公平合理的劳资分配关系最终取决于双方构建合作主义关系。只有实现劳资平等协商，实现劳动报酬与企业利润、物价指数、GDP 增长共进退这样一种初次分配格局，才能从根本上扭转贫富差距过大问题。

"十一五"规划首次将构建工资集体协商机制纳入国家经济和社会发展布局中来；特别是 2011 年 1 月全国总工会提出并着力推进工资集体协商工作三年规划以来，在工资决定上劳资之间有了一定的对话和协商，职工的诉求得到了一定程度的表达和实现。武汉市餐饮行业自 2011 年 4 月开展工资集体协商以来，仅一线服务员平均工资从 2010 年 10 月的 1173 元提高到 2014 年 2 月的 1856 元，增幅达 58.2%。① 2015 年 2 月初，笔者到武汉市一家知名的连锁餐饮企业进行调研，结果显示：职工工资均在 2000 元以上，其中 2000 元档位的占 13.3%，3000 元档位的占 56.7%，4000 元档位的占 26.7%，5000 元档位的占 3.3%，而武汉市主城区最低工资标准为 1300 元/月。该企业职工对工资满意度均达到"基本满意"以上，其中"基本满意"占 63.3%，"很满意"占 26.7%。从实际效果看，工资集体协商对于提振长期低迷的工资、构建公平合理的劳资分配关系是卓有成效的。

二　维护社会安定祥和良好局面

工资收入是广大职工安身立命的基础，因而是人民群众最关心的最直接

---

① 广羽：《工资集体协商需要长效机制》，《工友》2014 年第 6 期。

的利益。改革开放后，我国劳动领域最大的变革就是劳资关系成为占主体地位的劳动关系。由于劳资关系失衡，劳资纠纷成为占主体地位的劳动争议。根据《中国劳动统计年鉴》2003 年度统计数据计算，全国劳动争议案件总数为 215512 件，其中非公有制企业劳动争议案件 129829 件，占全国总数 60.24%。可以说，没有劳资关系的和谐，就没有社会的和谐；没有劳资关系的稳定，就没有社会的稳定。

2010 年，我国从南方到北方爆发了一系列罢工潮：1 月苏州大金机电设备公司发生罢工事件；5 月广州佛山本田零部件工厂发生罢工事件；6 月丰田天津厂发生罢工事件；10 月石家庄出租车大罢工，等等。这些事件最终都是在政府斡旋下，劳资双方通过协商，达成集体协议而得以解决的。北京金杜律师事务所姜俊禄律师将 2010 年视为"集体谈判和集体合同元年"[①]。罢工之后的劳资协商，属于亡羊补牢式、个体解决式，既无法挽回职工、企业、社会为此付出的高昂代价，也不能防止和避免其他企业再次发生这样的事情。2010 年 5 月广州佛山本田零部件工厂罢工案最终在中国人民大学劳动人事学院常凯教授作为第三方的斡旋下，以加薪 34% 的集体协商方式得以成功解决。但是，工厂接纳了工人关于工资的诉求，并且通过与工人协商达成了工资协议，而对工人改选工会的诉求还没有明确的回应。由于集体协商机制没有建立起来，工人仍然没有得到依法应该享有的知情、协商、共决的权利，劳资矛盾并没有纳入制度化、常态化的解决渠道，这就留下了以后是否能够继续协商的隐患。同年 7 月 16 日，该厂再度发生罢工，成为本年度第 3 起罢工。为此，2011 年 1 月全国总工会在工资集体协商三年规划中提出的总体目标是"到 2013 年底已建工会组织的企业 80% 以上建立工资集体协商制度，基本实现已建工会企业普遍开展工资集体协商，其中实现世界 500 强在华企业全部建立工资集体协商制度"，其目的就在于要用工资集体协商制度实现劳资冲突解决途径的两个转变。

一是从"无规范的暴力对抗"转变为"有规则的矛盾释放"。有利益关系，就有矛盾。对于劳资利益关系，矛盾具有经常性、长期性的特点。西方学者也不能不承认劳资矛盾的客观性。德国社会学家达伦道夫指出："对工人与雇主之间的冲突进行描述是很重要的；但更重要的是要证明，这样的冲

---

① "集体谈判论坛"：《2011 年中期工作会议简报》，http://www.jttp.cn/a/report/info/2011/0818/1872.html。

突是以特定的社会结构安排为基础的，因此只要这种社会结构存在，冲突就一定会产生。"① 矛盾不等于冲突，如果矛盾能够通过适当的途径得以发泄，就不会导致冲突，就像锅炉里的过量蒸汽通过安全阀排出而不会导致爆炸一样。工资集体协商制度就是这样一种变劳资"无规范的暴力对抗"为"有规则的矛盾释放"的"安全阀机制"，科尔曼的群体团结理论认为："行动者追求共同的目标或生产共有物品时，监控与赏罚可以成为行动者之间正常互动的一部分。"② 工资集体协商制度使劳资双方能够定期地沟通和交流，力求找到解决分歧的办法，矛盾得以疏通，情绪得以宣泄，哪怕一时找不到解决的办法，至少双方情感进行了交流，也能在一定程度上抚慰职工情绪，使劳资矛盾在萌芽状态就能得到及时化解，不至于酿成两败俱伤的罢工。如果没有制度化的矛盾释放机制，当矛盾积累到一定程度就会寻找发泄渠道，即要么信访，要么罢工。从近年的罢工案来看，都有一个职工不满情绪长期积累而被置之不理直至爆发的过程。罢工之后，在劳资双方情绪已比较激动和对立的情况下，工资集体协商仍然是平息罢工的不二选择，可见其"安全阀"作用之强。

二是从"短期冲突性博弈"转变为"长期合作性博弈"。从短期来看，劳资是对立的关系，在利益分配上此多彼少；但从长期看，劳资是合作的关系。现代博弈论认为：博弈双方的博弈时间越短，互动越不频繁，信息越不透明，合作就越难以维持。劳资双方都注重于各自的短期经济利益，很容易出现严重的对立，于是双方关系就会呈现出很大的不稳定性。正是这种不稳定预期而形成的短期行为是我国劳资冲突的一个重要原因。工资集体协商制度将劳资博弈从短期对抗状态引向长期合作状态，极大地促进了双方形成和谐稳定的劳动关系。

事实证明，工资集体协商制度是化解劳资矛盾的最佳办法。浙江省温岭市是我国第一家股份合作制企业诞生地，非公有制经济发达，但大多是家庭作坊式、劳动密集型企业，具有"小、散、乱"特点。企业与劳动者之间的"强资本、弱劳动"的矛盾随着经济发展而日益突出，企业间用工无序竞争，职工合法权益难以保障，劳资纠纷引发的集体停工和上访事件不断，

---

① 参见［美］玛格丽特·波洛玛《当代社会学理论》，孙立平译，华夏出版社 1989 年版，第 95 页。

② 参见［美］乔纳森·H. 特纳《社会学理论的结构》，邱泽奇、张茂元等译，华夏出版社 2007 年版，第 318 页。

严重影响着企业和社会的稳定。这一现象在 2001 年的羊毛衫行业表现得尤为突出。温岭市的羊毛衫行业主要集中在新河镇。从 1980 年家庭作坊起步，到 2001 年新河镇共有 113 家羊毛衫企业，年产值约 10 亿元，职工 1.2 万人，其中 70% 以上是外来民工。2001 年 8 月 8 家企业的 168 名外省籍劳工集体到市人事劳动社会保障局上访，反映企业工价不定、工资拖欠问题，企业自身亦因停工而要求劳动行政部门予以解决。① 为了解决这个问题，保障劳资双方的合法权益，促进社会稳定，由温岭市劳动和社会保障局牵头的劳动关系三方协调会议决定在新河镇羊毛衫行业开展工资集体协商机制的试点。2003 年 6 月，浙江温岭新河羊毛衫行业实行行业工资集体协商试点工作后，当年因劳资纠纷上访事件就比 2002 年同期减少了 70%，并且自 2006年以来，已基本实现了工资纠纷案件"零"投诉。② 这表明，只要构建了劳资对话协商的平台，劳资是可以而且能够实现合作的。

三 推动社会主义民主政治建设

在社会主义和谐社会的内涵中，"民主"被置于首位。最早提出"集体谈判"概念并进行系统研究的德国学者韦伯夫妇，在 1902 年将他们的研究成果以《产业民主》为名出版。在韦伯夫妇看来，集体谈判使民主进入经济领域。工人争取成立工会的权利，不仅是争取经济权益，也是争取民主权利。经济权益和民主权利是不可分的，没有民主权利作为保障，就不可能维护经济权益。工资集体协商制度丰富了社会主义民主政治的内容和形式。

（一）恢复和发展企业民主制度

基层民主是人民群众最直接、最切实的民主，具有基础性、自治性和广泛性。企业民主是基层民主实践的重要内容，因而是社会主义民主政治的重要组成部分。在计划经济体制时期，我国就建立了企业职工以职工代表大会和工会为组织载体，参与企业各项事务管理的权利。改革开放后，许多国有企业转制，非公有制企业蓬勃兴起，一段时期职工代表大会和工会被严重弱化。2001 年 10 月修订的《工会法》颁布实施，工会组织有所恢复，但作用还没有充分发挥出来，同时职工代表大会也没有发挥出应有的作用，许多小

---

① 参见陈文正《行业工资集体协商的机制构建——浙江省温岭市的调查与思考》，《北京市工会干部学院学报》2009 年第 9 期。

② 参见李刚殷、王娇萍《在民主协商中实现双赢——浙江温岭行业工资集体协商记事》，《工人日报》2008 年 4 月 14 日第 2 版。

微企业至今还游离于工会和职工代表大会制度之外。导致这些问题的一个思想根源是，不少人认为非公有制企业是私人领域，不需要讲民主。民主是人民群众基本权益的保障，可能出现权力泛滥的地方，就需要民主。权力是什么？英国学者韦伯夫妇指出，所谓权力就是在一种社会关系中，哪怕遇到反抗也能贯彻和执行自己的意志的任何机会，不管这种机会是建立在什么基础上的。①　在非公有制企业中，企业主凭借生产资料的垄断权得到了一种支配他人劳动和分配劳动成果的权力，如果遇到反抗，就以扣工资、解雇为要挟，逼人就范。企业主的权力是一种经济权力，和政治权力一样，不受到民主的制约同样会被滥用。经济权力"一言堂"和政治权力"一言堂"，都会使人民群众的权益受到侵害。我国非公有制企业职工工资长期偏低，而且在整个社会中处于较低水平，这就是企业主经济权力滥用的表现。在市场经济条件下，国家不能再直接干预企业的经营活动，如何防止企业经济权力滥用呢？这就是发动群众，通过工会将民主引入微观经济领域，使企业经济权力消极一面得到遏制。非公有制企业不是该不该有民主的问题，而是更需要发展民主的问题。

早在1995年，时任中华全国总工会主席尉健行同志在全总十二届六次主席团会议上强调，贯彻实施《劳动法》，对于工会来讲"牛鼻子"就是抓集体合同。职工民主管理工作可以通过集体合同签订得到较好的带动。工资集体协商要求企业、行业、区域中有比较健全的工会组织，职工组建工会的民主权利得到保障。同时，工会和资方签订的集体合同制度草案必须得到职代会讨论通过才能生效，这样职代会就不是可开可不开，而是必须开，从而促使职代会的权力更加明确、内容更加充实。围绕着与职工切身利益直接关联的集体合同展开讨论，职代会就不容易走过场，职工的民主管理工作也就带动起来了。可见，集体协商是构建职工民主管理的主要机制。

在计划经济体制下，行政权力无所不包，企业民主作为基层民主，自治性比较欠缺，但组织和制度比较健全，具有较好的基础性和广泛性。在市场经济体制下，行政权力退出企业管理领域，为企业民主的自治性提供了更加广阔的空间。我们应继承计划经济体制所体现的社会主义制度优越性的遗产，在市场经济体制下用工资集体协商制度填补行政权力退出企业

---

① 参见［德］马克斯·韦伯《经济与社会》（第1卷），阎克文译，世纪出版集团2010年版，第147页。

管理领域后留下的民主空白，让社会主义企业民主绽放出更加璀璨的光芒。

（二）丰富和发展社会主义协商民主

十八大报告首次提出"社会主义协商民主是我国人民民主的重要形式"，要求健全社会主义协商民主制度，推进协商民主广泛、多层、制度化发展。协商民主，就是通过国家政权机关、政协组织、党派团体等渠道，就经济社会发展重大问题和涉及群众切身利益的实际问题广泛协商，广纳群言、广集民智，增进共识、增强合力。协商民主体现"公民有序的政治参与"这一现代民主精神，引导群众以理性合法的形式表达利益要求、解决利益矛盾，共同来构建社会主义和谐社会。工资集体协商是基层协商民主的重要形式，是引导企业和职工有序表达诉求和解决劳资利益争议的重要途径，是健全社会主义协商民主制度，建设社会主义政治文明的必然选择。

我党拥有与社会各阶层合作和协商的丰富经验，统一战线是中国共产党夺取革命、建设和改革事业胜利的重要法宝，也是中国共产党执政兴国的重要法宝。统一战线根据革命和建设的需要，既坚持中国共产党的领导又与社会各阶层广泛地合作和协商，团结一切可以团结的力量，这就是合作主义的理念与实践。中华文化讲究"和合"，提倡你中有我、我中有你的整体观，我党把这个"和合"的思想发扬光大。强调协调、商量、和谐，不仅是中国对人类民主追求和政治文明的重要贡献，而且体现了中国共产党和中国人民的政治智慧和思想开明。《劳动法》、《劳动合同法》、《工会法》都对工资集体协商制度进行了规定，工资集体协商在制度层面得到了国家的肯定，但是实际效果还不尽如人意。这反映出，我国在宏观的、政治的层面的民主统一战线和多党合作与政治协商开展得卓有成效，但是微观的、经济层面的合作与协商还很不成熟。我国具有合作与协商的思想基础和社会基础，这为工资集体协商制度建设提供了较好条件。我们应继承我国协商民主的优良传统，加强工资集体协商制度建设，这必将促进劳资关系和谐，必将丰富和发展社会主义协商民主、推进社会主义民主政治建设。

（三）畅通民主参与公共事务管理的途径

工资具有公共产品的性质，既关系职工和企业的利益，也关系国民经济长远发展，因而工资不是纯粹的企业私事，而具有一定公共事务的性质，只有在民主的保障下才能得到妥善的解决。据 2010 年两会公布的数据，

1997—2007 年，我国 *GDP* 比重中政府财政收入从 10.95% 升至 20.57%，企业盈余从 21.23% 升至 31.29%，而劳动者报酬却从 53.4% 降至 39.74%。①这反映出，这十年中企业、职工、国家三者利益关系出现了较大程度的失衡问题，利益天平向着行政权力和经济权力倾斜，而利益失衡的背后是权利的失衡，劳动者的民主权利没有得到充分保障。民主的问题要用民主的精神和方法解决，不能回到用行政命令的方式解决人民群众内部矛盾的老路上去。构建工资集体协商制度是扭转劳资利益关系失衡和企业、职工、国家三者利益关系失衡问题的根本途径。

工资集体协商不仅是处理劳资利益关系的重要机制，也是处理企业、职工、国家三者利益关系的重要机制。当劳资发生争议时，国家不是直接出面裁定，而是以提供制度、促进协商、引导监督的方式让劳资自己沟通、博弈、和解，这是对基层自治民主的尊重和保护，体现了现代民主精神；在处理企业、职工、国家三者利益关系时，国家也不因为涉及自己的利益而搞"一言堂"，而是作为平等的一方参与协商，充分听取企业和职工的诉求，与企业和职工一起寻找企业、职工、国家三者利益关系的平衡点，这是国家对社会民主权利的尊重，在更高层次上体现了现代民主精神。因此，工资集体协商制度是一个民主机制，既体现着现代民主精神，又是实现现代民主精神的保障。

工资集体协商制度为群众民主参与公共事务管理提供了多种平台。全国级工资集体协商让劳方和资方各自的全国级代议机构参与制定集体协商框架、相关法律和劳动保障政策等重大议题；区域级工资集体协商让劳方和资方各自的区域级代议机构参与制定与区域经济社会发展状况相适应的最低工资标准、讨论具有区域特色的劳资重大问题及制定相关政策措施等；行业级工资集体协商让劳方和资方各自的行业级代议机构参与制定与本行业发展相适应的基本工资标准、安全生产标准和劳动保障政策等；企业级工资集体协商让劳方和资方根据每个企业具体经营状况就分配问题、安全保障、日常管理等问题进行沟通、协商。这四级工资集体协商分别让劳方和资方全面地参与到工资等劳动保障这个重要的公共事务治理中来，最大限度地保障了不同利益群体的民主权利。

---

① 参见周宇、易靖《我国今年将调整收入分配对策，更关注改善民生》，《京华日报》2010 年 3 月 4 日。

四 促进社会主义精神文明建设

诚信友善是社会主义和谐社会的内涵之一，也是社会主义核心价值观的重要组成部分。有了诚信，才能有友爱。物质生产决定精神生产，如果企业职工在工作中经常遭遇欠薪、被巧立名目克扣工资、社会保险被推责、生产安全无人过问等失信、失德行为，就会心生悲愤，甚至对社会、对人生都产生悲观失望的情绪，有的人甚至会选择以怨报怨，也以失信和不友善行为对待身边的人、对待社会、对待人生。每年都有大部分大中专毕业生走出校门走进非公有制企业，如果在他们踏上社会之初就遭遇不公正、不诚信、不友善的对待，这无疑会影响他们的世界观、价值观、人生观，将贻害无穷。一些劳动者对企业也缺乏诚信，只想拿高工资不想努力工作，想来就来想走就走，丝毫不考虑企业处境。我国劳资关系不够和谐，其中一个重要的表现是双方缺乏信任。不和谐的劳资关系，向社会传播的是不诚信、不友善的负能量，较大程度上损害了社会主义精神文明建设。人无信不立，企业无信则衰，国家无信则败。诚信缺失，又反过来严重制约个人、企业和国家的发展。建立一个诚信友善的社会，需要从营造一个诚信友善的工作环境入手。

诚信问题不仅是道德问题，更是法律和制度问题。每一个经济人都会产生投机动机，如果没有法律和制度的制约，诚信精神就无法生成。工资集体协商是构建诚信的一个重要平台，因为它需要以诚信为基础，在这个需求的带动下构建一系列制度促进诚信行为生成。工资集体协商作为一种自治民主，对诚信的要求是非常高的。在协商中，避重就轻、不充分提供企业经营信息、打击报复、故意刁难、自行退出、合同签订后不执行等失信行为都会使协商不能正常进行。为此，工资集体协商制度健全的国家都有一套防止和制裁投机行为的严密法规，将协商引向诚信协商。如美国《劳资关系法》中设置了"强制性议题"条款，规定"薪酬、工作时间或者其他劳动条件"等关系重大的劳动权益问题非谈不可；日本《民法》对集体谈判作出了"公序良俗"规定，对集体谈判中可能出现的所有有违"公序良俗"的行为都制定了相应的处罚条款。

当前，工资集体协商工作步履艰难，也是因为劳资双方缺乏信任。企业担心工人提出过高的工资要求，可能导致经营困难。工人担心企业不愿协商，而不能实现工资诉求，因而双方都不相信工资集体协商，甚至连一点协商的兴趣和信心都没有。这是长期以来工资集体协商制度不健全造成的。诚信友善不是天生的，是良好的制度规范浇灌出来的。越是劳资缺乏信任，越是要积极构建诚信机制。在推进工资集体协商制度建设过程中，通过完善法律制度，扭转信任缺失状况，在不断提高诚信的基础上推进工资集体协商制度建设，形成相互促进、相互提高的良性循环。经过一段时间坚持不懈的努力，就一定能够让劳资双方看到诚信的价值，感受到诚信的温暖，使诚信的劳资关系成为向社会播撒诚信和友善的正能量、成为带动社会主义精神文明的一个策源地。

第四节 推进国家治理能力和治理体系现代化

党的十八届三中全会提出，全面深化改革的总目标是完善和发展中国特色社会主义制度，推进国家治理体系和治理能力现代化。"治理"一词体现了我们党对全面深化改革的战略谋划：一是回答了全面深化改革的主体问题。在全面深化改革阶段，凡事都靠政府亲力亲为显然是不够的，需要调动包括政府、经济组织、社会组织乃至个人在内的多元主体的积极性。二是回答了全面深化改革的方式问题。管理是国家或政府自上而下式的单向推动，而治理强调作为公共机构的政府和社会力量共同管理社会事务，用法治而不是人治的方式调节社会利益关系。三是解决了全面深化改革的合法性问题。管理是单向的、强制的、刚性的，而治理是包容的、合作的、注重实效的，其合理性、科学性更能够得到社会认可，因而具有更高的合法性。工资三方协商机制建设以治理为理念，对于推进国家治理体系和治理能力现代化具有十分突出的重要性。

一 完善国家治理体系和治理能力现代化的内容

工资具有公共产品的性质，相应地，劳资关系也具有公共产品的性质，两者都理应属于国家治理范畴，工资集体协商实则是国家治理的重要内容。

毛泽东曾指出："我们不能够把人民的权利问题，了解为国家只由一部分人管理，人民在这些人的管理下享受劳动、教育、社会保险等等权利。"[①]十八大报告再次强调要提高劳动报酬在初次分配中的比重，但是这个比重究竟是多少，在不同地区、不同行业、不同企业是千差万别的，"这里不存在

_____
① 《毛泽东读社会主义政治经济学批注和谈话（简本）》上册，中华人民共和国国史学会印1998年版，第144页。

魔幻公式。在许多国家是由政府、雇主和工人三方共同协商，以确定标准"①。合理的工资率是市场、劳方、资方、政府、社会等多种力量共同作用的结果，受到生产力发展、科技发展及运用程度、经济制度和体制、政治制度和体制、意识形态、劳动者素质等多种因素的影响，因而是一个社会治理的过程，仅靠某个或部分力量就会失偏，这就要求给予各种力量表达利益、相互角力又相互妥协的机会和场合。例如，"商品交换的性质本身没有给工作日规定任何界限"②，这就需要政府通过三方协商机制广泛听取劳资双方的意见，综合考虑行业特点、社会道德水准和经济发展需要，分门别类制定行业工作日标准和加班费标准。没有三方协商机制，政府的善良愿望可能适得其反，例如如果政府一厢情愿地将工作时间定得过短，职工就会为增加工资而与资方"合谋违法加班"。

尤其是当前劳动者利益诉求发生较大改变，更要求国家以公共治理的方式而不是行政管理的方式来对待劳资问题。学者蔡禾认为，2010 年 5 月持续一月之久的本田佛山零部件工厂罢工事件标志着农民工的利益诉求从"底线型"利益诉求向"增长型"利益诉求转变。③ 农民工的利益诉求往往是企业职工群体中最低的，他们尚且已经从"底线型"利益诉求向"增长型"利益诉求转变，那么可以说整个职工群体的利益诉求都已经实现了这种转变。学者常凯认为，此次罢工标志着劳资纠纷开始从权利争议转向利益争议。④ "底线型"利益诉求和权利争议都是指为达到国家法规确定的劳动权益标准而展开的利益诉求，而"增长型"利益诉求和利益争议都是指职工要求自身利益的增长与企业利益增长或与社会发展保持同步的利益诉求。总而言之，2010 年以来，企业职工要求体面劳动的诉求越来越强烈，即不再满足于生存工资，而要求分享合作剩余和共享国民经济发展的成果。"增长型"利益诉求和利益争议不像"底线型"诉求和权利争议那样具有清晰的标准，立法机关无法制定法律予以规范，"所以在企业出现'增长型'利益纠纷时，政府往往因为没'法'可依而介入迟缓，而且即使政府介入，

---

① 世界银行：《1995 年世界发展报告：一体化世界中的劳动者》，中国财政经济出版社 1995 年版，第 77 页。

② 马克思：《资本论》第 1 卷，人民出版社 1975 年版，第 262 页。

③ 参见蔡禾《从"底线型"利益到"增长型"利益——农民工利益诉求的转变与劳资关系秩序》，《哲学基础理论研究》2013 年第 5 期。

④ 参见常凯《劳动关系的集体化转型与政府劳工政策的完善》，《中国社会科学》2013 年第 6 期。

政府也不可能扮演当然的'劳工保护'角色"①。当劳动者无法通过法律的途径来表达体面劳动的诉求，那就只有自己组织起来通过罢工的途径来表达，这就是 2010 年以来罢工事件此起彼伏，特别是本田佛山零部件工厂罢工长达一个月的深刻根源。可以说，当前劳资关系发展已经到了不通过劳资双方的协商就不能从根本上解决劳资争议和冲突的阶段，应当成为国家治理的重要内容。

二　加快推进国家治理体系和提高国家治理能力

扭转贫富差距过大问题应进入初次分配领域，而不能只在再分配领域徘徊。可是，怎样在初次分配领域中调节分配关系？如何处理好政府与市场的关系？政府怎样与企业和劳动者打交道？国家治理体系和治理能力在这些方面都还比较欠缺。当前工资三方协商机制实效性不尽如人意的状况，其实就是我国国家治理体系不完善、治理能力欠缺的一个具体写照。大力推进工资三方协商机制建设，可以促使政府职能转换，使国家治理体系和治理能力在组织和参与社会力量的博弈中得到提升和完善。

（一）促进国家在劳动领域中从管理角色向治理角色转变

在计划经济体制下，国家在劳动领域中扮演无所不包的管理角色。在这种劳动行政关系中，没有利益分化，个人利益、企业利益都包含在国家利益这个一元利益之中，个人绝对服从集体利益，集体绝对服从国家利益。在市场经济体制下，社会利益发生了分化，个人利益、企业利益具有了相对独立性，这种多元化的利益结构要求国家扮演治理角色：在劳资发生利益冲突时，没有理由强调企业利益高于劳方利益，因为两者都是社会利益的组成部分，对劳资纠纷的裁决依赖于相关法律；即使个人利益、企业利益与国家利益发生矛盾时，也不能一味强调国家利益，否定个人利益和企业利益，而应充分听取意见建议、整合各种各样利益，最终达成共识。国家对劳资关系的干预，如制定最低工资制度、工时制度、劳动安全卫生制度、对使用童工的限制甚至严禁录用童工等法律，代表着社会整体和长远利益，同样是国家履行治理职责的一种表现。

改革开放后，破除了劳动行政管理体制，这是我国劳动领域的一场革命，但是这场革命还没有完成，因为国家在劳动领域的治理体系还没有完全

---

① 蔡禾：《从"底线型"利益到"增长型"利益——农民工利益诉求的转变与劳资关系秩序》，《哲学基础理论研究》2013 年第 5 期。

建立起来。例如，政社不分、政事不分的问题依然突出。工会和工商联尽管是事业单位，但工资待遇、管理方式与公务员基本相同，实则是政府的附属机构，行政性有余而群众代表性不足，被称为"二政府"。治理主体缺位，这是治理体系不完善的重要方面。再如，稳定有效的劳资博弈调处机制还没有形成，对罢工的处理上还主要依靠"政府介入—达成协议—复工"这样一种不规范的或临时性的处理方式。劳资关系治理体系是国家治理体系的重要组成部分，健全和完善工资集体协商制度，必将成为加快推进国家治理体系现代化的重要推进器。

（二）促进国家机关工作理念和方式从管理向治理转变

国家在劳资集体协商中需要与工会和资方所代表的组织以平等身份进行协商，可是一些国家机关公务员习惯于高高在上地发号施令，不愿意俯下身子与社会组织、与群众平等对话和合作。不少地方政府不能正确把握自身角色，对工资集体协商过度干涉：有的地方政府把工资集体协商制度视为涨工资，强行规定工资上涨幅度，使企业产生了强烈的抵触情绪；有的地方政府为了完成任务，重合同签订而轻协商过程，甚至强行要求劳资双方在政府订立的集体合同上签字，形式主义严重，引起了企业和职工的反感。这些做法也受到国外学者的批评，如英国学者沃纳（Malcolm Warner）等认为，中国集体合同制度是政府对传统劳资关系行政调控的继续。[①] 崔安娜（Anna Tsui）等也认为，中国工资协商中混合式制度体现了政府管制的继续。[②] 如果国家机关不改变长期形成的管理型的工作理念和方式，与市场经济相适应的劳资关系治理体系就不可能真正构建起来。

2000多年封建专制和20多年计划经济体制使国家机关工作人员的管理型思维理念和工作方式根深蒂固，不是一朝一夕就可以轻易改变的。工资集体协商不能缺少国家作用，尤其是在民主和法制意识相对薄弱的国度里，国家作用更加突出。加快工资集体协商制度建设的过程，也是对国家机关工作理念和方式的重塑过程。在改造客观世界的同时，主观世界也得到改造，主观世界的改造又反过来促进客观世界的改造，从而促进国家机关的治理型的

---

① Malcolm Warner and Ng Sek - Hong. *Collective Bargaining in Chinese Enterprises: A New Brand of Collective Bargaining under Market Socialism?* British Journal of Industrial Relations 37（2），1999. pp. 295 – 314.

② Anna Tsui, Anne Carves. *Collective Contracts in the Shenzhen Special Economic Zone in China.* The International Journal of Comparative Labor Law and Industrial Relations 22（4），2006. pp. 469 – 506.

工作理念和方式逐步形成并得到强化。

三 为国家治理体系和治理能力现代化提供条件

成熟的社会是国家治理体系和治理能力现代化的必要条件：一是公民法制意识强，形成了办事依法、遇事找法、解决问题用法、化解矛盾靠法的良好法治环境；二是公民民主意识强，不仅敢于伸张自己的权益，而且尊重别人伸张权益的权利，自觉遵守与他人共同签订的合约；三是公民组织意识强，利益相关者能够自我组织起来，有序参与社会治理。可是，我国漫长的封建历史以及实行了 20 多年的国家无所不包的计划经济体制，使国家力量强大而社会发育不足，这是制约国家治理体系和治理能力现代化的重要障碍，也是影响工资三方协商机制建设的重要因素。目前，我国的劳资关系是"相对的弱资本和绝对的弱劳动之间的关系"① ——劳资双方的自组织化程度都很低，都缺乏民主协商以及在制度框架内解决矛盾的意识，在与政府的力量对比中都处于弱势地位。

敢谈、会谈需要有一个锻炼和提高的过程，特别是一些刚刚建立集体协商机制的单位，员工和老板能坐在一起商讨问题就是进步。要允许集体协商工作有个逐步提高的过程，不应过于求全责备。推进工资集体协商的过程也是推进社会发育的过程，可以促进劳资双方形成相互尊重、忍让、协商、合作的意识，并促进工会和工商联实现从行政组织向社会组织转型，增强劳动者和企业的自组织能力，并习惯于用协商、对话等制度性方式化解劳资矛盾。当前，劳动者的法治意识、权利意识、组织意识正在萌发，国家应积极为这些意识创造生长的机会。美国学者埃莉诺·奥斯特罗姆指出，迄今为止，多数政策决定仍将是在个人不能自主组织，因而总是需要由外部权威去组织他们这样的认识基础上做出的。② 由于劳资关系涉及人数众多，社会影响较大，因而工资三方协商机制建设对于提升公民的法制意识、民主意识和组织意识，提高公民用社会治理的方式有效地解决社会矛盾的意识和能力具有很强的示范、辐射和带动作用，从而有力地推进国家治理体系和治理能力现代化。

---

① 姚先国：《民营经济发展与劳资关系调整》，《浙江社会科学》2005 年第 2 期。

② 参见［美］埃莉诺·奥斯特罗姆《公共事务的治理之道》，余逊达、陈旭东译，生活·读书·新知三联书店 2000 年版，第 31 页。

本 章 结 论

针对部分职工、企业、地方政府对工资集体协商的模糊认识，本章力求全面地分析工资集体协商的重大意义。综合本章阐述，进一步提炼以下三个观点：

第一，工资集体协商制度建设具有很强的关联性和带动性。工资集体协商对于保障劳动权益、促进非公有制企业发展、推进国民经济转型升级具有不可替代的作用；工资集体协商不仅能够有力推动经济建设，而且能够有力推动民主政治建设和精神文明建设，还能有力推进国家治理体系和治理能力现代化，可谓是牵一发而动全身。可以将工资集体协商制度建设作为全面深化改革的重要抓手，推动经济社会全面发展和进步。

第二，工资和劳资关系都具有一定的公共产品性质。工资具有双面性，一方面是生产成本，另一方面是市场需求，对于保持总需求和总供给平衡具有重要作用，因而工资和劳资关系都具有公共产品性质，不能仅仅将它们看成是市场行为。同时，工资不是纯粹的公共产品，不能否认市场机制对优化劳动力资源配置的重要作用。因此，既要注重发挥市场机制的作用，保障劳动者拥有比较充分的择业权和企业拥有比较充分的管理权，又要对工资和劳资关系进行适度干预。以劳资自治、国家引导为架构的工资集体协商制度将市场和干预有机统一起来，是最适应工资和劳资关系的公共产品性质的制度安排。

第三，民主是矫正市场失灵的重要力量。由于企业垄断生产条件和信息不对称，在市场机制下形成的劳动力价格具有一定的失灵性。资强劳弱越严重、信息不对称越突出，劳动力价格就越失真。这是市场本身的属性决定的，因而不能寄托于依靠市场自身的力量来克服，应借助于经济领域之外的力量，即民主的力量。在西方劳资关系发展史中，劳方争取经济利益的斗争始终伴随着争取组建工会权利等民主政治斗争。经济利益失衡的背后是民主权利失衡。工资集体协商制度建设不能停留在经济领域，没有民主政治制度建设相配套，工资集体协商制度就不可能顺利而成功地建立起来。

第八章

构建以行业协商为重点的
工资集体协商体系

工资集体协商制度是构建和谐劳资关系的根本制度。我国在工资集体协商制度建设上既拥有独特的优势，又面临严峻的挑战，因而不是简单地套用国外经验，也不是在一个较短时期就能够完成的，需要立足现实，找到恰当的突破口，建设有中国特色的工资集体协商制度。综合各种现实条件和因素，我国应构建以行业工资集体协商为重点、其他各类工资协商相互配合的工资集体协商制度。

第一节　以行业工资集体协商
为重点的原因

行业工资集体协商，是指在同行业企业相对集中的区域，由行业工会组织与同级企业代表或企业代表组织，就行业内企业职工工资水平、劳动定额标准、最低工资标准等事项，开展集体协商、签订工资行业专项集体合同的行为。当前，我国把企业作为工资集体协商的重点，2010年5月人力资源和社会保障部发布的"彩虹计划"和2011年1月全国总工会提出的"三年规划"都是要力争用3年时间基本在各类已建工会的企业普遍开展工资集体协商和实行集体合同制度，对向群众宣传、推动实践起到了较好的作用。在五年来企业工资集体协商所打下基础和提供经验的基础上，有必要提高工资集体协商的层级，以行业协商为重点带动工资集体协商体系建设，其主要原因有以下三点：

一　快速推进工资集体协商全覆盖

我国非公有制企业的一个基本特征是绝大多数为中小企业，其中又以小企业居多。2007 年 6 月至 2012 年 6 月，注册资本（金）在 1000 万元以下的中小企业成为增长主力，对企业总体数量增长贡献率达到 89.1%。其中，注册资本（金）10 万—100 万元和 100 万—500 万元的企业增长数量最多，分别增加 175.07 万户和 125.57 万户，年均增长率分别是 7.7%、12.9%。① 由于中小企业抗击风险能力较弱，寿命一般较短。据美国《财富》杂志刊登的有关数据表明，美国中小企业平均寿命不到 7 年。据统计，中国中小企业的平均寿命仅 2.5 年。② 这表明，非公有制企业虽然是我国企业的生力军，但普遍存在着技术落后、研发能力弱、营销方式落后、管理水平低等问题。日本劳资关系的特点是终身雇佣制，因而日本工资集体谈判主要在企业内部。但是我国中小企业利润空间小、平均寿命短、职工流动频繁，工会组建率低，劳资关系呈现出短期性的特征，劳资双方对工资集体协商的态度都很淡漠，因而我国并不适合像日本那样将工资集体协商的重点放在企业。

我国非公有制企业还有一个基本特征是 90% 是家族企业。家族式管理在许多国家都发挥着重要作用。家族企业以血缘为凝聚力，亲朋们不计成本、不计风险地投入资金和人力，使企业快速渡过初创时期融资难、招工难的困境而发展起来。但是，家族企业也有其弊端，亲缘关系使管理者容易受到情感因素的掣肘，阻碍社会优秀人才进入，限制企业扩大发展。世界上一些发展壮大的家族企业，都能够在发展到一定阶段时及时摆脱亲缘影响，实行开放化、社会化，吸引社会精英，实现企业新的突破。我国宗法传统比西方国家浓厚得多，家族企业受到亲缘关系的影响也大得多。美国法学专家唐纳德·布莱克指出："在关系密切的人们中间，法律是不活跃的。"③ 家族企业的劳资关系夹杂着一定的亲缘关系，职工往往碍于或不愿意牺牲血缘亲情去依法抗争；同时，家族企业也使职工群体发生分化，有的工人是老板的亲戚，他们自然不会和其他工人联合起来与老板进行工资集体协商。美国的集体谈判大多在企业，但谈判效果很好，原因在于美国拥有强大的工会力量以及发达的律师行业，所以即使是最基层的车间里的劳资谈判，工会也会立刻派律师上门。民主法治精神是工资集体协商的社会条件，在我国多数为宗法家族式管理的企业，工资集体协商缺乏良好的生存土壤。

---

① 参见中国工商报《党的十七大以来全国内资企业发展分析（2007 年 6 月—2012 年 6 月）》，http://www.dgsme.gov.cn/dgsme/zw_v3/511/2/128614.html。

② 董潇：《中小企业 2.5 年寿命怪圈何时休》，《中华工商日报》2012 年 9 月 19 日第 3 版。

③ ［美］唐纳德·J. 布莱克：《法律的运作行为》，唐越、苏力译，中国政法大学出版社 2004 年版，第 48 页。

我国非公有制企业所具有的以上两个特点，使得工资集体协商推广难，阻力大。但是正因为如此，职工的生存状态差，亟须得到保护。美国学者奥尔森指出："一个工会主要争取的是较高的工资，较好的工作条件以及有利于工人的法案等这些东西；这类东西的本质决定了不能把工会所代表的集团中的某一工人排除在外。"行业工资集体协商所签订的劳动合同为所有行业内企业所共享，这样无论一个企业是否有工会，也无论是否开展工资集体协商，企业职工都能享受到高质量集体合同的保护。

二 克服企业工会缺乏独立性问题

当前，非公有制企业中多数无工会的状况已经得到根本改观，但是在工会建设质量上还存在着不少问题，突出地表现在工会的职工代表性不足，具有很强的行政依附性。一些已经建立工会的企业，工会多是在资方协助下建立起来的，工会主席也由资方自行安排，工会主席及其成员与企业是雇用与被雇用的关系。由于经济地位不独立，难免受制于人，在"端谁的饭碗受谁管"的经济理性驱动下，工会干部一般会选择站在企业一边，而不是工人一边，不能代表职工的利益与企业进行货真价实的谈判。当然，企业工会也非完全一无是处。在一些效益较好的企业，工会在丰富职工文化生活等方面发挥了一定的作用，也在一定程度上推动着工资集体协商，在一定程度上缓和了劳资关系。但是，在企业与职工利益严重对立的领域，工会基本上软弱无力，甚至成为企业的帮凶，企业始终占据主导地位，职工的要求采纳多少、怎样采纳基本上还是企业说了算。

对于企业工会缺乏独立性问题，广为学术界批评。笔者认为，应辩证地、全面地看待这个问题。第一，工会行政化体现了构建合作主义劳资关系的治理思路。在我国经济发展水平不高、非公有制企业发展还比较艰难的情况下，不适合有一个与企业唱对台戏的工会，工会行政化至少可以使工会和企业始终保持一种合作的关系，在我国经济发展的一定时期具有历史必要性。第二，从整体上看，当前我国劳动者团结意识和组织能力还比较低，尚处于"自为"阶段，而且职工内部分化较大，有本地外地之分、有城乡之隔、有蓝领白领之别。如果让职工通过自发地、民主选举的方式产生工会，要么被操纵、要么发生派别之争，选出的工会也难以开展工作，其状况并不一定比行政化工会强。第三，工会行政化不可避免地存在职工主体代表性缺失问题，不能改变资强劳弱的现状，劳资双方无法实现平等博弈，企业工资集体协商也因此流于形式或者质量不高，难以体现和维护职工劳动权益。因此，在企业中用民选的工会替代行政工会不是单凭主观愿望就能实现的，还有待经济发展和职工觉悟提升。

企业工会不独立的情况还会在较长时期存在，不宜将工资集体协商的重点放在企业，而应从外部寻找突破，这就是提升工资集体协商的层次，用行业工资集体协商超越单个企业的束缚，以相对独立的行业工会克服企业工会独立性不足问题，实现劳资平等博弈，提高集体协商质量。

三　解决职工不敢谈、不会谈问题

企业出于资本本性，不愿开展工资集体协商，希望将工资、待遇的决定权掌握在自己手中；而在严峻的就业形势下，职工也不愿意为了工资集体协商而与企业闹得不愉快，更不愿意失去工作。除此之外，职工还面临着"不会谈"的难题。不知道工资集体协商为何物的职工也不在少数。即使同样面对工资集体协商，劳资双方有三个方面的天然不平等性：一是协商能力不平等。企业一方由人力资源副总和聘请的专家、法律人士参与协商，职工一方由职工代表参与，双方在协商技巧、能力方面存在较大差距。二是实际地位不平等。工会主席等职工代表受雇于企业，协商过程中会因此底气不足。三是信息不平等。劳资信息存在严重不对称，如企业经营状况、人力成本、劳动生产率等掌握在企业手中，企业秘而不宣，职工就无法全盘掌握，没有客观数据支撑，劳方协商的说服力大受影响。即便制定了集体协商中企业信息公开的法律法规，政府也不可能对每一个企业监督到位。以行为协商为重点，可以减少集体协商数量，而且行业信息较之企业信息更容易获得，有利于政府提高监督效能。

企业"不愿谈"和职工"不敢谈"、企业"资本意识"和职工"生存意识"、企业"强谈判力"和职工"弱谈判力"相互叠加，使得企业工资集体协商困难重重、举步维艰、效果不佳。打破僵局、提高质量，都要求从外围突破。宁夏吴忠市利通区推行上级代理制，改变了企业工资集体协商的面貌。利通区总工会"带领区、乡工会干部、工资集体协商指导员到企业，与企业方面对面交流，发出工资集体协商要约，开展工资集体协商谈判。迫于上级组织的压力，企业方接受工资集体协商顺畅多了。在上级工会的支持、带领、参与下，既解决了人手不够的问题和职工代表不敢谈的问题，又给职工代表开展工资集体协商做出了样子"①。这则报道反映出，企业工资集体协商亟须外部力量来解决企业"不愿谈"、职工"不敢谈、不会谈"的问题。区总工会受精力、时间限制，只能抓一两个企业，行业工会则更能促进形成稳定的、广覆盖的工资集体协商。行业工会从行业特点出发，组建专家型工会干部队伍，消除企业级工资集体协商中因为劳动者实际力量的不平衡所造成的谈判地位不平等问题，提高职工整体协商能力，在规模上对资方形成更大的压力，保证集体合同质量。

四　为企业工资集体协商提供标准

出于资本逐利本性，企业一般以当地政府颁布的最低工资标准为底薪，不能体现劳动强度和工作环境的行业特点，国家政策法律规定的就业、分配、劳动安全及卫生、社会保障、带薪休假等相关劳动标准在很多企业内部都被打了折扣。最低工资标准对提升工资率的作用毕竟有限，扭转初次分配不公的根本办法是工资集体协商，使职工诉求得到充分表达，形成工资集体合同。工资行业集体协商以行业基本劳动付出确定最低工资标准，其水平远远超过国家制定的最低工资标准，可以使工资水平得到改善。实践证明，行业工资集体协商对提高职工工资水平的效果是立竿见影的。"2008 年，经行业集体协商所覆盖的企业职工工资平均年增长 10%，有的达到 20% 以上。"② 行业工资集体协商还有利于营造行业公平竞争的环境，促进行业转型升级，对企业也是有利的。

但是，如果没有行业工资集体协商制定的统一的行业基本工资标准，单个企业是不敢独自提高工资率的，因为当行业内其他企业不提高工资率，本企业提高哪怕是 1% 的幅度，就意味着与同行相比处于 1% 的劣势，在残酷的市场竞争中很可能被淘汰出局，因而企业必然选择尽可能压低工资的做法。企业工资集体协商面临的一个难题就是缺乏行业标准，这使单个企业不敢贸然行动，踟蹰不前。而统一的行业基本工资标准是一个行业内的公共产品，单个企业是无法提供的，必须由组织化的行业工会、行业协会和国家三方协商才能确定。

---

① 郑建平：《"代"出一片新天地：宁夏吴忠市利通区总工会工资集体协商推行上级代理制》，《工会信息》2014 年第 7 期。

② 王丕成：《集体协商制——责任与权利的平衡》，《人力资源》2010 年第 4 期。

五　适合中国产业集聚发展的特点

产业集聚，是指一定数量的企业共同组成的产业在一定地域范围内集中的过程，这是产业发展演化中的一种地缘现象。产业集聚古已有之，如中国的景德镇陶瓷业，现在更成为世界经济的普遍现象，如美国的硅谷和好莱坞、法国巴黎和意大利的服装业、中国台湾的 IT 业以及中国东南沿海星罗棋布的块状经济，如顺德古镇灯饰、东莞厚街家具、虎门服装、长安电子等。

早在 18 世纪，产业集聚就引起了经济学家的关注。爱尔兰经济学家R.坎特龙在 1755 年出版的《一般商业的性质》一书中从运费、距离、原料等方面说明产业集聚现象；1776 年亚当·斯密在《国富论》中从分工与合作的角度解释了产业集聚的原因；1826 年德国经济学家冯·杜能在专著《孤立国对农业和国民经济之关系》中，不仅研究了一国农业、林业、牧业的布局，而且研究了产业集聚的工业布局；德国经济学家威廉·罗雪尔于 1868 年首次提出了"区位"的概念，认为区位是为了"生产上的利益"而选择的空间场所，并且受原料、劳动力、资本等制约；1890 年英国经济学家阿尔弗雷德·马歇尔在《经济学原理》一书中提出了"外部经济"和"内部经济"的概念，指出企业为获得外部规模经济而集聚；1909 年德国经济学家阿尔弗雷德·韦伯在《工业区位论》一书中指出经济利益，即成本的节约是工业区位形成的基本动因；1912 年美籍奥地利经济学家约瑟夫·阿洛伊斯·熊彼特在《经济发展理论》一书中提出"创新"理论，认为产业集聚有助于创新，而创新又促进了产业集聚，从而推动经济发展；20 世纪 70 年代后，业务上相互关联的一群企业和机构在一定区域集聚的现象凸显出来，1998 年美国经济学家迈克尔·E. 熊彼特在《簇群与新竞争经济学》一文中从企业竞争力角度说明了产业集聚现象。

上述理论从不同的角度说明了产业集聚的原因，也就说明了中小企业的发展趋势不一定是成长为大企业，而是通过集聚终将能够在市场上获得一席之地。我国非公有制企业绝大多数为中小企业，这种状况将是长期存在的，它们通过产业集聚开创出一片自己的天地，在很多区域已经形成竞争力较强的产业集群。产业集聚使同行业的劳方、资方在一定区域内集中，英国经济学家阿尔弗雷德·马歇尔曾分析了其中的原因："雇主很容易就能在优秀工人集中的地方找到他想要的专门技工；同时找工作的人也会到需要他的技能的雇主聚集的那些地方去，因此，技能就会在那里形成一个很好的市场。孤零零的一个工厂的厂主，即使能够得到大量的一般劳动力，但却往往会由于缺少某种专业技能工人而无法展开工厂的工作，熟练工人一旦被解雇也很难有别的出路。"① 小微企业是工资集体协商的排斥者，但它们在一定区域内积聚起来，这为行业工资集体产业协商提供了空间、时间上的便利，使劳资双方的行业代表根据本地区经济发展情况及其本行业的特点，有针对性地展开对话和谈判，既节省了单个企业和职工集体协商的成本、时间和精力，又节省了政府督导高度分散化的企业集体协商的成本、时间和精力；使工资集体协商既体现了行业特点，又体现了区域发展特点；既节省了劳资因频繁跳槽而付出的成本，又减少了劳资纠纷的困扰；既为行业发展营造了公平的竞争环境，又为地方发展营造了稳定的发展环境。浙江余姚市泗门镇电线电缆行业开展工资集体协商后，行业内职工平均工资增加了 20%，劳资纠纷数量下降了 54.5%，员工流动率由原来的 15% 降低到 5%。江苏邳州市板材行业通过连续 6 年开展行业工资集体协商，全行业效益年均增长 18%，职工工资年均增长 23%，行业内规模以上企业职工流动率由 60% 降低到 10% 以下。②

第二节　构建行业工资集体协商的基本思路

当前我国工资集体协商主要在企业层面展开。自《劳动合同法》对开展区域性行业性集体协商作出明确规定以来，一些地方在行业工资集体协商上进行了有益的探索，取得了一定的经验和成效。继温岭羊毛衫行业之后，江苏邳州板材行业、上海出租车行业、山西吕梁煤炭行业、郑州登封煤炭行业、浙江临安市节能灯和制钳行业、上海市普陀区纺织行业、武汉餐饮行业等都进行了积极实践，对完善行业集体协商制度、大力推进行业性工资集体协商起到很好的推动和促进作用。总的来说，行业工资集体协商还处于尝试阶段，协商主体并没有完全确立起来，对于如何开展行业集体协商也缺乏具体的规范，许多基础性要素还基本上是一种空白状态。毛泽东在新中国成立

① ［英］阿尔弗雷德·马歇尔：《经济学原理》（第 2 卷），刘生龙译，中国社会科学出版社 2007 年版，第 601 页。

② 中华全国总工会集体合同部：《行业工资集体协商发展快效果好》，《工会工作通讯》2012 年第 9 期。

初期曾豪迈地指出，一张白纸，没有负担，能写出最新最美的文字，画出最新最美的图画。行业工资集体协商正是突破工资集体协商困境，可以大有作为的关键领域。

一　明确协商主体的性质职责

工资集体协商也称为"三方协商机制"，主要由政府代表的国家、由工会代表的劳方和非公有制企业及组织所代表的资方，通过民主协商，在以工资为主的劳资利益问题上达成共识、形成方案、保证执行的制度安排。在三方中，国家作为制度提供者、协商促进者、过程监督者、争端调停者，处于中间人的地位。国家是重要一方，但不是集体协商的主体。劳方、资方是矛盾的两方，因而是集体协商的两个主体。在行业工资集体协商中，首先要形成行业工会和行业协会两大协商主体。当前，我国行业工资集体协商所面临的一个直接问题，就是协商主体缺失。培育行业集体协商主体，是一个首当其冲的问题。

（一）行业集体协商主体的性质

行业工会和行业协会都是群众性社会组织，分别是行业内职工和企业为了各自的公共利益而自愿组织起来的。行业工会和行业协会要承担起集体协商主体的角色，应具有相对的独立性，具体体现在以下六个方面：

第一，代表性。行业工会和行业协会作为群众性组织，其生命力在于具有群众代表性，如果行业工会脱离职工、行业协会脱离企业，那么就丧失了存在的意义。即便存在，也是有名无实。

第二，独立性。集体协商因市场经济条件下企业和职工利益发生了分化而产生，其前提是承认企业和职工具有各自独立的利益。行业工会和行业协会都是"俱乐部产品"，即"半公共产品"，它们虽然不能代表每一个成员千差万别的利益，但必须代表各自成员最根本的、整体性的公共利益，因而行业工会和行业协会所代表的利益也应具有独立性，在法律范围内享有不受其他因素的制约和影响的权利，这样它们才能在集体协商中充分地表达诉求、提出主张。

第三，民主性。行业工会和行业协会作为群众自愿联合而成的组织，各自的成员应拥有选举、监督、罢免组织管理者和共同决定组织内部公共事务的权利，才能保证组织始终代表群众的利益。同时，行业工会和行业协会通过这种民主选举、民主管理的自治方式，才能保持自身的独立性。

第四，服务性。职工和企业自愿组织起来，自愿缴纳会费，自愿听从各自代表组织的号召,是因为行业工会和行业协会能够为他们提供个人力量所不能提供的公共产品和服务,不仅能够进行知识性、技术性很强的行业工资集体协商和指导帮助企业开展工资集体协商,而且行业工会能够为职工提供职业培训、生活帮扶、工作介绍等服务,行业协会能够为企业提供信息咨询、行业自律等服务,提高单个职工和企业的生存和竞争能力。

第五,组织性。行业工会和行业协会要为各自成员提供上述复杂而多样的服务,零散和临时的组织形式是无法胜任的,应具有稳定的、规范的组织架构,拥有一批专职的工作人员。两者的主席、副主席及工作人员都应是专职的;两者都应设立工资集体协商办公室,成员由法律专家、劳动政策专家、谈判专家等专业人士组成;还可以设立会员服务办公室;等等。

第六,规范性。行业工会和行业协会代表各自成员的公共利益,但从社会角度看,它们所代表的利益属于私利范畴。行业工会和行业协会的独立性是相对的,它们都要接受党的领导、法律的制约、国家的监督,以防止私欲过度膨胀或被境内外敌对势力利用,对社会造成危害。

(二)积极培育行业工会

工会成立初期,共同的职业使工人们形成了共同的利益、共同的情感,为了壮大力量,他们自发组织起来形成行业工会。行业工会是工会的重要组织形式。当前,我国基本上没有行业工会。这是计划经济体制的遗留产物。计划经济体制以自上而下的行政命令进行社会资源配置,相应地形成了自上而下的垂直纵向的工会体系,缺乏横向联合的行业工会。目前既有的行业工会有两种形式:一种是"行业联合工会",即若干个企业工会的联合体,为了开展行业协商而临时组成,结构松散,没有固定机构和人员;另一种是中华全国总工会直辖的行业工会,如烟草财贸工会、海员建设工会等,这些工会存在着组织机制不健全、群众代表性不强、影响力小等问题。这两种行业工会并非真正意义上的行业工会。培育行业工会面临着较大的挑战,但也存在着一些特有的优势。

1. 培育行业工会所面临的挑战

我国两千多年小农经济和封建专制统治,形成了"强国家、弱社会"状态,缺乏自治传统,个人和社会对国家权威的依赖很强。计划经济体制进一步强化了个人和社会对国家的依赖,总是希望得到来自外部强势力量自上而下的保护,而自发地组织起来为一个团体的集体利益而斗争的意识很低。当前,劳动者团结意识和组织能力较低。许多职工满足于有工做,能挣钱能养家,对工会工作不感兴趣,或认为建立工会是老板的事,是上级党组织的事，出现"工人自己的事，工人不关心"的怪现象。组建工会尚且如此，跨企业的行业工会组建难度则更大。中国传统社会由两个"极端"组成：一端是形若一盘散沙的个人和家庭，另一端是强大国家的集权统治。所以，中国传统社会又是一个排斥以至于几乎没有横向关系的纵向等级社会。父子关系、君臣关系、师生关系、官民关系、中央与地方关系等将社会群体按照上下身份排列成等级，人人都在纵向的社会阶梯上努力向上爬。自治的行业工会要求成员具备很强的横向联系的意识和能力，我国职工离这个要求还有较大距离。

2. 撤销区（镇）级总工会，组建市级行业工会

我国工会体系是一个以中华全国总工会为最高中央领导机关、由省、市、区、企业各级工会组成的垂直纵向的体系。这种工会体系"头重脚轻"，越是层级高，机构越庞大，人员越多；越是基层，机构越简化，人员越少。有的区总工会仅有主席、副主席、办事员三个人，而他们要面对全区一两千家企业、数万名职工。这怎么可能深入、细致地做好工会工作呢？这种"头重脚轻"的垂直的工会体系，已经远远不能适应市场经济注重横向联合、基层劳资矛盾繁杂的需要。

在开中国行业集体协商之先河的浙江温岭新河镇羊毛衫行业工资集体协商中，"行业工会主席由镇工会副主席兼任，行业工会委员会由200人以上企业的工会主席兼任，其中大多为企业中层管理人员"[1]。这种组建行业工会的方式具有开创性，但反映出以下几个方面的问题：第一，将大企业工会联合起来所组建的行业工会，由于企业工会职工代表性不足，也使其职工代表性比较缺乏。为了解决这个问题，13名不同企业员工代表作为政府、工会、企业三方之外的第四方也参加了协商会议。但这种做法具有临时性，不是长久之计。第二，镇工会的负担过重。如果每一个行业工会主席都由镇工会领导担任，他必然分身乏术，疲于应付。第三，限制行业工会专业化发展。在分工日益精细化的今天，每个行业都极具专业性，加上工资集体协商也极具专业性，再精明强干的镇工会主席也是无法应对所有的行业工资集体协商的。

既然一个区（镇）级总工会已经无法满足企业或行业工资集体协商的需求，那么可以把区工会撤销，新建市级各类行业工会。行业工会的规模不

---

① 吴良健、张明：《四方互动的行业工资集体协商制度——基于温岭市的实证分析》，《绍兴文理学院学报》2010年第9期。

宜过小，否则不能形成较强力量，反而会耗费过多的协商成本，加上如今交通便利、信息发达、中心城区和远城区（县）的经济差距逐步缩小，不必设立区级、县级行业协会。如果在有的市，中心城区和远城区（县）经济差距较大，后者的行业基本工资标准可酌情相减即可。不同地区的非公有制企业发展程度、发展状况也各不相同，行业工会的种类主要根据需要而设立，没有统一的标准。各市可根据自身经济发展状况而定，如沿海城市可组建海员工会；煤炭资源丰富的城市可组建矿工工会等。撤销区级工会，组建市级行业工会，能够增强工会的代表能力，提高行业针对性，改善劳动境况。

3. 行业工会的组织形式和组织关系

行业工会主席及委员应由本行业职工民主选举产生，实行职业化，每两年改选一次。行业工会作为群众性社会组织，在组织上不隶属于市总工会，但要接受市总工会指导和监督。工会成立及改选、集体协商等重大活动需报市总工会备案，经审查和批准后方可开展活动。市总工会不直接介入工会事务，保证其充分的自治性，同时积极提供业务上的支持和指导。市总工会与行业工会的关系结构如图8—1所示。

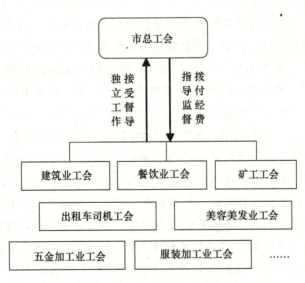

图8—1 市总工会与行业工会的关系示意图

在活动经费来源上，由市总工会转移拨付。《工会法》规定，工会经费来源之一是"建立工会组织的企业、事业单位、机关按每月全部职工工资总额的百分之二向工会拨缴的经费"。我国工会会费由税务机关从建会单位按照职工工资的 2% 代收。这种工会会费征收方式在职工组建工会热情不高、企业对组建工会抵触较大的情况下，有利于保障工会顺利开展工作。行业工会成立后，市总工会按照其所属企业和职工数量拨付相应会费，行业工会不得直接向职工收取会费。这样既可以保证各类行业工会会费来源的公平性、稳定性，也有利于市总工会实施监督指导，对那些违规、违法操作的行业工会不予会费拨付。依据《工会法》，工会会费还可来源于人民政府的补助。工会工作作为服务于广大职工群众的社会工作，应得到地方政府的大力支持和帮助。会费主要用于工作人员工资、聘请专家的咨询费用、职业帮扶费用及日常支出。会费的来源、使用应公开，随时接受会员监督。与行业协会拟定的集体合同草案须经过行业职工代表大会通过方可实施。

4. 行业工会应将广大非公有制企业职工凝聚起来、团结起来

计划经济体制下，企业是一个经济组织，更是一个社会组织。非公有制企业没有"办社会"的包袱，这是市场经济的必然要求，但同时也将职工和企业的联系简化到了主要只剩下工资一项，20 世纪 80 年代前那种温暖的企业大家庭氛围不见了，职工独来独往，社会凝聚力也因此有所下降。对职工的关爱不能没有，企业不再"办社会"，行业工会要把"社会"办起来，把企业甩掉的、职工需要的社会服务重新承担起来。行业工会不仅代表行业职工与资方进行协商，为职工争取合法合理的利益，而且要在职工帮扶，如职业培训、困难职工关爱、职业介绍、心理咨询、法律援助等方面大显身手，成为职工温暖的家。2010 年 5 月发生的富士康"跳楼事件"中，既有企业的责任，也有社会的责任。逝去的 12 个鲜活的年轻人怀揣着对大城市的梦想，离开乡村邻里关照，来到陌生的城市，可是面对的却是低廉的工资、生硬的管理、冰冷的机器、长期的加班、冷漠的情感，让他们感到希望破灭，选择了轻生。如果进入城市后就有人关心、帮助，有诉求时有地方表达，有困难时有地方寻找帮助，他们选择自杀的可能性就会小得多。

政府应把职业培训、廉租房管理等职能，市总工会应将困难职工帮扶等职责交由行业工会来做，而只尽监督指导之责，形成"政府掌舵、社会划桨"的现代治理体系，这样能扩大行业工会在职工中的影响力，有为才能有位；还能使政府和市总工会从繁杂的事务中解脱出来，提高政府治理能力，而且能提高这些社会服务的效率，因为行业工会最了解职工的情况和需求。

（三）积极培育行业协会

与行业工会相比，行业协会组织起来要便利一些，因为企业数量少，远不似职工那样分散，而且企业自身就是一个经济组织，组织能力比较强，财力也比较雄厚。因此，培育行业协会的对策应与行业工会有所不同，应充分发挥企业自身的优势，以提供政策为主。改革开放后，各类企业协会得到了一定的发展，自治程度有了一定增强，这为培育行业协会奠定了基础。在2003年6月温岭新河镇发起羊毛衫行业工资集体协商时，该行业以原有的商会为基础，会长和委员均由113家大小企业的企业主通过直接选举产生，快速而顺利地组建了行业协会。要善于利用已有资源，积极培育行业协会。

1. 形成与工会体系相对应的、以企业联合会为主体的企业协会体系

企业协会种类很多，如中华全国工商业联合会是一个具有统一战线性质的社会组织，青年企业家协会、女企业家协会、私营企业协会等都各有自己的兴趣和利益，但它们都不是以集体协商为主要职能的企业协会。改革开放后，我国成立了中国企业联合会和中国企业家协会，前者于1979年3月成立、1999年4月更名，后者于1984年3月成立，两会于2001年8月代表资方参加了全国性工资集体协商会议，组建了全国性三方协商机制。中国企业联合会和中国企业家协会联署办公。中国企业联合会，自1983年开始就作为中国雇主组织参加每年一度的国际劳工大会，是国际劳工组织和中国政府承认的中国雇主的唯一代表性组织。目前，中国企业联合会已形成比较健全的全国级、省级、市级组织。建议工商联、企业家协会等企业协会不再承担工资集体协商的职能，该项职能统一归并到企业联合会。企业联合会可以为企业提供多种服务，但工资集体协商是一项必当之责。

市企业联合会下设行业协会办公室、行业集体协商办公室和区域集体协商办公室。如图8—2所示，当某市行业工会需要进行集体协商时，向该市企业联合会发出要约，企业联合会须应约。如果该行业协会组织健全，则由行业协会办公室通知该协会应约；如果该行业企业数量较少，没有健全的协会，则由市企业联合会行业集体协商办公室出面组织行业内企业进行民主推选，产生行业协会主席及委员，参加集体协商。

2. 取消行业协会与各个行业主管部门的行政隶属关系，改为指导监督关系

在改革开放初期，行业协会由政府行业主管部门组建。20世纪90年代后，政府有目的地、系统地以社团性的行业协会逐步取代了各行业中原有的政府管理部门，使行业协会获得了较大的发展空间。但是，1989年颁布、

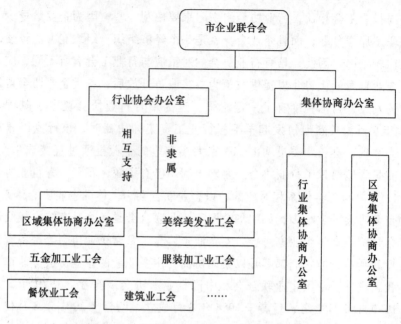

图8—2　市企业联合会集体协商组织结构示意图

1998年修订的《社会团体登记管理条例》，1998年的《民办非企业单位登记管理暂行条例》依然没有摆脱"大政府小社会"的管控模式。社会组织在申请登记注册时，被要求必须先找到一家"业务主管单位"，而且这个"婆家"还必须是"国务院有关部门和县级以上地方各级人民政府有关部门、国务院或县级以上地方各级人民政府授权的组织"。十八大报告明确指出："强化企事业单位、人民团体在社会管理和服务中的职责，引导社会组织健康有序发展，充分发挥群众参与社会管理的基础作用。"这是在国家和社会关系上的重大突破。十八大后，广东对社会组织规范管理作出新规定，降低社会组织登记门槛，社会组织可直接向民政部门申请成立，不再需要挂靠主管单位。北京市也推出破解社会组织登记难的新办法：工商经济类、公益慈善类、社会福利类和社会服务类社会组织，可向民政部门直接申请登记，由民政部门兼任业务主管部门或帮助寻找合适的业务主管部门。① 放松社会组织准入制度，是社会进步的主要标志，能够提高社会自我管理的能力。各个行业企业在自愿基础上组成行业协会，是推进行业工资集体协商制

---

① 参见魏铭言《广东放松社会组织登记管理》，《新京报》2011年11月24日第A26版。

度建设的重要基础。

某行业协会成立后，需向该市民政部申请登记，通过民政部门审查即可成立，成立后到市企业联合会行业协会办公室注册。行业协会依法独立开展工作：民政部门不是行业协会的主管者，而是依法监督指导者；与市企业联合会行业协会办公室不是行政隶属关系，而是相互支持的工作关系，前者为企业联合会分担行业集体协商的职责，后者为前者提供集体协商方面的信息、政策、法律上的帮助。

3. 市企业联合会和行业协会采取民主自治的组织方式

市企业联合会和行业协会的主席及委员均由所属非公有制企业主民主选举产生，每两年改选一次。活动经费主要来自企业缴纳的会费。行业协会代表行业利益，反映企业诉求，与行业工会进行行业工资集体协商，并为企业提供咨询和行业自律等日常服务。会费使用公开透明，接受会员监督。会员依据章程享有民主选举、民主监督、民主参与的权利。与行业工会形成的集体合同草案需经过企业代表大会的通过方可执行。

二 规范行业集体协商的内容

劳动者真正关心的问题以及劳资关系中的实质性矛盾是行业工资集体协商的主要内容。行业工资集体协商只有具有实质性内容，才能保证协商的有效性。要避免协商内容空泛化，就必须结合各个行业的实际情况，对协商内容进行具体的量化和细化。

（一）确定行业基本工资标准

劳资争议比较集中地发生在工时、工价、工作量与劳动报酬上，职工对企业单方面决定感到心里没底，总觉得报酬偏低。应针对最低工资保障线不能维护行业内全部职工经济权益的实际情况，把确定行业岗位最低工资标准作为行业工资集体协商的重点，这样才能牵住行业工资集体协商的"牛鼻子"。一些地方行业集体合同以工资不低于最低工资标准了事，这是极不负责的态度，直接导致行业协商流于形式。应针对劳动定额偏高而引发的超时加班加点现象，把确定劳动定额和工时工价标准作为维权重点，保证90%以上在岗适任的职工在社会平均熟练程度和行业劳动强度下，在法定标准工作时间内完成基本的劳动定额后，其劳动报酬不低于行业平均工资水平和当地最低工资标准，并保障劳动者的休息权。

在2003年6月浙江温岭新河镇长屿羊毛衫行业集体协商中，由市劳动和社会保障局主导，镇工会和镇行业协会共同实施，对羊毛衫行业的工种和工序进行了细致区分，分为 5 大工种和 59 道工序。然后，通过工作日写实和测时的手段确定劳动定额，选取与当地工资水平相当的农村入户劳作的木匠、泥水匠的日工资为参照对象进行计算，制定出工价表意见稿。

眼镜产业是江苏丹阳的特色产业、支柱产业。丹阳共有生产和贸易企业 1100 多家，从业人员 6 万多人。2007 年丹阳成立全国第一家眼镜行业联合工会，和市总工会专门成立的工作组一起，在协商前通过各种途径征集职工对工时、工价、工作量与劳动报酬的意见，分析归纳行业同岗位、同工种的薪酬信息，并在协商确定不同工种的劳动定额和工时、工价时，吸纳从事该工种、该岗位的一线职工代表参加协商会议，确保制定的劳动定额让 90% 以上的职工都能在法定时间内完成。通过连续 7 年的协商，全市眼镜行业主要工种的劳动定额标准逐步得到完善，已从最初协商确定镜片、镜架共 20 个工种的工时、工价标准，发展到现今确定了镜架 300 多道、镜片 200 多道工序的劳动定额标准。2013 年 8 月，中国眼镜协会和中国财贸轻纺烟草工会在丹阳正式发布《全国眼镜行业部分劳动定额指导标准》。该"标准"还在全国五大眼镜产业集群、其他同类企业推广应用。①

温岭羊毛衫行业和丹阳眼镜行业工资集体协商的经验反映出，确定工资基本标准是一项细致而艰苦的工作，需要合理划分本行业工种、工序，在广泛调查和比对的基础上确定各个工种和工序的劳动定额和基准工价，这样才能使每一个职工从行业集体协商中得到益处。唯有把确定劳动定额和工时工价标准的工作做好，才能给职工交明白账，拆开企业之间的墙，构筑行业良性发展平台。

（二）确定行业基本增资比例

共享行业发展的成果，是职工应有的劳动权益。职工对定期增资的愿望非常强烈。武汉市经济开发区工会 2013 年 3 月进行了一次问卷调查，在收回的 281 份职工问卷中有 179 份对"请您就 2012 年自己所得的工资和 2013 年工资的期盼，写上一段您最想对老板说的话"这个问题的回答是"希望上涨工资"，占比 63.7%，其中 70% 的职工认为工资增幅应与物价上涨幅度持平，30% 的职工认为企业在获利的同时也应增加工资。还有 62 份、占比 22.06% 的职工没有回答这个问题，可能有懒于动笔的原因，也可能是因为他们觉得说了也白说。

———

① 参见张锐《丹阳：牵住劳动定额这个"牛鼻子"》，《"量质齐增"打造工资集体协商"升级版"》，《工人日报》2014 年 10 月 28 日第 6 版。

如果没有行业基本增资比例，单个企业出于市场压力，一般是不愿意做"出头鸟"的；反之，如果其他企业都增资，单个企业不增资，就会面临招不到员工的危险，因而也会跟着增资。而且，确定基本增资比例是一项专业性很强的工作，不是单个企业和单个职工能够决定的，它需要参考政府发布的工资指导线、劳动力市场工资价位，地区、行业的人工成本水平、职工社会平均工资水平和城镇居民消费品价格指数，并综合考虑企业人工水平、劳动生产率、经济效益、上年度职工工资总额和职工平均工资水平等诸多因素来确定，这种工作只有行业工会和行业协会这样职业化、专业化的组织才有时间、精力和知识来完成。针对行业内企业的总体经营效益状况，确定一个相对合理的行业工资最低增幅，才能保障职工收入合理增长。

（三）协商解决行业重大问题方案

我国是一个行业与区域经济发展很不平衡的大国，非公有制企业的劳资矛盾在不同的行业、不同的区域，具有不同的特点：如采掘业安全事故发生率居高不下；制造业加班赶工期的问题比较严重；建筑业拖欠劳动者工资和忽视劳动保护非常普遍；服务业侵害女性合法权益、工休得不到保障等问题时有发生；高科技行业存在变相侵犯劳动者合法权益问题；出租车行业"份子钱过高"等。

行业工资集体协商要将行业安全生产、职业病防治、女职工权益保护、工资支付等重大问题列为协商内容，切实维护职工权益。如 2008 年以来，各地出租车司机集体罢运事件频发，一度成为全社会关注的焦点。上海市成立了出租车行业工会，针对出租车行业特点，听取了出租车驾驶员的真实声音，结合详细的调研报告，围绕驾驶员关心的工资报酬、工伤保险、病假工资、年休假、社会保障等切身利益问题制定了行业统一的标准，对上海的出租车行业进行整顿和规范，有效遏制了出租车行业利益矛盾的升级，切实维护了劳动者的合法权益，促进劳资关系走上和谐发展的轨道。2011 年 12 月通过的第三轮集体合同，增加了企业安排出租车驾驶员体检等新的条款。

三　充分发挥国家的主导作用

国家在三方协商机制中不是主体，但发挥着不可替代的主导作用。从西方国家三方协商机制形成和发展的历史来看，国家的主导作用可分为两个阶段：第一阶段，当工会获得合法地位后，工资集体协商尚处于初创时期，政府直接发起、组织和协调劳资双方进行集体谈判，立法机关则相应地逐步建立一套集体协商法律体系，社会逐步形成良好的协商意识、氛围和习惯；第二阶段，当协商主体发育成熟，法律体系趋于完备，集体协商顺利开展，政府的直接干预就转变为用政策引导、提供信息咨询和培训服务上来，除非在谈判出现僵持不下或经济陷入危机时才直接出面进行调解、斡旋。总之，没有国家提供的制度保障，工资集体协商就无法进行。国家通过制度供给，发挥着对工资集体协商的引导作用。特别是在工资集体协商制度建设之初，更离不开国家的发起、促进、引导、监督。正如 W. 阿瑟·刘易斯所言："在稳定的社会中，政府干预的事情极少……但是在迅速转变的社会中，政府对任何事情都不能掉以轻心。"① 当前我国行业工资集体协商存在的一个大问题是：在资强劳弱的情况下，资方不会主动协商，而劳方又缺乏主动发起协商的能力，尤其需要充分发挥国家的主导作用。

（一）积极培育行业集体协商主体

当发生罢工事件后，政府不得不扮演"灭火队队长"的角色，站在了劳资矛盾的焦点上。如果处理得稍有闪失，就会引火烧身，落得劳资两方埋怨，吃力不讨好。要从劳资矛盾与冲突中解脱出来，国家就要积极地培育行业集体协商主体，让劳资双方在既定的程序和法律面前自行解决，而自己则成为劳资双方都必须仰仗与依赖的最终决策者与裁定者，即劳资矛盾与冲突的"第三方"。一方面，国家要积极为各类行业工会和行业协会的成立和自治提供政策支持，加大帮扶的力度，尤其要扩大行业工会的功能和影响力；另一方面，国家要成为行业工资集体协商的促进者、引导者，让各类行业工会和行业协会在集体协商实践中提高素质和能力。

美国社会学家科塞认为："社会冲突增强特定社会关系或群体的适应和调适能力的结果，而不是降低这种能力的结果。"② 在行业集体协商中，劳资双方会出现争论、争吵，甚至出现争执不下的局面，对此不能指责行业集体协商是无事生非，而应看到这是释放劳资矛盾的渠道，避免停工、罢工等更大危害的"安全阀"，而且在培育行业集体协商主体上具有重要的作用：

一是集体协商可以激发职工和企业更加清楚地认识到自身的利益，增强他们联合和联盟的意识和愿望，提高行业工会和协会的组织力。非公有制企业中的许多职工是农民工，他们文化程度较低，背井离乡外出打工，人生地不熟，承受着城乡隔阂带来的心理压力和知识技能较低带来的生活压力，他

---

① ［美］W. 阿瑟·刘易斯：《经济增长理论》，周师铭等译，商务印书馆 2011 年版，第463 页。

② ［美］L. 科塞：《社会冲突的功能》，孙立平等译，华夏出版社 1989 年版，前言。

们大多自卑胆怯，不敢表达自己的诉求。职工在参与工资行业集体协商的过程中会发现自身的价值、看到自身的能力，培养自己与代表组织之间合作的意识，锤炼自己的协商才干和能力。2013 年 10 月中旬，由广东番禺打工族服务部领衔的 7 个 NGO（非政府组织）、上百个工人代表联署发起订立《劳资集体谈判守则》的倡议。这个守则是在这些组织和个人参与、经历了数十起集体谈判个案的基础上制定的。他们希望通过这套规则与程序的实行，大大降低劳资双方的互不信任程度，使谈判的过程更加顺利，谈判的效果更加理想。① 完全可以相信，随着职工整体的文化程度、维权意识、法制观念的快速提高，职工群体的协商意识和能力一定能够快速地成熟起来，为行业工资集体协商制度的形成和完善提供最坚实的社会基础和最强劲的推动力量。

　　二是集体协商可以使劳资双方更加清楚地看到对方的需求，从而更加看清自己利益实现的条件，提高相互适应的能力，对于促进劳资合作具有积极的意义。集体协商不仅受到法律制度、体制机制等正式制度的制约，而且受到非正式制度的制约，"就是这种习俗习惯、价值观念、文化传统等这些无形的东西，它虽然不成文，但影响和制约作用却更为突出，更能深入人心，它的建设更为不易"②。人只有在与他人的交往中才能认识自己，调整自己和他人、精神世界和客观世界的关系。协商中的针锋相对，可以促使劳资双方认识到权力是相互的。对劳资双方而言，无论是支配者——资方，还是被支配者——劳方，都是拥有权力的，支配者有管理、解雇等支配的权力，而被支配者有怠工、罢工等不被支配的权利。为了实现自己的最大利益，双方都不能不互相让渡部分资源控制权，增强协商精神、民主意识、法制观念。英国社会学家安东尼·吉登斯认为，行动各方在行动中还创造出"结构"，在"主体不在场"的情况下对行动产生使动性和制约性。③ 所谓结构，就是行动各方在行动中形成了双方认同的价值观、规则，使双方的关系不断得到优化。因此，只有在行业工资集体协商实践中，理性的协商主体才能成长和成熟起来，增加劳资合作，使劳资关系更有效地适应不断变化的环境。

　　（二）积极加强行业集体协商法制建设

　　工资集体协商实质是依据法定程序、通过集体协商将企业工资决定纳入

---

　　① 参见周骥耕《工资集体协商在广东》，《中国工人》2014 年第 3 期。

　　② 康智：《对集体协商制度建设的思考》，《天津市工会管理干部学院学报》2009 年第 12 期。

　　③ 参见［英］安东尼·吉登斯《社会的构成：结构化理论大纲》，李康、李猛译，生活·读书·新知三联书店 1998 年版，第 89 页。

规范化的契约轨道。世界上所有的企业都存在着较强的逃避责任的动机，加上要将企业习惯了的工资单方面决定改为劳资共决，严重挑战企业的既得利益和权力，抵触情绪之强、工作难度之大可想而知。2013 年 10 月 11 日，《广东省企业集体合同条例（修订草案稿）》通过广东省人大网首次向社会各界征求意见。不到一个月时间，收到包括企业、工会、职工、政府、专家学者、社会组织等在内的社会各界的众多支持性修改意见，唯独以香港四大商会为代表的香港商业界持明确而坚决的反对态度。如果没有法制约束，行业集体协商很难开展和落实。

建议尽快出台专门的立法，比如说"行业协会法"、"行业工会法"、"行业工资集体协商法"等。一是要改变当前工资集体协商制度立法层次较低的状况，增强行业工资集体协商相关法律法规的权威性，真正做到有法可依。二是从立法层面上规范行业集体协商主体的资格。通过立法的方式明确规定协商主体存在的期限、组织机构、规模范围、独立性、代表性等，这是使行业集体协商进入法制化轨道的前提。三是针对行业集体协商与企业集体协商不同的发展框架，对集体协商的内容、程序、结构、处罚等作出细致的规定。要制定义务性的规范，明确法律责任，增强可操作性，对拒绝谈判和违反谈判法规的不当行为作出明确的罚则规定。四是不宜将罢工权写入"行业工资集体协商法"。工资集体协商的目的是避免罢工，授予罢工权与该法的宗旨不符。笔者 2015 年初在企业调研，在收回的 71 份对职工的问卷中，认为"罢工是两败俱伤，最好不要采取"的有 36 份，认为"罢工是维护员工权益的有力武器"的只有 8 份，而"从来没有思考过这事"的有 27 份，可见绝大多数职工并不认同用罢工的方式来维权。"行业工资集体协商法"作为劳动法体系的组成部分，其他劳动法在罢工权这个重大问题上应与该法保持一致。五是依法规定企业执行行业集体合同的义务，企业工资及其劳动待遇标准只能高于而不能低于集体合同的标准。

有了完备的法律、签订了集体合同，并不意味着集体协商就完结了，没有国家力量监督集体合同的执行，没有对违规行为进行处罚，法律条文和集体合同都将只是一纸空文。美国在实施集体协商初期，企业主不支付原来承诺给工人工资的情况时有发生，在国家劳工管理部门积极追责下才使工人获得这些未支付的工资。市政府劳动保障部门应对行业工会和协会签订的工资集体合同进行审查，并有力地监督协议的执行，依法对违约者进行处罚。

（三）积极构建行业集体协商程序机制

当前行业性工资集体协商存在着质量不高、合同内容单一雷同的问题，根本原因在于协商程序随意、协商机制不规范。

一要构建平等的、充分的协商程序机制。"协商是签订行业性工资集体合同的前提和必经阶段，是行业性工资集体协商制度的灵魂，行业性工资集体合同只是协商的最终结果。"① 在温岭新河镇羊毛衫行业集体协商中，由市劳动部门、镇行业工会、行业协会三方代表初步拟定工价表意见稿，接着召开员工代表、行业协会、行业工会协商会议，对意见稿进行了三轮讨论和修改，才形成三方均认可的工价表。可见，行业工资集体协商要经过反复多次的讨价还价，这个协商过程也是双方求同存异、逐步达成共识、解决矛盾和分歧的过程，否则就不能达到化解纠纷和冲突的目的。衡量行业性工资集体协商成功与否的关键，要看能否经过了平等的、充分的协商过程。当前，我国行业性工资集体协商存在的主要问题就是重签约、轻协商，缺乏甚至没有协商过程就急于签订合同，为了完成"达标"任务而片面追求合同数和覆盖率，其结果必然是流于形式。

二要构建广泛的民主的协商程序机制。集体合同是否有实效，广大职工群众最有发言权。行业性工资集体协商要成为维护职工合法权益的长效机制，必须实现与行业性职代会制度的衔接。在温岭新河镇羊毛衫行业集体协商中，行业工会和行业协会经过充分协商确定的基准工价提交行业职工进行讨论，在广泛征求意见的基础上，双方协商代表对反馈意见再进行协商，然后再一次征求、再一次反馈，经过多轮协商，最后按照少数服从多数的原则，在绝大多数职工认可的基础上确定本行业的最低工资标准。确定行业基本工资标准、基本增资比例和解决重大问题方案，都应由行业工会和行业协会协商提出草案，经职工代表大会讨论通过后才能写进集体合同，由各企业执行。而在不少地方，政府或工会跳过职代会，将起草好的协议文本，送交企业方代表签字，快速地提升了"签约数量"，但这样的集体合同必然脱离群众，内容空泛，职工群众也对此冷漠待之。

（四）积极制定行业集体协商激励政策

对地方政府而言，要将实现本地区劳动报酬与劳动生产率同步增长作为政府的一项重要职能，列入政府年终重要考核指标之中，促进政府职能从追

---

① 覃其宏、刘素华、覃妹锦：《关于行业性工资集体协商的调查与思考》，《中国劳动关系学院学报》2010 年第 2 期。

求经济增长转变到实现社会公平和提供社会服务上来。目前许多地方已经将开展集体协商作为地方经济社会发展规划和政府工作考评体系的主要内容，不仅要看集体合同的数量和覆盖率，更要看平等的、充分的、广泛民主的协商程序和机制是否建立起来、职工群众的满意度如何。要对不遵守集体合同的企业依法给予处罚和媒体曝光；对以高于集体合同标准为职工提供工资、增资和劳动条件的企业，给予减免税收、优惠贷款等方面的奖励，并在媒体上大力宣传和表扬，为其营造良好的发展平台。

第三节　形成衔接配套的工资集体协商体系

　　工资集体协商是一个系统工程，需要多角度、多层次的协商形式相互支持、相互配合。没有哪一种集体协商形式能够适应所有的劳资关系。以行业工资集体协商为重点，并不否认其他形式的集体协商，恰恰相反，行业集体协商应与其他形式的集体协商形成相互衔接、配套的工资集体协商体系，才能更好地发挥自身的功能，全面地推进我国工资集体协商制度建设。

一　以四级工资集体协商为基本形式

　　西方国家的集体协商一般分为三个层次，即国家级的集体协商、行业级的集体协商和企业级的集体协商。鉴于我国地域辽阔，地区发展和行业发展很不平衡的国情，建议设立四级工资集体协商形式。如图8—3所示。

　　第一级为国家级工资集体协商，以国务院人力资源和社会保障部为主导、以中华全国总工会和中国企业联合会为主体所形成的三方协商机制；第二级是区域级工资集体协商，包括省级工资集体协商和市级工资集体协商，其中省级工资集体协商以省人力资源和社会保障厅为主导、以省总工会和省企业联合会为主体所形成的三方协商机制，市级工资集体协商以市级人力资源和社会保障局为主导、以市总工会和市企业联合会为主体所形成的三方协商机制；第三级是行业级工资集体协商，以市人力资源和社会保障局为主导、以行业工会和行业协会为主体所形成的三方协商机制；第四级是企业级工资集体协商，以企业工会和企业主为主体、以社区劳动争议仲裁委员会为调解所形成的三方协商机制。

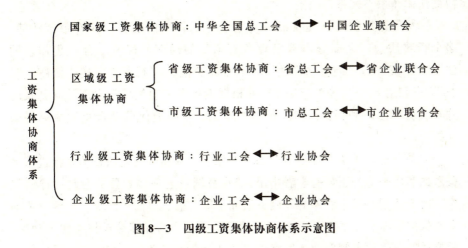

图8—3　四级工资集体协商体系示意图

二　四级工资集体协商职能相互衔接

有分工，才有合作。四级工资集体协商应形成"国家级谈框架、区域级谈底线、行业级谈标准、企业级谈行动"的职能相互衔接的工资集体协商体系。

（一）国家级工资集体协商谈框架

国家级工资集体协商的职责是从宏观战略的层面讨论工资集体协商的重大问题，达成共识后向全国人民代表大会提交立法建议，参与制定劳动法，构建工资集体协商的框架，引导工资集体协商的走向。国家级工资集体协商，需要存在统一而又强大的全国性工会组织和企业联盟。美国政治学家亨廷顿指出："一个全国性的劳工联盟对于国家尊严来说，就如同军队、航空公司和外事机构一样，是不可或缺的。"[①] 然而资本主义国家中只有瑞典、挪威等少数国家拥有全国统一的工会，能够实行这一级工资集体协商，其他国家工会种类多而分散。瑞典、挪威是小国，而我国作为一个地区和行业发展很不平衡的发展中大国，能够实行国家级工资集体协商，得益于我国有全国统一的工会和企业联合会，这正是难得的优势。全国一级工会和雇主组织相对健全，不存在主体缺失问题，进行工资集体协商比较容易实现。应充分利用好这个优势，充分发挥国家级三方协商机制的职能，积极弥补工资集体

---

① ［美］塞缪尔·P. 亨廷顿：《变化社会中的政治秩序》，王冠华、刘为等译，世纪出版集团、上海人民出版社 2008 年版，第 237 页。

协商法律体系不完备的缺陷。

一是促进加快建立完备的劳动立法体系。尽快改变"只有数部法律、多个行政法规，大部分由部门规章支撑"的局面，相继出台"集体合同法"、"工资法"、"行业协会法"、"行业工会法"、"行业工资集体协商法"、"劳动争议处理法"等单行法律，并根据近年来劳动领域新出现的问题及时弥补《劳动法》和相关法律法规中的不足，不断地使劳动者得到更完备的保护。

二是促进在立法中加强对劳动者的保护。劳动法的立法目的是促进劳动关系的实质平等。正如有学者指出："在我国目前一些重要的劳动法律法规中，由于适用了民事法律的原则，诸如平等自愿、协商一致等，导致对劳动者的保护不够。"① 由于劳资事实上的不平等，作为保障劳动权益的劳动法，需要适度向劳动者倾斜，才能真正实现社会公平正义。

三是促进制定扶持小微企业的相关政策法规。在非公有制企业中，小微企业占比约99%，基本涵盖了国民经济的所有行业，吸纳了约80%的就业人口，创造了约60%的国民生产总值，缴纳了约50%的财政税收。小微企业生存艰难，特别是在创业时期，很容易将市场风险转嫁给劳动者。与大中型企业相比，其劳动关系评价值明显偏低。我国在制定和修改劳资法律时应借鉴发达国家的劳资立法经验，秉持小微企业的生存发展与劳动者合法权益并重的理念，充分考虑小微企业劳动关系的特征以及企业的承受能力，制定差别化和部分豁免的法律条款，出台对劳资关系和谐的小微企业予以奖励和表彰的政策，促进小微企业劳资合作。

四是达成劳动报酬问题"总协议"。通过国家级工资集体协商，在综合考虑国家经济发展、物价和劳动力市场状况等因素的基础上，国务院形成"收入政策"，劳资双方达成工资增长大致水平和范围等内容的"总协议"。

五是达成工资集体协商"总规划"。经常性召开国家级三方协商会议，讨论、研究一段时期在全国范围内工资集体协商存在的普遍问题，达成共识，定期出台工资集体协商中长期发展规划。如2014年4月，由国务院人力资源和社会保障部、全国总工会、全国工商联三方会议研究、协商并联合下发了《关于推进实施集体合同制度攻坚计划的通知》，决定从2014—2016年，在全国范围内推进实施集体合同制度攻坚计划，对促进地方工资集体协商工作开展发挥了重要的引领和带动作用。

---

① 姜颖：《我国劳动立法与劳动者权益保障》，《工会理论与实践》2003年第3期。

（二）区域级工资集体协商谈底线

我国地域辽阔，区域差别很大，省份之间以及同一省份内各市之间的经济发展状况、非公有制企业发展水平、社会文化习俗都有较大差异。我国省市级工会组织完备，企业联合会也比较健全，区域级工资集体协商总的来说操作成本低、实用性强，这也是我国工资集体协商制度建设可资利用的宝贵优势。

1. 确定本地最低工资水平

目前最低工资水平由省一级政府决定。2010 年底，全国 30 个省份调整了最低工资标准，月最低工资标准平均增长 22.8%，29 个省份工资指导线平均提高 2% 左右。应充分发挥省、市级区域工资集体协商平台的作用，在广泛协商和征求各方意见的基础上，制定和发布每年的各省、市的最低工资标准。

2. 贯彻落实国家级工资集体协商"总协议"和"总方针"

各省、市工资集体协商根据本地经济社会发展情况，将着眼全国平均水平制定的国家级集体合同的内容、工资集体协商发展规划转化为本地区可执行的集体合同和发展规划。地方政府应积极配合，制定对模范遵守省、市集体合同的企业给予奖励的政策。

3. 推动和参与地方性工资集体协商法规建设

截至 2015 年 3 月，全国已有 29 个省（区、市）出台了集体合同或工资集体协商地方性法规或政府规章，将国家颁布的劳动法和地方实际结合起来，增强了劳动法的贯彻落实。在地方性工资集体协商法规建设上，应进一步发挥区域级工资集体协商会议的作用，开门立法，广泛听取意见，为行业级、企业级工资集体协商筑牢底线。

（三）行业级工资集体协商谈标准

在推进行业性工资集体协商的过程中，应根据平等协商、合法公正、把握重点、劳资双赢的原则，在协商中以职工群众最关注的热点、难点问题为着眼点，把最低工资标准、工资支付日期和形式、加班加点和各类休假工资、工资合理增长机制等作为工资集体协商的重点内容，切实保障职工群众的合法权益，增强协商的实效性。由于在本章第二节中已详细阐述了行业级工资集体协商的内容，这里就不再赘述。

（四）企业级工资集体协商谈行动

企业级工资集体协商是对国家级、区域级、行业级集体合同的具体化，所协商的内容直接针对涉及员工利益的具体事项，并制订出切实可行的行动方案。行动方案主要有三大类：第一类是工资事项，主要包括职工年度平均工资水平及调整幅度；本企业最低工资标准；劳动定额标准和计件单价；加班工资的给付标准；奖金、津贴、补贴的具体数额及分配办法等。第二类是保障事项，主要包括缴纳养老保险、工伤保险、医疗保险等社会保险的档次；女职工特殊保护等。第三类是管理事项，主要包括一线职工工资增长水平；高技能人才鼓励机制；农民工和劳务派遣工工资同工同酬问题等。对这些问题的协商，需要在不违背上级集体合同条款的基础上，根据本企业实际发展状况具体而定。

三 四级工资集体协商地位相互配套

几乎每一个国家都形成了多层次、多形式的工资集体协商体系，但是每一种工资集体协商形式在体系中的地位是不同的。瑞典、挪威以国家级工资集体协商为主，德国、英国以行业级工资集体协商为主，美国和日本以企业级工资集体协商为主。这些差异源于各国历史文化、民族特色、经济发展等方面的不同。马克思曾深刻指出："人们自己创造自己的历史，但是他们并不是随心所欲地创造，并不是在他们自己选定的条件下创造，而是在直接碰到的、既定的、从过去承继下来的条件下创造。"[①] 由于民主法治精神和制度建设相对薄弱，社会高度依赖国家权威，因而到目前为止，我国工资集体协商制度基本上还是处于政府倡导、雇主组织不主动作为、工会组织独家推动的状态。在这种状态下推进工资集体协商制度建设，就需要以行业级工资集体协商为重点，以国家级、区域（省市）级工资集体协商为引领，以企业级工资集体协商为基础。

由四级工资集体协商形式所构成的工资集体协商体系好似一把"刷子"，如图8—4所示，国家级、省级、市级这三级纵向的工资集体协商所担负的职责都是为下层工资集体协商提供政策支撑，它们好似"刷子"的长柄；各类行业工资集体协商好似"刷子"的横梁，而企业工资集体协商好似附着在"横梁"上的众多刷毛。手握长柄才能带动横梁，进而带动刷毛，完成一定的工作任务。横梁的长短决定"刷子"的大小，刷毛的细密度和柔韧度决定"刷子"的工作质量，但如果失去了长柄支配，"刷子"就失去了功能。

---

① 《马克思恩格斯全集》第8卷，人民出版社1961年版，第121页。

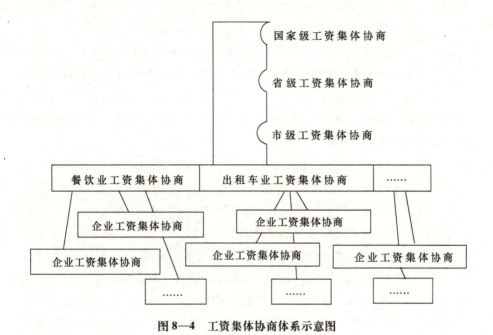

图 8—4　工资集体协商体系示意图

（一）以国家级、区域级工资集体协商为引领

我国工会和企业联合会都是越往高层，组织越健全，而国家机关则越往高层，权威越大，国家级、区域（省市）级工资集体协商便于开展起来，而且形成的集体合同具有较强的执行力，能够规范、带动行业和企业工资集体协商。自 2001 年 8 月国家三方协商机制构建以来，区域（省市）级的三方协商机制已经基本建立，促进了劳资关系和谐发展，但也存在着一定的问题，应积极加以纠正和解决，充分发挥国家级、区域（省市）级工资集体协商的引领作用。

1. 既要发挥国家主导作用，又要尊重劳资主体地位

当前国家主导在工资集体协商工作中具有举足轻重的地位，党和国家对构建和谐劳资关系高度重视。由于"强国家、弱社会"的现实状况和思维习惯，在协商中存在着行政干预过多的问题，三方地位处于不平衡、不平等的状态，国家主导变成了国家主宰，工会和企业联合会则处于从属地位。正如有学者指出："长此下去，企业和工会组织会逐渐丧失对三方协商形式处理劳动矛盾的积极性，甚至会在政府的过度管制之下产生抵触情绪；政府也会因为自身承担的责任过多而忽略某些问题，三方协商机制也就失去其自身

存在的意义。"① 国家的主导作用体现在促成劳资协商、组织劳资协商、维护协商成果，而不是替代劳资协商。劳资始终是协商主体，只有劳资进行了充分的沟通和协商，才能达到解决劳资矛盾、实现劳资和谐的初衷。作为国家的代表者——政府，要摆正自己的位置，看清自己的职责，而不能越俎代庖，急功近利。国家要把三方协商机制作为锻炼、培育工会和企业联合会协商主体地位的舞台，而自己则要逐步从台前走向幕后，最终形成通过法律、制度来主导劳资协商的态势。

2. 既要坚持党对各级总工会的领导，又要增强各级总工会的职工代表性

中国工会不同于西方国家工会。《中国工会章程》总则规定："中国工会是中国共产党领导的职工自愿结合的工人阶级群众组织，是党联系职工群众的桥梁和纽带，是国家政权的重要社会支柱，是会员和职工权益的代表。"工会除了是代表工人群众的组织之外，还是党联系群众的一个外围组织，因而工会既是群众性组织，也是政治性组织。工运事业始终与党的事业紧密相连。列宁曾指出："假如党和工会发生分裂，党是有过错的，其结果一定会使苏维埃政权灭亡。"② 各级总工会在工会体系中具有重要地位和作用，应把坚持党对工会的领导放在更加突出的位置。工会接受党的领导与工会依法独立自主地开展工作，不是绝对对立的，而是互为条件、辩证统一的。

当前计划经济时期的影响还远未肃清，各级总工会如同党政机关，干部管理方式和国家机关或事业单位趋同，习惯或者更希望运用行政性手段开展工作，官僚主义、形式主义、脱离职工的倾向还比较严重，一些工会组织和工会干部对职工缺乏深厚感情和责任感，参与集体协商的能力、水平还有待提高。为了改变这种状况，要从以下几方面入手：一是实行各级总工会领导干部逐级选拔任用制度。改变总工会领导干部由党委直接任命的方式，采取从下级工会干部中选拔、党委把关的方式，市总工会领导干部从行业工会干部中选拔，提高工会领导干部任用的社会开放度，使工会领导干部具有丰富的基层工作经验、实际工作能力和群众威信。二是实行各级总工会工作者资格认证制度，提高从业人员的专业水平和维权能力，造就一大批具有较高判

---

① 孙翊、李恩平：《我国劳动关系三方协商机制存在的问题及完善对策》，《山西高等学校社会科学学报》2009 年第 4 期。

② 《列宁全集》第 40 卷，人民出版社 1986 年版，第 248 页。

断形势能力、服务大局能力、适应市场经济能力、依法办事能力的政治家、社会活动家和协调劳动关系的专家。三是各级总工会组织定期召开全国性和区域性职工代表大会，在集体协商的全过程中问需于、问计于、问效于职代会。定期组织职工对各级总工会工作进行评议或者测评，以职工的满意度作为工会绩效、干部任用的最主要评价依据。

3. 既要注重协商的实效性，又要坚持扩大协商的影响力

三方协商机制在我国建立已经第 14 个年头，在 2002 年底全国 30 个省、自治区、直辖市就建立了三方协商机制，目前在许多县、区、街道也建立了三方协商机制，召开了三方协商会议，三方协商组织机构达到一万多个，为构建和谐劳动关系发挥了积极作用。但是，仍有不少职工群众不知道三方协商机制为何物，更不知道三方协商会议在什么时候、什么地方召开了，讨论、解决了什么问题。不仅职工群众如此，许多企业、社会团体、其他群众也是如此。可见，三方协商机制在动员、组织、发动、宣传等方面存在着较大不足。没有社会影响力，就没有贯彻协商成果和集体合同的执行力。要提高社会对三方协商机制的认知和支持，一是协商的内容要具有实效性，要加强调研力度，真正研究劳资关系中的突出问题，讨论和制定切实可行的措施；二是要广泛征求、吸纳企业和职工意见；三是要加大对三方协商机制的宣传力度，让广大人民群众了解、认识、接受三方协商机制的理念、作用和意义。

（二）以行业级工资集体协商为重点

国家级、区域级工资集体协商成果只有落实到基层，才能有实效。行业级工资集体协商是国家级、区域级工资集体协商成果走向基层的桥头堡。在当前企业资强劳弱、工会组织不完善的情况下，行业级工资集体协商的政策转化作用、辐射带动作用显得尤为重要。

1. 积极促进和开展行业级工资集体协商

建议各市从问题比较突出、群众呼声较高的行业入手，培育行业工会和行业协会，引导、组织、促进两者开展行业集体协商，对本地其他行业起到示范、辐射、带动作用。例如，2003 年 6 月温岭市从羊毛衫行业入手开创了行业工资集体协商，其稳定职工队伍、促进行业良性竞争、劳资争议零投诉等效果，吸引其他行业纷纷效仿。在五年时间内，该市又在水泵、轴承、注塑、制鞋、帽业、船舶修造等其他 6 个行业中成立了行业工会，开展了行业工资集体协商，参与企业 600 多家，职工 3 万多人，工资集体协商基本上实现了全覆盖。

2. 由行业工会组织和定期召开行业职工代表大会

无论哪一级工资集体协商，都离不开职工代表大会。职工代表大会由工会组织，是工会实现代表性和广泛性相统一的制度保障。行业工会和各级总工会的性质有所不同：行业工会应更加体现群众性，实行自治，党的领导主要体现在依法监督和引导上；各级总工会的政治性较之行业工会突出一些，党的领导不仅体现在依法监督和引导上，而且体现在重大事项汇报请示、主要领导干部在群众评议基础上由党委任命等方面。在行业职工代表大会组织上，既要放手发挥行业工会的作用，相信和依靠行业工会，又要加强党委和各级总工会的监督检查，建立各级总工会对行业职代会预审、巡视以及职工代表述职、考评制度。将行业职工代表大会的组织权交由行业工会，这对于扩大行业工会的社会影响力、增强行业工会的协商力量、提高行业协商质量具有重要意义。

3. 健全市级行业集体劳动争议调解机制

在很多发达国家，劳动者个人与用人单位间的个别劳动争议和由集体谈判导致的集体劳动争议的处理机制是有区别的。一方面，拖欠工资的劳动争议和要求增加工资的劳动争议是不同的：前者是是与非的问题，而后者是多与少的问题；前者适用仲裁，用调解不能维护劳动权益，而后者适用调节，用仲裁反而激化矛盾。当前，我国《劳动争议调解仲裁法》和劳动争议仲裁院的调整对象基本上是劳动者个人与用人单位之间的争议，不能有效规范和处理由于工资集体协商引发的集体劳动争议，这是罢工事件频发的重要原因之一。另一方面，行业集体协商与国家级、省市级集体协商不同：后者的数量和种类单一，而前者数量众多、种类庞杂。对后者，政府有充分的精力和时间进行协调、斡旋；而对前者，政府以一当百，难以招架。因此，各市劳动行政部门应设立行业集体劳动争议调解委员会，处理协商不成、协商不决、协商不执行等引发的行业集体劳动争议。一是制定行业集体劳动争议调解委员会条例，落实编制经费，明确职责，规范程序，提高调解的法律效力。二是健全机构。下设多个行业集体争议调解分委员会，并下设办事机构，负责办理行业集体劳动争议调解委员会的日常工作。三是实现调解员专业化、职业化。严格资格认证，加强对调解员业务培训，促进劳动争议审判组织、劳动行政部门和调解委员会人员之间交叉任职和轮岗，开阔调解员思路和眼界。四是加大调解委员会社会开放度，吸纳有调解能力的学者、专家、律师。

尽量争取在调解中解决争议，如果调解失败，可进入仲裁程序，建议将行业集体劳动争议仲裁确定为终裁，避免耗时过长、激化劳资矛盾、协商成本过高。

（三）以企业级工资集体协商为基础

企业级工资集体协商在工资集体协商体系中数量最大、与职工关系最直接，是打通国家级、区域级、行业级工资集体协商成果向末端落实的"最后一公里"。以行业集体谈判为主的德国，近年来出现了集体谈判向企业下沉的趋势。这说明企业级工资集体协商具有不可替代的基础地位。日本、美国以企业级集体谈判为主以及德国集体谈判转向企业，是因为这些国家劳动法制完备、劳资协商意识浓厚、谈判主体健全，而我国在一定时期内还不能做到，因此应以行业级工资集体协商为重点，同时也不能忽视企业级工资集体协商的作用。针对我国当前企业工资集体协商存在的问题，建议着力做好以下三个方面的工作：

1. 规定上级工会有权在没有建立工会组织或工会谈判力量较弱的企业代表职工同企业进行工资集体协商

各省出台的企业集体协商办法或条例中，如果没有该项应补充，有该项则加大实施力度。这项规定能在较大程度上解决目前存在的企业建立了工会组织但工会"不敢谈"或由于企业工会组织不健全"没人谈"的问题，使企业工资集体协商的状况得以改观。当前职工和企业工资集体协商非常需要上级工会的帮助，上级工会干部人数不算少，有条件提供这样的帮助。工会是职工群众利益的代表者，工作重心应下沉，多走向基层，多关心基层，多联系群众，承担起工会干部应尽的职责。

2. 建立和健全区县、乡镇、街道企业集体劳动争议调解和仲裁机制

企业工资集体协商难度最大、问题最多，应建立多层次、多数量的企业集体劳动争议调解和仲裁机制。一是各市应出台区县、乡镇、街道企业集体劳动争议调解和仲裁细则，落实编制和经费，健全组织机构，优化人员专业素质，提高办案质量和效率。二是目前"一调一裁两审"、"仲裁前置"的劳动争议处理体制使当事人耗时过长、成本过高，不符合基层集体劳动争议处理要快的特点。为提高劳动争议处理效率，降低处理成本，更好地保障劳动者的权益，建议逐步建立"裁审分轨，各自终局"的劳动争议处理体制。三是加强工会法律援助工作，设立职工法律援助专项资金，加大对困难职工的法律援助与服务，上级工会干部可代表职工申请集体劳动争议调解和仲裁。

3. 加强对企业工资集体协商的监督

充分发挥各级人大及其常委会的法律监督和工作监督、政协的民主监

督、劳动部门的行政监督和工会劳动保障法律监督作用，监督重点由职工
"法定利益"落实转向企业是否建立起以工资集体协商为基础的工资决定机
制、工资正常增长机制和工资支付保障机制，同时加大对企业贯彻落实国家
级、区域级、行业级和企业集体合同情况的监督，奖罚分明，引导企业经营
者提高民主法律意识，自觉履行社会责任。

本 章 结 论

本章提出我国提高劳资合作水平的途径是构建以行业工资集体协商为重
点的工资集体协商体系。综合本章阐述，进一步提炼出以下三个观点：

第一，构建工资集体协商制度的具体途径要从国情出发。工资集体协商
制度是化解劳资纠纷、维护社会公平、保持和谐稳定的根本保障。世界上没
有完全一样的工资集体协商制度，都因各国国情的不同而不同。长期以来，
我国把工资集体协商制度建设的重点放在企业，可是在一个绝大多数为小微
企业、民主法治精神和制度最薄弱的地带，工资集体协商一时间很难建立起
来。企业工资集体协商是基础，但在发展初期需要被带动、被推动。而我国
的优势是市级以上工资集体协商基础好、成本低，但它们的引领、带动作用
没有得到很好发挥。我国应扬长避短，在高层的市级以上工资集体协商和基
层的企业工资集体协商之间设置一个中间环节——行业工资集体协商，承上
启下，把高层工资集体协商的政策性成果转化为行业协商的标准性成果，带
动企业工资集体协商。

第二，正确处理党和工会的关系。既要反对脱离党的领导，搞所谓工会
独立；又要反对把党对工会的领导变成党对工会工作的包办代替。工会是推
进工资集体协商的关键力量。当前职工群体呈现出原子化、碎片化状态，没
有哪一个时期像今天这样迫切需要工会把职工群众重新团结起来、凝聚起
来，积极推动工资集体协商是重要途径。推动工资集体协商是新时期工会工
作的新形式，需要积极创新工作思路、工作方式、工作举措。只有增强代表
能力，扩大权力空间，工会组织才能在国家与社会之间更好地发挥沟通、对
话的渠道作用，减少社会转型过程中的张力和冲突，巩固党的执政基础和执
政地位。

第三，构建工资集体协商制度是一个系统工程。在内部，需要多种工资
集体协商形式相互配合、相互支撑，形成体系，通过整体优势提高劳资集体
协商的水平和质量；在外部，需要经济、政治、文化多种社会条件提供必要

条件，如政府职能转变、国家治理能力提高、民主法治精神提升、法律制度完善、社会自治能力增强等。目前，无论从内部来看还是从外部来看，都存在许多空白点，可谓百业待兴，因而工资集体协商制度的建立还比较艰难。不少职工旁观、不少企业抵触、不少工会被动、不少政府敷衍。穷且益坚，不坠青云之志。越是艰难，越要迎难而上，因为工资集体协商制度是一项利国利民的基础性工程。最后，用德国哲学家叔本华的一段话作为本书的结束："当某一新的、因而是与通常见解相对立的基本真理出现在这世上的时候，人们普遍都顽固地和尽可能长时间地予以抗拒；甚至当人们到了开始动摇、几乎已经不得不承认这一真理的地步，也仍然要矢口否认它。与此同时，这一基本真理悄无声息地发挥着影响，就像强酸般发挥着腐蚀作用，直到一切都销蚀净尽。"①

---

① ［德］叔本华：《叔本华美心随笔》，韦启昌译，上海人民出版社 2014 年版，第 147 页。

相关研究成果

1. 易重华：《我国私营企业主集团只可能是社会的一个阶层》，《湖北社会科学》2001年第12期。

2. 易重华：《科技商品对劳动价值论的新检验》，《社会主义研究》2002年第3期；获第四届总参院校政治理论研究优秀成果评选三等奖。

3. 易重华：《对剥削定义的几点看法》，《理论月刊》2003年第1期。

4. 易重华：《试析企业拖欠基本养老保险费的原因和对策》，《湖北社会科学》2003年第3期。

5. 易重华：《关于"尊重劳动"的两点思考》，《学习月刊》2003年第1期。

6. 易重华：《我国现阶段私营企业剥削问题研究》，硕士学位论文，武汉大学，2003年。

7. 易重华：《从欠薪看我国工会建设面临的历史转折》，《学习月刊》2004年第2期；人大复印资料《工会工作》2004年第3期全文转载。

8. 易重华：《矫枉何须过正：再谈剥削问题》，《科学社会主义》2005年第4期；获解放军总政治部首届政治理论研究成果三等奖。

9. 易重华：《"社会保险法"是对国家能力的大考》，《学习月刊》2007年第6期。

10. 易重华：《新劳动三法与科学发展观》，《学习月刊》2008年第3期。

11. 易重华：《邓小平共同富裕思想研究——一位世纪伟人的情怀》，湖北人民出版社2008年版。

12. 易重华：《用生命呼唤集体劳动权》，《学习月刊》2010年第7期。

13. 易重华：《合作主义语境下我国工资集体协商制度建设》，《中南大学学报》2011年第6期；人大复印资料《工会工作》2012年第2期全文转载。

14. 易重华：《政府主导、四方互动的农民工工资行业集体协商制度构想》，《东华大学学报》2011 年第 6 期。

15. 易重华：《劳资关系对当代中国社会的影响》，《经济研究导刊》2013 年第 2 期。

16. 易重华：《劳资关系内涵及其形成的条件》，《全国商情（理论研究）》2013 年第 8 期。

17. 易重华、席学智：《邓小平共同富裕思想的内涵、地位及现实指导意义》，《湖北社会科学》2013 年第 12 期。

18. 易重华：《改革开放后中国劳资关系的形成与演进》，《经济研究导刊》2013 年第 7 期。

19. 易重华：《农村土地集体所有制对劳资关系形成的积极影响及启示》，《经济研究导刊》2014 年第 12 期

20. 易重华：《大力推进工资三方协商机制建设的重大意义》，《经济研究导刊》2015 年第 1 期。

21. 易重华：《两年来关于中国劳资关系问题的研究综述》，《经济研究导刊》2015 年第 3 期。

22. 易重华：《两年来关于中国构建和谐劳资关系的研究综述》，《经济研究导刊》2015 年第 5 期。

主要参考文献

1. 马克思:《资本论》第 1—3 卷,人民出版社 1975 年版。

2.《马克思恩格斯选集》第 1—4 卷,人民出版社 1995 年版。

3. 马克思:《剩余价值学说史》第 1—3 卷,郭大力译,人民出版社 1975 年版。

4.《列宁选集》第 1—4 卷,人民出版社 1972 年版。

5.《毛泽东选集》第 1—4 卷,人民出版社 1991 年版。

6.《毛泽东读社会主义政治经济学批注和谈话(简本)》上册,中华人民共和国国史学会 1998 年版。

7.《邓小平文选》第 1—3 卷,人民出版社 1993 年版(第 1、3 卷)、1994 年版(第 2 卷)。

8. 冷溶、汪作玲:《邓小平年谱(1975—1997)(下)》,中央文献出版社 2004 年版。

9.《十二大以来重要文献选编(中)》,中央文献出版社 2011 年版。

10.《十六大以来重要文献选编(中)》,中央文献出版社 2011 年版。

11. 薄一波:《若干重大决策与事件的回顾》,中央党校出版社 1991 年版。

12. [美]道格拉斯·C. 诺思:《经济史中的结构与变迁》,陈郁等译,世纪出版集团、上海人民出版社 2008 年版。

13. [美]塞缪尔·P. 亨廷顿:《变化社会中的政治秩序》,王冠华、刘为等译,生活·读书·新知三联书店 1989 年版。

14. [美]约翰·贝茨·克拉克:《财富的分配》,陈福生、陈振骅译,商务印书馆 2009 年版。

15. [荷]约里斯·范·鲁塞弗尔达特、耶勒·非瑟:《欧洲劳资关系——传统与转变》,佘云霞等译,世界知识出版社 2000 年版。

16. [英]阿尔弗雷德·马歇尔:《经济学原理》(上卷),朱志泰译,商务印书馆 1964 年版。

17. ［美］马丁·魏茨曼：《分享经济》，林青松等译，中国经济出版社 1996 年版。

18. ［德］马克斯·韦伯：《经济与社会》（上卷），林荣远译，商务印书馆 1997 年版。

19. ［美］玛丽·*E.* 加拉格尔：《全球化与中国劳工政治》，郁建兴、肖扬东译，浙江出版联合集团、浙江人民出版社 2010 年版。

20. ［英］大卫·李嘉图：《李嘉图著作和通信集》，郭大力等译，商务印书馆 1962 年版。

21. ［英］亚当·斯密：《国民财富的性质和原因的研究》（上卷），郭大力、王亚南译，商务印书馆 1972 年版。

22. ［美］保罗·*A.* 萨缪尔森：《经济学》，萧琛等译，华夏出版社 1999 年版。

23. 杨尔烈：《伟大的艰巨历程——社会主义从理论到实践的飞跃》，长春出版社 1990 年版。

24. 徐小洪：《冲突与协调——当代中国私营企业的劳资关系研究》，中国劳动社会保障出版社 2004 年版。

25. 程延园：《集体谈判制度研究》，中国人民大学出版社 2004 年版。

26. 赵小仕：《转轨期中国劳动关系调节机制研究》，经济科学出版社 2009 年版。

27. 邹东涛、欧阳日辉：《中国经济发展和体制改革报告 *No.*1：中国改革开放 30 年（1978—2008）》，社会科学文献出版社 2008 年版。

28. 史新田：《中国劳动关系系统论——从"单位型"向"市场型"》，人民法制出版社 2010 年版。

29. 陆学艺等：《2013 年中国社会形势分析与预测》，社会科学文献出版社 2012 年版。

30. 孟钟捷：《德国劳资关系演进中的里程碑：1920 年〈企业代表会法〉的发生史研究》，博士学位论文，华东师范大学，2005 年。

31. 马艳、周扬波：《劳资利益论》，复旦大学出版社 2009 年版。

32. 赵早：《劳资冲突的经济学分析——中国经济转型期劳资冲突的形成、演化与协调机制》，博士学位论文，中央党校，2010 年。

33. 王凤鸣：《"新工党"新在何处》，《当代世界与社会主义》2002 年第 5 期。

34. 常凯：《劳工标准与劳工权益保障》，《中国社会科学》2002 年第 1 期。

35. 周玉清：《全国总工会副主席撰文：企业职工工资过低与政府调控责任》，《中国工运》2006 年第 8 期。

36. 宋晓梧：《调整收入分配结构，加快经济发展方式转变》，载中国（海南）改革发展研究院《中国收入分配改革路线图》，国家行政学院出版社 2010 年版。

37. 陈文正：《行业工资集体协商的机制构建——浙江省温岭市的调查与思考》，《北京市工会干部学院学报》2009 年第 9 期。

38. 蔡禾：《从"底线型"利益到"增长型"利益——农民工利益诉求的转变与劳资关系秩序》，《哲学基础理论研究》2013 年第 5 期。

39. 常凯：《劳动关系的集体化转型与政府劳工政策的完善》，《中国社会科学》2013 年第 6 期。

40. 姚先国：《民营经济发展与劳资关系调整》，《浙江社会科学》2005 年第 2 期。

41. 吴良健、张明：《四方互动的行业工资集体协商制度——基于温岭市的实证分析》，《绍兴文理学院学报》2010 年第 9 期。

42. 张锐：《丹阳：牵住劳动定额这个"牛鼻子"》，《"量质齐增"打造工资集体协商"升级版"》，《工人日报》2014 年 10 月 28 日。

43. 覃其宏、刘素华、覃妹锦：《关于行业性工资集体协商的调查与思考》，《中国劳动关系学院学报》2010 年第 2 期。

44. *Buchanan James. An Economic Theory of Clubs*, Economic, *Vol.* 32, 1965.

45. *F. H. Harbison and J. R. Coleman.* Goals and Strategy in Collective Bargaining. *New York*：*Harper and Brother*, 1951.

46. *A. B. Atkinson and F. Bourguignon*, Handbook of Income Distribution, *Volume* 1, *Oxford*：*Elsevier*, 2000.

47. *Malcolm Warner and Ng Sek – Hong. Collective Bargaining in Chinese Enterprises：A New Brand of Collective Bargaining under Market Socialism？British Journal of Industrial Relations* 37 （2）, 1999.

48. *Anna Tsui, Anne Carves. Collective Contracts in the Shenzhen Special Economic Zone in China.* The International Journal of Comparative Labor Law and Industrial Relations 22 （4）, 2006.

后　记

　　本书是在我的博士后论文的基础上修改而成的。从硕士论文开始，我围绕着劳资问题撰写了一系列论文，本书是十多年来研究的集成。

　　脱稿之时，欣喜之余是心中充满了感动。在读博士后期间，我得到了太多的关爱。一是感谢我的工作单位国防信息学院给了我读博士后的机会，这其中寄托了学院领导对我的关怀和期望。二是感谢我的导师颜鹏飞教授。我在读博士后期间未脱产，工学矛盾突出，好几次我都想放弃，是颜教授多次鼓励我、指导我，使我终于坚持下来。三是感谢武汉市工会的赵月霞主任、武汉市经济技术开发区总工会李仁春主任、武汉市江岸区总工会孙方道部长，他们为我深入企业调研提供了大量的帮助。四是感谢对我国劳资关系进行研究的同仁们，是你们的研究成果给了我许多的启发和信息。五是感谢我的家人。我的父母（易应文先生、闵美芝女士）和公婆（柏芝茂先生、金腊荣女士）都已年过七旬，身体都有病痛，本应得到我的照顾，但他们唯恐让我分心分神，生病住院都不告诉我，让我又感动又愧疚。我的先生柏金田多年来一直支持、理解我，我没有时间陪他旅游，甚至没有时间陪他看电影，但他从未有过怨言。我的女儿柏小河从初中起就住读，学习自觉，让我省去了大多数母亲要付出的许多精力。我还要感谢我读硕、读博期间的老师孙居涛教授、石云霞教授，他们对我的博士后学习和发展进步给予了很多的关心和指导。

　　由于学识有限，疏漏难免。我期盼得到来自学术界、企业、工会、政府等不同角度的批评和指正，也期盼我的研究成果能够推动理论和实践发展，哪怕只有一点点，我也会感到很欣慰。我的电子邮箱：*chonghuayi@163.com*。

易重华

二〇一五年四月于武汉